RECHERCHES SUR LES DIFFICULTÉS D'ENSEIGNEMENT ET D'APPRENTISSAGE DES MATHÉMATIQUES

Presses de l'Université du Québec

Le Delta I, 2875, boulevard Laurier, bureau 450, Québec (Québec) G1V 2M2
Téléphone : 418 657-4399   *Télécopieur :* 418 657-2096
Courriel : puq@puq.ca   *Internet :* www.puq.ca

Diffusion / Distribution :

Canada   Prologue inc., 1650, boulevard Lionel-Bertrand, Boisbriand (Québec) J7H 1N7
Tél. : 450 434-0306 / 1 800 363-2864

France   AFPU-D – Association française des Presses d'université
Sodis, 128, avenue du Maréchal de Lattre de Tassigny, 77403 Lagny, France – Tél. : 01 60 07 82 99

Belgique Patrimoine SPRL, avenue Milcamps 119, 1030 Bruxelles, Belgique – Tél. : 02 7366847

Suisse   Servidis SA, Chemin des Chalets 7, 1279 Chavannes-de-Bogis, Suisse – Tél. : 022 960.95.32

RECHERCHES SUR LES DIFFICULTÉS D'ENSEIGNEMENT ET D'APPRENTISSAGE DES
MATHÉMATIQUES
REGARD DIDACTIQUE

Sous la direction de

CLAUDINE MARY
HASSANE SQUALLI
LAURENT THEIS
LUCIE DEBLOIS

Presses
de l'Université
du Québec

Catalogage avant publication de Bibliothèque et Archives nationales du Québec et Bibliothèque et Archives Canada

Vedette principale au titre :

Recherches sur les difficultés d'enseignement et d'apprentissage des mathématiques : regard didactique

Comprend des références bibliographiques.

ISBN 978-2-7605-4092-7

1. Enfants en difficulté d'apprentissage – Éducation. 2. Mathématiques – Étude et enseignement (Primaire). 3. Mathématiques – Étude et enseignement (Secondaire). I. Mary, Claudine, 1949- . II. Squalli, Hassane, 1958- . III. Theis, Laurent, 1974- . IV. DeBlois, Lucie, 1956- .

LC4621.R42 2014   371.9'0447   C2014-941044-1

Les Presses de l'Université du Québec reconnaissent l'aide financière du gouvernement du Canada par l'entremise du Fonds du livre du Canada et du Conseil des Arts du Canada pour leurs activités d'édition.

Elles remercient également la Société de développement des entreprises culturelles (SODEC) pour son soutien financier.

Conception graphique
Michèle Blondeau

Image de couverture
iStock

Mise en pages
Presses de l'Université du Québec

Dépôt légal : 3ᵉ trimestre 2014
› Bibliothèque et Archives nationales du Québec
› Bibliothèque et Archives Canada

Imprimé au Canada
D4092-1 [02]

REMERCIEMENTS

L'équipe de direction de l'ouvrage remercie le Vice-rectorat à la recherche, à l'innovation et à l'entrepreneuriat et la Faculté d'éducation de l'Université de Sherbrooke, ainsi que le Centre de recherche sur l'enseignement et l'apprentissage des sciences (CREAS) et le Fonds de recherche du Québec – Société et culture (FQRSC, n° 2010-SE-130828) pour le soutien financier apporté à la publication de cet ouvrage.

TABLE DES MATIÈRES

CHAPITRE 2

Les paradoxes de l'aide aux « élèves en difficulté »
dans l'enseignement des mathématiques   45

Christophe Roiné

CHAPITRE 3

Des réponses de professeurs débutants nommés dans
des écoles de milieux défavorisés à deux grandes questions
de la profession : installer la paix scolaire et exercer
une vigilance didactique   63

Denis Butlen et Pascale Masselot

CHAPITRE 4
La nature et les usages des rituels pour des professeurs
d'enseignement spécialisé   79

Maryvonne Merri et Marie-Paule Vannier

CHAPITRE 5

Des capsules virtuelles comme support au développement
de stratégies d'enseignement des mathématiques du secondaire
auprès d'élèves en difficulté d'adaptation ou d'apprentissage 95

Diane Gauthier et Sandra Larouche

CHAPITRE 8
L'activité de généralisation et de justification
chez des élèves en difficulté   163

Claudine Mary et Hassane Squalli

CHAPITRE 9

La résolution d'une situation-problème statistique
par des élèves à risque : quelles contributions au travail
d'équipe et quelle compréhension ?   187

Laurent Theis, Khoi Mai Huy et Vincent Martin

CHAPITRE 10

Que peut apporter l'expérimentation de situations à « fort
potentiel adidactique » en vue d'un enseignement en direction
d'élèves présentant des troubles cognitifs ou du comportement
sur la viabilité de ces situations ?   209

Denis Butlen et Pascale Masselot

CHAPITRE 11
Les tensions et les questions soulevées dans les rapports
enseignement/apprentissage des mathématiques liés aux
élèves dits en difficulté : réflexions issues des textes de cet ouvrage   229

Lucie DeBlois

INTRODUCTION

Claudine Mary, Hassane Squalli,
Laurent Theis *et* Lucie DeBlois

La recherche en adaptation scolaire ou sur l'intervention auprès d'élèves en difficulté se nourrit de travaux de divers champs de recherche. Plusieurs des recommandations qui circulent dans le milieu scolaire sont influencées par des travaux en neuropsychologie et en psychologie cognitive. Cependant, même si parfois des chercheurs de ces champs de recherche vont jusqu'à formuler eux-mêmes des recommandations d'interventions, l'enseignement des mathématiques a des spécificités et des enjeux qui concernent d'abord le champ de la didactique des mathématiques. En effet, l'enseignement des mathématiques est au cœur du regard didactique que porte la recherche en didactique des mathématiques sur les difficultés d'apprentissage en mathématiques, les processus d'enseignement et d'apprentissage de la discipline étant considérés dans leur interaction mutuelle. C'est ce regard singulier que propose cet ouvrage. Il est réalisé par un groupe de chercheurs francophones majoritairement composé de didacticiens et de didacticiennes des mathématiques, préoccupés par les difficultés d'enseignement et d'apprentissage des mathématiques en adaptation scolaire ou en classe ordinaire pour des élèves considérés en difficulté d'apprentissage en mathématiques.

Par ailleurs, dans le milieu scolaire, une priorité accordée aux compétences des élèves en lecture et en écriture, jumelée peut-être à une formation des enseignants et orthopédagogues en intervention mathématique perçue comme insuffisante par les praticiens eux-mêmes (Fontaine, 2008), a longtemps contribué à faire passer au second plan l'apprentissage mathématique des élèves en difficulté. En ce moment, les préoccupations du milieu scolaire quant aux difficultés d'apprentissage en mathématiques apparaissent grandissantes, comme en témoignent les demandes faites aux chercheurs, notamment des didacticiens, par les services éducatifs des commissions scolaires et par le ministère de l'Éducation, du Loisir et du Sport du Québec. Il s'agit, par exemple, de demandes de formation, de recension d'écrits ou de participation à des journées d'études. Le présent ouvrage pourra donc alimenter la réflexion du milieu scolaire en la matière. S'il n'a pas pour but de décrire des solutions concrètes aux praticiens, il leur permettra de mieux comprendre leur pratique et leur offrira certaines balises pour leur inspirer des interventions favorables à l'apprentissage des mathématiques en exerçant « une vigilance didactique », pour reprendre une expression de Butlen et Masselot.

Comment se caractérise dans cet ouvrage le regard didactique dont il est question ? En empruntant légèrement au premier chapitre, nous pouvons mettre en relief quelques aspects qui caractérisent ce regard et qui sont exprimés par plusieurs des auteurs de cet ouvrage. Il y a d'abord l'importance accordée non seulement aux solutions des élèves, mais à leur activité mathématique. C'est ainsi qu'une importance accrue est accordée aux activités de recherche des élèves dans la résolution de problèmes. Il ne s'agit pas seulement de faire en sorte que les élèves sachent compter, calculer ou appliquer une règle, mais qu'ils puissent faire des mathématiques au sens d'anticiper, d'émettre des conjectures, de généraliser, d'argumenter, de prouver, de mettre en œuvre un raisonnement proportionnel ou géométrique, etc. Ce regard didactique s'impose quelle que soit la population d'élèves concernée puisque ce qui est visé, c'est l'entrée des élèves dans le domaine des mathématiques avec ses pensées, ses outils et son langage. Ensuite, ou en conséquence, il y a l'importance accordée au contenu à enseigner avec ses spécificités. Il s'agit ici de comprendre ou d'appréhender les enjeux d'apprentissage en mettant en lumière les propriétés du savoir à enseigner, les différentes représentations (graphique, verbale ou symbolique) et les différents cadres (géométrique ou numérique, par exemple) dans lesquels peut s'exprimer ce savoir, les situations qui lui donnent sens ainsi que les difficultés, les obstacles à surmonter, les raisonnements à développer, etc.

On retrouve ainsi dans plusieurs chapitres de l'ouvrage, de façon plus ou moins explicite, des références à des analyses conceptuelles et des analyses de tâches qui mettent en relief les enjeux d'apprentissage. Ces analyses guident le choix des dispositifs d'expérimentation. Les situations de résolution de problèmes sont alors vues non pas strictement comme la recherche d'une solution au problème, mais comme le contexte de production et de reproduction d'un ensemble de stratégies et de raisonnements, adéquats ou non, stratégies et raisonnements qu'il est possible pour le chercheur ou l'enseignant d'anticiper. Les analyses conceptuelles guident aussi les analyses que font les chercheurs des situations qui sont proposées aux élèves par les enseignants et des interventions plus ponctuelles réalisées sur-le-champ dans la classe. De même, les réponses des élèves sont analysées à la lumière des spécificités du contenu et des enjeux d'apprentissage. Les analyses des conduites des élèves et les résultats de recherche sont **attachés aux situations** et dans ce sens, ces conduites ne sont pas interprétées strictement en termes de caractéristiques psychologiques intrinsèques à l'élève en difficulté. Cette perspective mène aussi les chercheurs à aller au-delà de ce qui est généralement demandé aux élèves en difficulté, pour qui on cherche souvent à fragmenter les apprentissages, à réduire les exigences, à guider les actions pas à pas, par exemple. Nous en trouvons des illustrations convaincantes dans l'ouvrage.

Bien sûr, ces idées sont exprimées de façon plus ou moins forte dans les chapitres de cet ouvrage. Nous pourrions parler alors d'un regard diversifié, c'est-à-dire d'un regard qui se déploie différemment selon les recherches. L'originalité de l'ouvrage, dans son ensemble, tient toutefois à la perspective générale exposée dans les paragraphes précédents.

L'ouvrage s'adresse donc aux didacticiens et didacticiennes et aux formateurs et formatrices qui sont préoccupés par la problématique des difficultés d'apprentissage en mathématiques et de l'enseignement de cette discipline. Il s'adresse également à ceux et celles qui œuvrent directement auprès d'élèves de classes d'adaptation scolaire, de classes de transition dans les établissements secondaires, de classes d'accueil, ou de classes ordinaires du primaire ou du secondaire intégrant des élèves considérés comme étant en difficulté d'apprentissage des mathématiques.

Cet ouvrage cherche à répondre à la question « Comment la recherche en didactique se positionne-t-elle et quels sont ses apports à la problématique de l'enseignement à ces élèves ? » Il s'articule autour de trois grands thèmes : 1) les conceptions et cadres théoriques sur lesquels s'appuient les recherches portant sur l'enseignement des mathématiques aux élèves en difficulté (chapitre 1) ; 2) la description de pratiques d'enseignement des mathématiques en classe spéciale ou auprès d'élèves en difficulté ainsi que les recommandations qui en découlent (chapitres 2 à 5) ; 3) la description d'expérimentations didactiques dans ces classes ou auprès de ces élèves avec l'identification de questions qui se posent à l'enseignement et les propositions didactiques qui sont envisagées pour y répondre (chapitres 6 à 10). Une réflexion développée à partir de l'ensemble de ces textes conclura l'ouvrage (chapitre 11). Nous présentons brièvement chacun des textes qui constituent les dix premiers chapitres à partir des questions qui ont été posées aux auteurs en relation avec les trois thèmes. Nous résumons ensuite la réflexion inspirée de ces textes qui est proposée en conclusion.

Quels sont les fondements théoriques des recherches portant sur l'enseignement des mathématiques aux élèves en difficulté ?

Le premier chapitre aborde directement cette question. **Jacinthe Giroux**, de l'Université du Québec à Montréal, y caractérise l'approche didactique par sa référence à la spécificité du savoir enseigné et son intérêt pour les processus d'enseignement et d'apprentissage des mathématiques dans leur interaction (enseignement/apprentissage). Dans le domaine de l'adaptation scolaire, cet intérêt mènera les chercheurs à identifier des phénomènes d'apprentissage et d'enseignement particuliers, potentiellement nuisibles à l'apprentissage, et à expérimenter des dispositifs susceptibles d'en éviter les écueils. Giroux présente le point de vue didactique des recherches en adaptation scolaire par rapport à d'autres domaines qui s'intéressent aussi à la problématique des difficultés d'apprentissage et qui proposent des interventions pour les contrer. Elle ancre ces recherches dans leurs fondements et leurs traditions. Dans ce sens, le texte de Giroux est un incontournable pour comprendre les enjeux de l'intervention en adaptation scolaire du point de vue de la didactique des mathématiques.

Que nous révèlent les recherches sur les pratiques d'enseignement des mathématiques en classe spéciale ou auprès d'élèves dits en difficulté ? Quelles sont les recommandations qui en découlent pour les enseignants ?

Quatre chapitres (2, 3, 4 et 5) traitent plus particulièrement des pratiques d'enseignement des mathématiques chez les enseignants ou professeurs des écoles (système français).

Le chapitre 2 se penche sur l'utilisation des **aides** offertes aux élèves de classe d'adaptation scolaire **pour favoriser leur apprentissage des mathématiques.** À partir de l'analyse des interactions enseignants-élèves, en classe d'adaptation scolaire du secondaire (section d'enseignement général et professionnel adapté), **Christophe Roiné**, de l'Université de Bordeaux, constate que les aides offertes aux élèves peuvent produire l'effet contraire de celui qui est escompté et contribuer ainsi à compliquer leur travail au point que celui-ci devient incertain. Il va même jusqu'à qualifier de poison potentiel le dispositif d'aide « lorsque les conditions didactiques de son utilisation sont ignorées » ou, dirions-nous, lorsque la spécificité du contenu à apprendre ainsi que l'interaction enseignement/apprentissage sont négligées. Ce texte interroge notre pratique d'aide à ces élèves et, dans ce sens, apparaît essentiel pour ceux et celles qui s'intéressent à l'intervention auprès d'élèves qui présentent des difficultés en mathématiques et en particulier pour les formateurs et formatrices des enseignants et des enseignantes en adaptation scolaire.

Le chapitre 3 identifie des **enjeux** qui peuvent être **déterminants de la pratique** des enseignants en adaptation scolaire. Les recherches des auteurs, **Denis Butlen** et **Pascale Masselot**, de l'Université de Cergy-Pontoise, portent sur les effets d'un dispositif de formation pour des enseignants débutants qui exercent dans des classes de milieux socialement défavorisés. Les chercheurs ont pu identifier trois genres de pratiques liés à la mission d'instruction des enseignants (appelés « i-genres »). Deux sont majoritaires. Ceux-ci se traduisent, entre autres, par une réduction des exigences de la part de l'enseignant et par une « individualisation non contrôlée » de l'enseignement. Le troisième se caractérise notamment par le recours à des problèmes consistants et à des phases de recherche. Il est le plus en adéquation avec ce qui a été proposé aux enseignants en formation. Or il a été très peu observé. Butlen et Masselot interprètent les pratiques des enseignants (les i-genres) comme des réponses à deux grandes questions qui se posent à la profession : comment **installer la paix scolaire** et comment **exercer une vigilance didactique** ? Les deux premiers i-genres, les plus observés, consisteraient en une réponse à la première question, au détriment toutefois de la vigilance didactique.

Le chapitre 4 s'interroge sur une **pratique** fréquente, semble-t-il, en classe d'adaptation scolaire : celle **des routines ou des rituels** qui sont mis en place à certains moments clés de la journée ou d'une séance d'enseignement. Les auteures, **Maryvonne Merri**, de l'Université du Québec à Montréal, et **Marie-Paule Vannier**, de l'École supérieure du professorat et de l'éducation de l'Université de Nantes, associent ces « rituels ou situations ritualisées » aux pratiques prescrites et observées à l'école maternelle.

Or, ces pratiques sont aussi observées avec des adolescents. Pourquoi ? Les chercheuses présentent les résultats d'une recherche – ne portant pas exclusivement sur l'enseignement des mathématiques – visant à explorer, entre autres, les raisons qui motivent les enseignants à mettre en œuvre de tels rituels pour leurs élèves adolescents. Pour répondre à leur question, elles ont interrogé des enseignants de section d'enseignement général et professionnel adapté, en France. Les fonctions attribuées aux rituels par ces enseignants ont ensuite été caractérisées à la lumière de différentes approches, sociologique et anthropologique, didactique et psychologique. Les auteures concluent en se demandant si la pratique des rituels permet le développement affectif, social et cognitif des élèves. La réponse à cette question impose de futures recherches sur le sujet.

Le chapitre 5 se veut **illustratif d'une pratique** enseignante utilisant des capsules virtuelles et rend compte des effets bénéfiques d'un **travail en communauté de pratique**. Les auteures **Diane Gauthier**, de l'Université du Québec à Chicoutimi, et **Sandra Larouche**, de la Commission scolaire du Lac-Saint-Jean, rapportent les choix faits par des enseignants en mathématiques du secondaire pour solutionner le problème de la réussite de leurs élèves aux examens du ministère de l'Éducation. Accompagnés par les chercheuses, les enseignants se sont alors lancés dans la conception de capsules virtuelles ayant comme fonction d'expliquer certaines notions mathématiques vues comme problématiques parce que mal comprises par les élèves. La possibilité que les élèves en difficulté puissent revoir et réécouter au besoin les explications leur paraissait optimale pour favoriser leurs apprentissages. Le travail en communauté de pratique, autour de la conception et de l'expérimentation des capsules, a permis une évolution des pratiques des enseignants, qui en sont venus à se questionner, d'une part, sur l'activité de l'élève lors du visionnement des capsules et, d'autre part, sur le rôle des capsules explicatives pour les élèves en difficulté qui ne voyaient pas forcément de façon positive cette mesure à leur égard.

Ces quatre chapitres documentent des pratiques d'enseignement en adaptation scolaire ou auprès d'élèves en difficulté et nous mènent à réfléchir sur certaines aides offertes aux élèves pour favoriser leur apprentissage : problèmes visant le « transfert » de connaissances (Roiné), matériel de manipulation et dessins voulant faciliter la résolution du problème (Roiné), capsules virtuelles pour revoir des contenus (Gauthier et Larouche), situations ritualisées pour structurer la pensée (Merri et Vannier), etc. Quels sont les effets de ces aides sur l'apprentissage mathématique des élèves ? La réflexion sur les aides renvoie à la question de la vigilance didactique (Butlen et Masselot). Celle-ci impose de se questionner sur les enjeux d'apprentissage, sur les conceptions, stratégies et raisonnements qu'il est possible d'anticiper de la part des élèves, sur les variables didactiques susceptibles de favoriser tel ou tel raisonnement, etc. En adaptation scolaire en particulier, cette vigilance peut être négligée dans la recherche de la paix sociale, mais aussi dans la recherche d'interventions qui collent aux caractéristiques des élèves, selon une étiquette qui leur est associée. Sur le plan de la recherche, ces chapitres ouvrent des perspectives sur les fonctions des aides et sur les pratiques des enseignants, mais renvoient également à la question des alternatives possibles à ces aides : comment faire autrement ? Les chapitres suivants documentent des situations d'enseignement/apprentissage pour en montrer le potentiel en termes de stratégies et de raisonnements chez les élèves et aussi pour en poser les limites.

Que rapportent les recherches empiriques avec expérimentations didactiques réalisées en classe spéciale ou auprès d'élèves dits en difficulté ? Quelles sont les problématiques qui se posent pour l'enseignement et quelles sont les propositions didactiques qui sont envisagées pour y répondre ?

Cinq chapitres (6, 7, 8, 9 et 10) traitent plus particulièrement d'expérimentations didactiques.

Le chapitre 6 s'attaque à la problématique de la **réduction des exigences**, déjà observée par Butlen et Masselot au chapitre 3, lors de l'enseignement auprès des élèves en difficulté. **Geneviève Lessard**, de l'Université du Québec en Outaouais, défend non seulement le point de vue que des **situations** d'enseignement/apprentissage **exigeantes** sont **possibles** avec ces élèves, mais elle l'illustre à l'aide d'exemples de situations expérimentées montrant que ces élèves peuvent être menés bien au-delà de ce qui leur est habituellement demandé. Les expérimentations ont été réalisées auprès d'élèves de 1re secondaire scolarisés dans une école spéciale. Lessard conclut son texte en insistant sur l'**importance de partager** les résultats d'expérimentations didactiques ainsi que les analyses des situations et interactions afin, dit-elle, « de faire valoir la pertinence institutionnelle des situations et des connaissances mises en jeu et d'édifier "une" vigilance didactique en adaptation scolaire ».

Le chapitre 7 s'intéresse aux difficultés d'enseignement/apprentissage en **classe d'accueil**, difficultés liées notamment au fait que les élèves communiquent difficilement en français et à l'hétérogénéité des niveaux des élèves en mathématiques dans une même classe. **Gisèle Lemoyne** et **Flore Gervais**, de l'Université de Montréal, respectivement didacticienne des mathématiques et didacticienne du français, présentent les interventions qu'elles ont effectuées dans une classe d'accueil d'élèves de 6 à 11 ans, pour soutenir le travail d'une enseignante dans le domaine de l'enseignement de l'arithmétique. Leur travail avec cette enseignante se fonde sur une **démarche d'acculturation enseignants-élèves-chercheurs**, développée dans le texte de Lessard (chapitre 6). L'utilisation de tâches familières aux élèves a permis à l'enseignante d'éviter un enseignement consistant à présenter d'abord le savoir visé pour l'utiliser ensuite lors d'exercices, et un étayage pas à pas des conduites des élèves, enseignement souvent observé dans ces classes. Du côté des élèves, les situations ont permis d'exploiter leurs connaissances dans des contextes différents de ceux qu'ils avaient pu construire dans les situations présentées par l'enseignante. La **collaboration des didacticiennes et de l'enseignante** a permis de penser des situations où les élèves ont utilisé leurs connaissances sur la numération et les opérations, sur la compréhension et la rédaction de textes, lors de la résolution et de la formulation de problèmes.

Le chapitre 8 documente deux situations conçues pour favoriser des processus de généralisation et de validation expérimentés en **classe de transition** dans une école spécialisée. Les choix didactiques sont exposés explicitement ainsi que les raisonnements des élèves dans ces situations. Le chapitre contribue ainsi au partage dont parle Lessard au chapitre 6. Les auteurs, **Claudine Mary** et **Hassane Squalli**, de l'Université de Sherbrooke, se sont préoccupés de difficultés relatives à l'**apprentissage de l'algèbre**. Cette préoccupation les a menés à s'intéresser à l'émergence de généralisations chez des élèves reconnus en difficulté et au **rôle joué par les actions physiques ou mentales** effectuées par les élèves dans l'**émergence de ces généralisations** et dans le processus sous-jacent de leur validation. Ils montrent plus particulièrement l'importance de ces systèmes d'actions, à la fois comme facilitateurs et freins pour la généralisation.

Le chapitre 9 documente également une situation de résolution de problème en exposant ses enjeux mathématiques et les difficultés rencontrées par des élèves d'une **classe ordinaire multiniveaux, 4ᵉ et 5ᵉ année, intégrant des élèves en difficulté.** Il s'agissait d'un **problème statistique** dont la résolution impliquait la comparaison de deux groupes à effectifs inégaux. Celle-ci comportait donc des enjeux conceptuels liés au développement du raisonnement proportionnel. Les auteurs, **Laurent Theis, Khoi Mai Huy** et **Vincent Martin**, de l'Université de Sherbrooke, se sont intéressés plus particulièrement au travail d'équipe lors de la résolution du problème, à la contribution à ce travail d'un élève en difficulté, et à sa compréhension après la résolution. Le texte pose tout particulièrement des questions en lien avec le **statut de l'élève** en difficulté dans la classe ordinaire et avec un certain **phénomène de rejet** qu'il paraît important de documenter davantage.

Enfin, le chapitre 10 se penche sur des conditions de mise en œuvre auprès d'élèves adolescents en situation de handicap d'une **situation maintes fois expérimentée** avec succès en classe ordinaire. **Denis Butlen** et **Pascale Masselot**, de l'Université de Cergy-Pontoise, ont analysé les interactions élève-élève et élèves-intervenants (enseignante régulière, conseillère pédagogique et chercheur) lors de l'expérimentation de la situation auprès des élèves qui présentaient d'importants troubles cognitifs et du comportement. Les deux auteurs montrent les liens existant entre **apprentissage collectif** et **apprentissage individuel** et pointent des raisons possibles de dysfonctionnements qui obligent à déroger à la situation telle qu'elle a été pensée à l'origine. Ils mettent en évidence une tension qui conditionne l'activité de l'enseignante, **tension entre ce qu'elle juge légitime d'exiger**, compte tenu des caractéristiques des élèves (troubles du comportement/risque de crises), **et ce qu'elle pourrait exiger** compte tenu de son expérience. L'enseignante hésitait à expérimenter la situation, mais c'est elle (et non les autres intervenants présents) qui a le mieux géré la situation grâce à ses connaissances. Les auteurs concluent sur l'importance que les enseignants prennent conscience de cette tension et qu'ils soient amenés à expliciter les routines et les gestes efficaces qu'ils ont construits dans l'action.

Une réflexion inspirée des 10 premiers chapitres

En conclusion, le chapitre 11 présente une réflexion inspirée par les textes des dix chapitres précédents. **Lucie DeBlois**, de l'Université Laval, met alors en relief un certain nombre de tensions qui existent dans les rapports entre l'enseignement et l'apprentissage des mathématiques liés aux élèves dits en difficulté. Ce sont des **tensions entre « la dimension cognitive et la dimension affective des élèves »**, entre **« l'aide à l'apprentissage et l'aide à l'élève »**, entre **« l'institutionnalisation et l'enseignement explicite »** et enfin, **entre les résultats de recherche et les besoins du milieu scolaire**. Ces tensions renvoient à des interventions qui favorisent une vigilance didactique, par exemple au moment de l'interprétation des réactions d'évitement des élèves. Elles renvoient aussi à l'importance du schème d'instrumentalisation qui permet aux intervenants de s'émanciper des outils dont ils disposent pour les adapter aux besoins de leurs élèves. Elles renvoient enfin à la place des conceptions entretenues à l'égard du développement des connaissances, notamment lorsque les élèves manifestent des besoins particuliers.

L'équipe de direction espère que cet ouvrage saura alimenter la réflexion de ses lecteurs et de ses lectrices.

Les difficultés d'enseignement et d'apprentissage des mathématiques

Historique et perspectives théoriques

Jacinthe Giroux
Université du Québec à Montréal, Québec

Ce chapitre brosse un tableau des études réalisées dans les espaces anglo-saxon et francophone sur la didactique des mathématiques dans le contexte de l'adaptation scolaire. L'analyse qui est menée inscrit ces études dans leurs fondements et leurs traditions et les situe dans une perspective historique des programmes et des politiques scolaires. Cette analyse vise à circonscrire les enjeux liés à la caractérisation des difficultés d'apprentissage en mathématiques. Le texte débouche sur les questions vives qui animent actuellement la didactique des mathématiques sur les phénomènes propres à la dynamique des interactions didactiques en adaptation scolaire et sur les dispositifs didactiques susceptibles de contribuer à l'acculturation mathématique des élèves en difficulté.

Ce texte répond à l'invitation de présenter et discuter des fondements théoriques des recherches portant sur les difficultés d'apprentissage en mathématiques. Ce n'est pas une tâche facile que de circonscrire les assises conceptuelles de cet objet d'étude. D'abord, parce qu'il s'inscrit dans différents champs d'études : éducation, éducation spécialisée, échec scolaire, difficultés d'apprentissage, troubles spécifiques des apprentissages. Ensuite, parce qu'il est investi par des disciplines qui, d'un point de vue épistémologique, sont connexes de proche en proche, mais distantes, d'un bout à l'autre du spectre qu'elles forment : la neuropsychologie, la psychologie cognitive, l'éducation mathématique, la didactique des mathématiques, l'anthropo-didactique, la sociologie de l'éducation. Il existe un certain consensus selon lequel les difficultés scolaires peuvent relever de facteurs socioculturels, d'un handicap sensoriel, d'un retard de développement ou encore d'une faiblesse de l'enseignement (Berch et Mazzocco, 2007 ; Jordan et Levine, 2009). La complexité du phénomène des difficultés et de l'échec scolaires ainsi que les divergences fondamentales entre les perspectives disciplinaires rendent peu probable une différenciation des difficultés scolaires selon leur nature.

Chacune de ces disciplines problématise le phénomène des difficultés d'apprentissage en mathématiques à partir des outils théoriques et méthodologiques dont elle dispose. La psychologie cognitive et la neuropsychologie proposent, par exemple, de distinguer les difficultés d'apprentissage en mathématiques des troubles spécifiques en mathématiques à l'image de la distinction établie entre difficultés d'apprentissage et troubles spécifiques d'apprentissage en lecture (Mazzocco, 2007). Une dysfonction cognitive caractériserait les troubles spécifiques. Cette distinction n'a cependant pas pénétré tous les champs de recherche qui s'intéressent aux difficultés d'apprentissage en mathématiques. Comme nous le verrons, l'épistémologie de la didactique des mathématiques ou encore celle de la psychologie développementale conduisent en effet à des hypothèses peu compatibles avec celles développées sur le déficit cognitif (Fisher, 2009 ; Ginsburg, 1997 ; Giroux, 2011 ; Houle et Koudogbo, 2010).

Ce chapitre brosse un tableau, bien que non exhaustif, des études sur les difficultés d'apprentissage dans le contexte de l'enseignement aux élèves à risque, en difficulté ou en troubles d'apprentissage en mathématiques. Chaque discipline (par exemple, la psychologie cognitive) mais aussi chaque paradigme (par exemple, positiviste) dans lequel s'inscrit une étude sont déterminants pour la formulation des hypothèses ou objectifs de recherche, la méthodologie utilisée, l'interprétation des données et donc, le type de résultats obtenus. La caractérisation des difficultés d'apprentissage en mathématiques varie donc en fonction des cadres théoriques et méthodologiques retenus. Dans ce chapitre, nous tentons de préciser la façon dont sont liés ces cadres et la caractérisation des difficultés d'apprentissage dans une perspective historique des disciplines concernées et des programmes scolaires.

Il est difficile de définir ce que recouvre la notion de « difficulté d'apprentissage ». Elle est avant tout une valeur attribuée par l'institution scolaire à une performance ; les définitions renvoient à un écart de performance par rapport à une norme et ne portent pas véritablement sur la nature des difficultés. Ainsi, dans le cadre de référence pour l'intervention produit par le MELS, on précise :

> Selon les auteurs ou les croyances, le terme difficulté d'apprentissage recouvre différentes réalités. Pour les fins du présent document, il évoque les difficultés d'un élève à progresser dans ses apprentissages en relation avec les attentes du Programme de formation. Ces difficultés peuvent être éprouvées autant par des élèves à risque que par des élèves handicapés ou ayant des troubles graves de comportement (MEQ, 2003, p. 2).

Le début de cette citation est tout à fait renversant puisqu'il montre combien l'expression *difficulté d'apprentissage* semble couvrir autant de définitions gratuites (par le biais de croyances) que plus rigoureuses. Mais surtout, cette définition montre non seulement l'absence de consensus mais également le caractère normatif rattaché à cette expression.

L'exercice mené dans ce chapitre comporte des limites qu'il importe de spécifier. Au cours des années 1970 et 1980, les travaux sur les fausses conceptions des élèves, sur les erreurs récurrentes ainsi que sur les obstacles épistémologiques ont permis de saisir comment l'erreur est constitutive des processus d'apprentissage de tous les élèves (Bednarz et Garnier, 1989). La problématique commune à ces travaux est celle de la complexité des processus d'apprentissage des mathématiques et non celle des difficultés d'apprentissage en mathématiques. Si la perspective historique adoptée oblige à rappeler ces travaux, ce chapitre ne vise pas à les recenser. Il cible plutôt les travaux qui proposent, depuis leur posture épistémologique, une problématisation des difficultés scolaires propres à l'enseignement et à l'apprentissage des mathématiques. Aussi, le choix de procéder à une couverture relativement large à la fois sur le temps et sur les courants théoriques, pour mener un tel exercice, a comme inconvénient non négligeable de laisser à un niveau de généralité des questions qui mériteraient un approfondissement. Des références *in texto*, mais également en note de bas de page lorsque l'occasion s'y prête, devraient être utiles au lecteur qui souhaite aller plus avant sur certaines questions. Nous espérons toutefois que ce texte arrivera, d'une part, à pointer des enjeux sensibles trop souvent occultés sur les fondements dans le champ de l'étude des difficultés d'apprentissage et, d'autre part, à susciter une curiosité des travaux qui portent dans ce domaine.

1

La recherche sur les difficultés d'apprentissage en mathématiques sous l'effet d'influences théoriques et politiques variées

Les études sur les difficultés d'apprentissage en mathématiques sont relativement peu développées comparativement à celles qui portent sur les difficultés d'apprentissage en lecture. Il est difficile, étant donné la variété des cadres de référence évoqués, de définir nettement les contours de chacune des disciplines qui s'intéressent à cette question puisque leurs cadres de référence parfois se chevauchent, parfois s'opposent. La figure 1.1 identifie différents courants théoriques qui investissent la thématique des difficultés d'apprentissage en mathématiques et cible leurs réseaux d'influence réciproque. Elle met également en évidence la façon dont les politiques en matière scolaire et les courants de la recherche s'influencent mutuellement[1]. Cette figure ne prétend ni à l'exhaustivité, ni à une parfaite exactitude des objets qu'elle expose et des relations qu'elle établit. Cependant, elle montre la complexité du champ d'études sur les difficultés d'apprentissage en mathématiques et révèle le caractère souvent implicite des fondements des études qui s'inscrivent dans ce champ.

Une recension de travaux, dans le domaine des difficultés d'apprentissage en mathématiques, nous convainc rapidement que pendant de nombreuses années, leurs assises théoriques ont été principalement ancrées, soit, pour l'espace anglo-saxon[2], dans le champ de l'éducation mathématique, soit, pour l'espace francophone, dans le champ de la didactique des mathématiques. Ces deux champs, assez proches parents au regard des autres champs d'études en éducation, fondent leurs travaux, entre autres, sur l'analyse épistémologique des concepts mathématiques à enseigner ou encore sur des processus à l'œuvre dans certaines pratiques mathématiques (par exemple, la preuve). Tous deux portent également un certain héritage de la psychologie développementale piagétienne.

---

1.   Au Québec, ces subventions prennent, entre autres, la forme de commandites de recherche en partenariat avec le milieu scolaire. Une discussion sur les contraintes qui pèsent sur les chercheurs, dans ce contexte, a été menée au colloque sur les difficultés d'apprentissage en mathématiques de l'ACFAS en 2011 à Sherbrooke.

2.   La tradition anglo-saxonne n'est pas alimentée que de travaux de chercheurs américains ou anglophones ; elle bénéficie également, dans une moindre mesure, de travaux de chercheurs francophones au Québec et en Europe. De même, la tradition francophone est alimentée de travaux de chercheurs anglophones, italiens, espagnols, etc.

Figure 1.1.
LA RECHERCHE SUR LES DIFFICULTÉS D'APPRENTISSAGE
EN MATHÉMATIQUES SOUS L'EFFET D'INFLUENCES THÉORIQUES
ET POLITIQUES VARIÉES

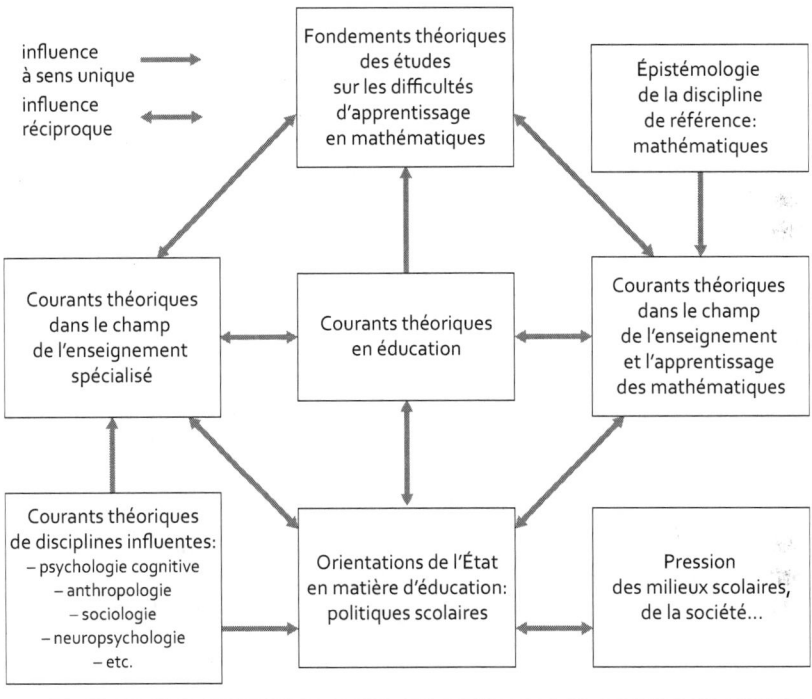

Le champ d'études en adaptation scolaire a connu un essor important au cours des vingt dernières années. Ce champ est vaste : études des caractéristiques des élèves à besoins particuliers, enseignement adapté aux élèves en difficulté, influence des politiques scolaires en matière d'adaptation scolaire, etc. Les travaux portant plus particulièrement sur l'enseignement aux élèves en difficulté d'apprentissage s'inspirent largement de la psychologie cognitive pour construire des modèles d'enseignement adapté aux caractéristiques des élèves. Par ailleurs, dans la suite des travaux sur la dyslexie, la psychologie cognitive et la neuropsychologie introduisent la distinction entre difficultés et troubles spécifiques d'apprentissage en mathématiques ou, autrement dit, la dyscalculie. La dyscalculie se distinguerait des difficultés d'apprentissage par les déficits cognitifs auxquels elle serait associée. L'absence de consensus sur le « trouble spécifique d'apprentissage » en mathématiques crée des décalages entre les positions défendues par le Ministère, les organismes et les chercheurs. Par exemple, le trouble spécifique d'apprentissage n'est pas reconnu par le Ministère comme un handicap, alors que sa reconnaissance par le *DSM-IV* l'associe à un trouble mental et, plus précisément, à une atteinte neurologique. Ces décalages soulèvent des questions importantes sur le diagnostic de tels troubles et, par conséquent, sur la nature de l'intervention à mener auprès des élèves en grande difficulté.

La recherche, en tant qu'institution sociale, n'est pas exempte des pressions politiques et économiques issues de la société dans laquelle elle s'inscrit. Si l'institution scolaire s'inspire des résultats de la recherche, les orientations qu'elle prend, notamment dans sa politique d'adaptation scolaire, alimentent en retour la recherche et favorisent ainsi l'application des orientations ministérielles. À ce propos, il n'est pas sans intérêt de rappeler que la prévalence des élèves en difficulté d'apprentissage varie selon les orientations et les finalités que la société attribue à l'institution scolaire. Au Québec, en 1966, la population d'élèves en difficulté d'apprentissage est d'environ 3 % de l'effectif scolaire (environ 3 000 élèves), alors que le Québec, en pleine Révolution tranquille[3], se dote d'un ministère de l'Éducation. En 1979, le Québec publie sa politique pour l'enfance en difficulté d'adaptation et d'apprentissage. Le nombre d'élèves en difficulté d'apprentissage grimpe alors pour atteindre un taux de 10,2 % (120 000 élèves) au début des années 1990. La décroissance de cette population jusqu'en 1997-1998 s'explique par l'importance du mouvement d'intégration et d'inclusion scolaires. Le nombre d'élèves dits en difficulté d'apprentissage varie depuis entre 7 % et 9 % de l'effectif scolaire. En 2000, la politique de l'adaptation scolaire substitue à la catégorie *élèves en difficulté d'apprentissage et d'adaptation* celle d'*élèves à risque*.

> La notion d'élève à risque repose sur une conception non catégorielle des services éducatifs fournis aux élèves dits en « difficulté » dans laquelle sont privilégiées les interventions préventives. Cette conception s'appuie sur la conviction qu'une identification administrative des élèves à risque n'est pas utile pour leur offrir des services adaptés à leurs besoins (MEQ, 2000a, p. 8).

Du coup, plusieurs sous-catégories sont dissoutes : *difficultés légères et graves d'apprentissage, troubles du comportement, trouble du déficit d'attention avec ou sans hyperactivité, déficience intellectuelle légère.* Un rapport de recherche déposé en 2003[4] au ministère de l'Éducation du Québec sur le

---

3. La Révolution tranquille consiste en un grand nombre de transformations sur les plans social, politique, économique et religieux, réalisées très rapidement au cours des années 1960. L'éducation est sans doute le secteur qui a subi les plus fortes transformations.

4. Il est donc postérieur à l'entrée du concept d'élèves à risque dans la politique d'adaptation scolaire en 2000.

concept d'*élèves à risque et les interventions éducatives efficaces* recense pas moins d'une quarantaine de définitions du concept d'*élève à risque* (Schmidt *et al.*, 2003), ce qui suggère que ce concept est relativement flou. Le rapport note, de plus, que très peu de chercheurs adoptent un point de vue critique sur ce concept. Si la politique du MELS a l'avantage de marquer clairement une position en faveur de l'intégration scolaire, elle a entraîné en contrepartie, faut-il le rappeler, une diminution des services et des coûts du secteur de l'adaptation scolaire, notamment par la fermeture de plusieurs classes de ce secteur[5]. L'arrivée des élèves de l'adaptation scolaire dans les classes ordinaires n'est pas sans difficultés sur le plan pédagogique pour les enseignants et a généré des tensions sur le plan politique (entente, difficile à obtenir avec les syndicats des enseignants, création d'une coalition contre l'intégration à tout prix[6]...). Cet exemple montre qu'il y a des rapports d'influence entre les sphères politiques scolaires, économiques et sociales, mais également avec la recherche.

Pour dresser un portrait des études dans le domaine des difficultés d'apprentissage en mathématiques, on peut utiliser différentes classifications. Il est courant de les classer selon leur paradigme épistémologique, comme nous venons de le faire très brièvement dans la figure 1.1. Cependant, cette classification fait l'impasse sur la manière propre à chaque discipline d'appréhender le phénomène. L'épistémologie d'une discipline contraint en quelque sorte à traiter une problématique selon un certain point de vue, à privilégier une entrée de travail. Chacune de ces entrées ouvre sur une problématique différente ; autrement dit, elle révèle ce qui fait l'enjeu et l'intérêt du phénomène à l'étude pour la discipline qui « fabrique » cette entrée. Selon l'entrée de travail adoptée, la nature des études diffère, mais aussi les propositions qui seront formulées aux enseignants, et ce, alors que les fondements sur lesquels ces propositions reposent sont souvent implicites.

Dans un souci de clarifier les enjeux propres à chaque discipline, nous avons dégagé quatre entrées principales d'étude, comme en témoigne la figure 1.2. Deux de ces entrées peuvent être considérées en tant que pôles d'un continuum. À l'un de ces pôles (en haut de la figure 1.2), l'entrée vise à caractériser les déficits cognitifs considérés à l'origine des troubles spécifiques à l'apprentissage et à proposer des modèles de remédiation adaptés à ces caractéristiques cognitives. À l'autre pôle du continuum (en bas de la figure 1.2), les difficultés sont étudiées sous l'angle de la spécificité

---

5.   Certains élèves intégrés sont accompagnés d'un psychoéducateur. Au moment de rédiger ce chapitre, des restrictions budgétaires conduisent certaines commissions scolaires à réduire les effectifs de ces psychoéducateurs.

6.   Ces difficultés ont fait l'objet d'articles dans différents quotidiens du Québec, notamment en 2011.

du contenu à enseigner et des interactions didactiques susceptibles d'en favoriser l'acquisition. Cette entrée relève de l'hypothèse selon laquelle une adaptation de l'enseignement en fonction des caractéristiques sociales ou cognitives des élèves est insuffisante, voire inappropriée, si elle n'est pas organisée didactiquement en fonction des caractéristiques du contenu à enseigner et à apprendre. Entre ces deux pôles, deux autres entrées sont identifiées. La première est celle des modèles pédagogiques adaptés aux caractéristiques des élèves : différenciation pédagogique, médiation de l'enseignement, tutorat par les pairs, programmes d'entraînement, assistance de programmes informatisés d'apprentissage. La dernière vise à réduire les difficultés d'apprentissage en bonifiant l'enseignement par des pédagogies inspirées du socioconstructivisme. Les travaux de cette dernière entrée, qui s'inspirent des normes du National Council of Teachers of Mathematics (NCTM), mettent en œuvre des méthodes d'enseignement basées, par exemple, sur la résolution de problèmes et l'apprentissage coopératif pour favoriser la construction des connaissances mathématiques.

Figure 1.2.
QUATRE ENTRÉES D'ÉTUDE DES DIFFICULTÉS D'APPRENTISSAGE
EN MATHÉMATIQUES

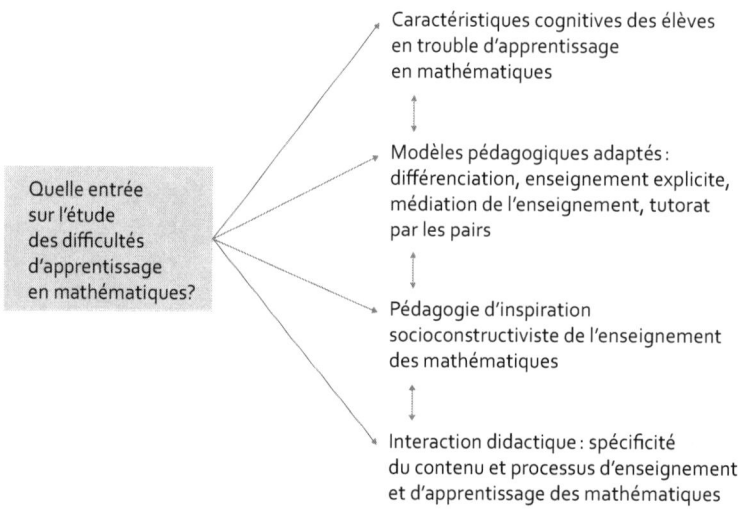

Dans le cadre de ce chapitre, nous avons choisi de faire une recension des travaux existants sur les difficultés d'apprentissage en mathématiques dans le contexte de l'adaptation scolaire sur la base de deux espaces : anglo-saxon et francophone. Nous préciserons, lorsqu'il y a lieu, les recoupements nécessaires. Trois arguments fondent le choix de procéder à un tel découpage.

Au Québec, ces deux espaces se côtoient. Il nous semble donc utile de situer les cadres théoriques de ces recherches depuis leur posture épistémologique et la tradition dans laquelle ils s'inscrivent. Les fondements des pratiques de formation et d'enseignement qui s'en inspirent pourraient bénéficier d'un tel éclairage. Un deuxième argument tient au fait que l'institution scolaire et l'institution « recherche » participent et découlent tout à la fois de l'histoire politique, sociale et culturelle d'une société et qu'il est nécessaire de mettre en relation quelques faits sociaux marquants du développement des politiques scolaires, en particulier d'adaptation scolaire, en articulation avec le développement de courants de recherche en éducation pour saisir les enjeux éducatifs d'une société. Selon un troisième argument, les traditions anglo-saxonne et francophone ont généré des perspectives différentes sur les difficultés d'apprentissage. L'entrée par les caractéristiques cognitives a pris racine dans l'espace anglo-saxon, alors que celle sur les interactions didactiques provient de l'espace francophone. Cependant, chacune des entrées est représentée dans chacun de ces espaces. L'exposé de l'espace anglo-saxon est plus bref que celui de l'espace francophone, étant donné le bassin francophone du présent ouvrage mais également l'inscription relativement plus importante des travaux québécois dans l'espace francophone. Par ailleurs, nos propres travaux participant à la tradition francophone, la connaissance que nous en avons est mise à contribution pour rendre compte des objets qui y sont à l'étude.

2
L'étude des difficultés d'apprentissage en mathématiques dans l'espace anglo-saxon

Nous regroupons principalement les travaux états-uniens et, dans une moindre mesure, ceux du nord de l'Europe ainsi qu'une part des travaux issus du Québec dans l'espace anglo-saxon. Une recension réalisée en 2007 montre une progression fulgurante des recherches états-uniennes sur les difficultés d'apprentissage en mathématiques. Cette recension met en rapport le nombre de recherches sur les difficultés d'apprentissage en mathématiques et en lecture. Ce ratio est de 1 pour 100 pour la période 1966-1975 et de 1 pour 14 pour la période 1996-2005 (Gersten, Clarke et Mazzocco, 2007). Cet essor découle de l'évolution des champs d'études consacrés aux difficultés d'apprentissage en mathématiques. À la fin des années 1950, le champ de l'éducation mathématique (*mathematical education*) se constitue. C'est au cours des années 1970 que se développe un champ propre à l'étude des difficultés d'apprentissage (*learning disabilities*), lequel est dominé en grande partie par la psychologie cognitive. L'investissement de la psychologie cognitive et de la neuropsychologie pour les troubles spécifiques en mathématiques autour du passage à l'an 2000 est sans aucun doute, dans l'espace anglo-saxon, la raison de la multiplication des études dans ce domaine.

2.1. Quelques repères historiques sur les champs d'études *math education* et *mathematic learning disabilities*[7] ainsi que sur les programmes mathématiques depuis 1960

L'histoire de l'éducation mathématique aux États-Unis est traversée, depuis le début des années 1960, par une tension permanente entre deux perspectives, soit celle de l'enseignement des habiletés fondamentales[8] (*teaching for skills*) ou de la compréhension (*teaching for understanding*) (Schoenfeld, 2004[9]). Cette tension a toujours été plus marquée dans le contexte de l'adaptation scolaire que dans l'enseignement ordinaire (Woodward et Montague, 2002) du fait que l'enseignement axé sur l'enseignement des habiletés fondamentales permet plus aisément et plus rapidement d'attester de l'acquisition par les élèves de savoirs considérés comme emblématiques, telle la maîtrise des algorithmes de calcul. La tension entre ces deux perspectives prend sa source dans l'opposition entre une approche behavioriste, inspirée de la classification des niveaux d'acquisition des connaissances de Bloom (1956), de laquelle découlent les pédagogies par objectifs, et une approche structuraliste inspirée du mouvement des « mathématiques modernes » amorcé dans les années 1950 en Europe, mais qui devint rapidement international. Influencés par le structuralisme en mathématiques (le bourbakisme), mais aussi par la psychologie développementale de Piaget et Szeminska (1967) ainsi que par la psychologie scolaire de Bruner (1966), les *new math* ont généré diverses pédagogies qui avaient pour objectif de favoriser l'activité de l'élève et l'apprentissage du formalisme en mathématiques. Si les années 1960 sont celles de l'implantation de pédagogies relevant des *new math*, plusieurs changements adviennent au cours des années 1970. Les résultats des élèves américains en arithmétique sont jugés insatisfaisants et alimentent

---

7.   Pour une revue plus exhaustive, voir en particulier Woodward (2004) et Schoenfeld (2004, 2006).

8.   Nous attirons l'attention du lecteur sur le fait que les expressions *skills* ou *basic skills*, habituellement traduites par « habiletés fondamentales », pourraient également être rendues par « habiletés de base » et signifient essentiellement les habiletés à effectuer les opérations « de base » en arithmétique. Elles ne renvoient donc pas à la conceptualisation proprement dite des objets mathématiques.

9.   Schoenfeld a publié un article remarquable sur cette question en adoptant une perspective historique.

les critiques à l'égard des *new math*, jugées trop formalistes[10]. Le contexte est alors favorable à une nouvelle réforme communément appelée *back to basics* (retour aux habiletés fondamentales). Le paradigme behavioriste y domine et se manifeste par un enseignement structuré selon une taxonomie d'objectifs et une progression programmée.

En recherche, les années 1970 sont marquées par l'essor fulgurant des travaux en intelligence artificielle (voir, entre autres, Simon, 1969), essor qui a contribué à l'avènement des sciences cognitives[11]. L'investigation du domaine de la résolution de problèmes par ce champ produit des théories et des méthodologies dont vont s'emparer les chercheurs intéressés par l'apprentissage des mathématiques. Ainsi, les théories du traitement de l'information ouvrent des perspectives innovatrices pour l'étude des processus cognitifs impliqués dans l'apprentissage des mathématiques (Newell et Simon, 1972). À titre d'exemple, les modèles Siegler et Robinson (1982) sur les premiers procédés de calcul sont encore aujourd'hui incontournables pour qui s'intéresse à l'évolution des connaissances numériques chez le jeune élève. De même, la théorie de la réparation de Brown et Burton (1978) a renouvelé la compréhension des erreurs en calcul et influence encore aujourd'hui les travaux dans ce domaine. Au Québec, les travaux de Lemoyne (1983) sur les comportements mathématiques d'élèves dans la complétion de suites numériques, par exemple, s'inscrivent dans le champ des sciences cognitives. Ainsi, ce n'est pas tant la problématique des difficultés d'apprentissage qui retient l'attention des cognitivistes au cours des années 1970 et 1980, mais plutôt la modélisation des procédures correctes et erronées comme moyen de description de ces procédures.

C'est à la suite de la crise économique qui sévit à la fin des années 1970, qu'est publié en 1983 le rapport *A Nation at Risk*, très critique sur la qualité de l'éducation aux États-Unis. Ce rapport formule des propositions qui visent à réduire le fossé grandissant entre une élite instruite et une population illettrée sur le plan technologique. Une plus grande part à la résolution de problèmes ainsi qu'aux méthodes visant la compréhension plutôt que l'application est, entre autres, proposée pour le renouvellement des programmes. Ce rapport connaîtra son aboutissement, en 1989, par la publication d'un cadre de référence produit par le NCTM. Le paradigme behavioriste est alors délaissé au profit du paradigme socioconstructiviste (Vygotski, 1985). Ce cadre, plaçant la résolution de problèmes au cœur de l'enseignement des

---

10. Voir à ce propos l'analyse de Brousseau (1998) sur certains effets didactiques générés par les maths modernes, dont l'effet Dienes.
11. Nous ne faisons ici qu'évoquer les travaux qui utilisent les théories et méthodes du traitement de l'information propres aux sciences cognitives, qu'il ne faut pas confondre avec le champ plus large de la psychologie cognitive.

mathématiques, fait ressurgir le débat entre un enseignement orienté soit vers le développement des « habiletés », soit vers la « compréhension ». Les critiques formulées à l'endroit de ce cadre, autant de la part de chercheurs que d'enseignants impliqués dans l'éducation spécialisée, amplifient le débat (Woodward, 2004). Ces critiques portent essentiellement sur le paradigme constructiviste, jugé trop vague, et sur la difficulté d'enseigner les habiletés fondamentales aux élèves en difficulté dans le cadre d'une approche par résolution de problèmes. En 2001, la réforme *No Child Left Behind* (Aucun enfant laissé à la traîne) est instaurée par l'administration Bush ; davantage centrée sur la lecture que sur les mathématiques, elle ne permet pas de réguler le débat.

Le champ de l'éducation spécialisée est intimement lié au domaine de l'éducation mathématique. Cependant, les méthodes d'enseignement pour les publics de l'adaptation scolaire ont toujours été relativement hermétiques au jeu du balancier des réformes scolaires successives. Les orientations à la base des réformes ont toujours eu du mal à s'implanter dans les pratiques d'enseignement des mathématiques mises en œuvre auprès des élèves en difficulté. Cela relève sans doute du fait que les méthodes traditionnelles, l'enseignement direct et la mémorisation par exemple, sont intimement liées pour les enseignants aux savoirs jugés prioritaires, tels les faits arithmétiques et les algorithmes de calcul. Il y a aussi le fait que les chercheurs ont peu investi l'étude des difficultés d'apprentissage propres aux mathématiques jusqu'aux années 1990, les mathématiques étant considérées comme un lieu propice à l'étude des difficultés d'apprentissage plutôt qu'à celle des difficultés propres à l'apprentissage des mathématiques (Woodward, 2004). Mais il faut aussi mentionner que les études en ce domaine ont été concentrées pendant de longues années (et le sont encore aujourd'hui) sur les difficultés liées à l'apprentissage des faits additifs et à la résolution de problèmes additifs (voir, entre autres, Geary, Hoard et Byrd-Craven, 2004), et ce, sans doute parce que nous disposons de modèles relativement robustes issus des sciences cognitives pour mener les recherches sur ces contenus. De plus, les nombreux résultats concernant les difficultés des élèves faibles à rappeler les faits additifs favorisent sans doute, en retour, une centration sur ces contenus dans l'enseignement auprès de ces élèves.

2.2. L'état actuel des travaux sur les difficultés et troubles d'apprentissage en mathématiques dans l'espace anglo-saxon

Les études expérimentales et quantitatives sur la caractérisation des processus cognitifs des élèves en difficulté d'apprentissage en mathématiques se sont multipliées au cours des dernières années et se structurent essentiellement à partir de la neuropsychologie et de la psychologie cognitive. Ce nouveau courant de recherche a encore peu investi l'étude des interventions mathématiques, laquelle est davantage prise en charge par le champ de l'éducation mathématique ou de l'éducation spécialisée. Ainsi, les travaux actuels sur les difficultés d'apprentissage en mathématiques dans l'espace anglo-saxon couvrent principalement trois champs d'études : 1) les caractéristiques cognitives des élèves qui ont des troubles d'apprentissage en mathématiques par la neuropsychologie et la psychologie cognitive ; 2) les modèles pédagogiques adaptés ; 3) les pratiques d'enseignement, dans une perspective de bonification de ces pratiques, selon une approche socioconstructiviste.

2.2.1. La caractérisation des processus cognitifs déficients

Les études expérimentales menées sur la caractérisation des processus cognitifs des élèves ayant des troubles d'apprentissage en mathématiques se sont multipliées au cours des dernières années. Mazzocco (2007) précise les objectifs de ces travaux, inspirés de ceux qui dominent dans le domaine de la dyslexie : 1) identifier les critères qui permettent de diagnostiquer les troubles d'apprentissage en mathématiques ; 2) identifier les sous-types de troubles d'apprentissage en mathématiques ; 3) établir la contribution biologique du déficit cognitif à l'origine de ces troubles ; 4) développer des modèles de remédiation qui s'appuient sur les caractéristiques cognitives. L'hypothèse biologique des troubles d'apprentissage constitue donc un fondement pour ces études, comme le laisse voir la figure 1.3. L'hypothèse corollaire est que les élèves en difficulté se répartiraient en deux groupes : ceux dont les difficultés relèveraient de processus immatures ou encore de facteurs exogènes (type d'enseignement, par exemple) et ceux dont les difficultés relèveraient d'un dysfonctionnement ou d'un déficit cognitif. Mazzocco propose de réserver l'expression *mathematics difficulties* à la première catégorie et *mathematics disabilities* à la seconde. Les cognitivistes s'intéressent plus largement aux deux catégories, alors que les neuropsychologues s'intéressent plus particulièrement à la seconde.

Les travaux sur les déficits cognitifs associés aux difficultés en mathématiques ont été réalisés principalement dans le domaine numérique et plus particulièrement sur le dénombrement et les premières stratégies de calcul. Geary (2005) recourt à l'expression *troubles d'apprentissage en arithmétique* (et non en mathématiques) pour bien circonscrire le phénomène étudié. Ces troubles toucheraient autant la dimension procédurale que la dimension conceptuelle associées aux activités numériques. Ils se caractériseraient essentiellement par *a*) le recours à des stratégies primitives de calcul, communément utilisées par des élèves plus jeunes ; *b*) un déficit de la mémoire de travail à long terme qui affecterait la récupération des faits arithmétiques et entraînerait le recours à des stratégies immatures ; *c*) un déficit de récupération lié aux mécanismes inhibiteurs. Ce dernier déficit se manifesterait par la récupération de faits arithmétiques non pertinents. Par exemple, la somme récupérée pour 4 + 8 sera 5 ou 9, étant donné la relation de successeurs que ces derniers entretiennent respectivement avec 4 et 8 (Geary, 2005). Actuellement, la notion même de dyscalculie ne fait pas l'unanimité chez les chercheurs. Rappelons que le taux de prévalence du trouble diffère grandement d'une étude à une autre[12], les critères d'inclusion et d'exclusion différant selon les études. Le bilan scientifique de l'Institut national de santé et de recherche médicale (INSERM, 2007) rappelle que les causes de la dyscalculie demeurent encore incertaines et que « certains hésitent même à en faire un trouble primaire, le considérant comme une conséquence d'un trouble plus général des fonctions cognitives » (p. 331).

Figure 1.3.
ENTRÉE DE LA PSYCHOLOGIE COGNITIVE
ET DE LA NEUROPSYCHOLOGIE

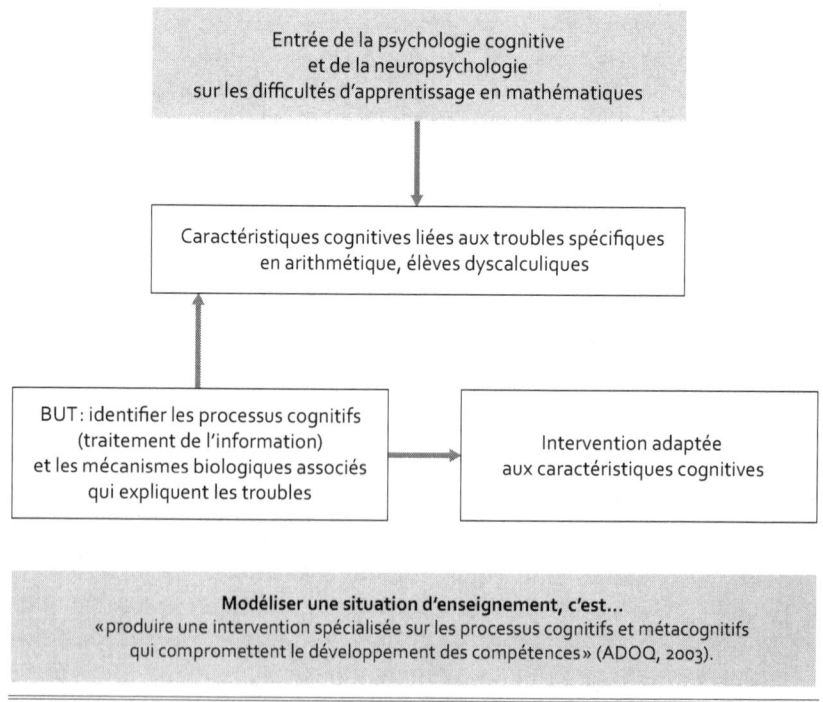

Pour une présentation approfondie de ces débats, voir Fisher (2009), Giroux (2011) et Houle et Koudogbo (2010).

Très peu de travaux ont été réalisés sur l'intervention auprès d'élèves dyscalculiques. Cependant, le contenu des programmes d'intervention auprès de ces élèves ne se distingue pas fondamentalement des activités numériques que l'on trouve dans les manuels scolaires (INSERM, 2007). Étant donné le flou qui existe sur la nature de ce trouble, ses causes et ses critères diagnostiques, il est encore prématuré de penser à des interventions qui soient adaptées aux caractéristiques cognitives des élèves. C'est toutefois l'objectif à long terme poursuivi par la neuropsychologie et la psychologie cognitive. L'Association des orthopédagogues du Québec (ADOQ), s'appuyant sur des modèles d'intervention en littératie, exprime clairement une position analogue en affirmant que l'intervention auprès d'élèves en difficulté commande de produire « une intervention spécialisée sur les processus cognitifs et métacognitifs qui compromettent le développement des compétences » (ADOQ, 2003, p. 13). Selon cette perspective, ce ne sont donc pas les caractéristiques du savoir, mais bien les caractéristiques cognitives des élèves, qui déterminent les méthodes d'enseignement. Cette perspective, comme nous le verrons, est à l'opposé de celle développée, en particulier, dans l'espace francophone.

2.2.2. La méta-analyse de Kroesbergen et Van Luit (2003) sur la comparaison des effets d'intervention selon le type d'enseignement

La méta-analyse réalisée par Kroesbergen et Van Luit (2003) sur les études portant sur l'intervention mathématique auprès d'élèves en difficulté est incontournable. Cette méta-analyse retient 58 études couvrant la période de 1985 à 2000. S'inspirant de Goldman (1989, cité dans Kroesbergen et Van Luit, 2003), les auteurs regroupent les études recensées selon cinq types d'enseignement : 1) l'enseignement direct ; 2) l'enseignement sur la base de l'autoquestionnement ; 3) l'enseignement guidé ; 4) l'enseignement par les pairs ; 5) l'enseignement assisté par ordinateur. Les deux premiers types d'enseignement seraient davantage centrés sur l'enseignement explicite et sont relativement près des fondements de la psychologie cognitive (figure 1.4). En revanche, l'enseignement guidé et l'enseignement par les pairs s'inspireraient du paradigme socioconstructiviste et des principes promus par le NCTM[13] ; ils s'inscrivent ainsi dans le domaine de l'éducation mathématique ou *math education* (figure 1.5).

---

13. Il est difficile de savoir si tous les enseignements ayant fait l'objet des études répertoriées ont été réalisés dans le respect des paradigmes auxquels ils sont associés.

Figure 1.4.
ENTRÉE DE L'ÉDUCATION SPÉCIALISÉE

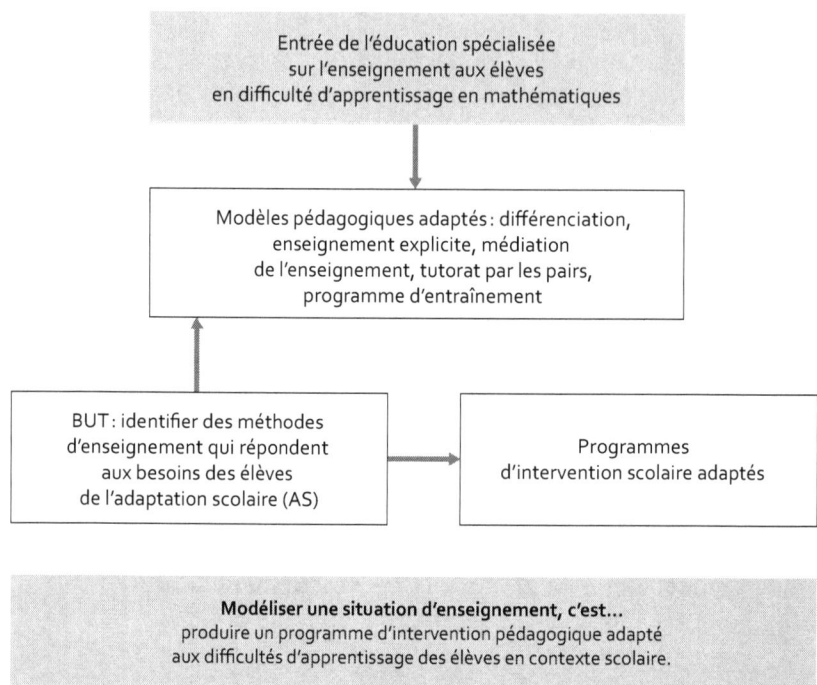

Un premier résultat de cette méta-analyse concerne les contenus mathématiques visés les plus fréquents. Leur ventilation s'établit comme suit : 13 études portent sur la préparation à l'arithmétique, 31 sur les faits numériques et le calcul, et 17 sur la résolution de problèmes[14]. Ainsi, 76 % (44 sur 58) de ces études portent sur l'apprentissage des habiletés fondamentales et donc, essentiellement sur le calcul. Selon les auteurs, l'importance des habiletés fondamentales dans ces études relève du fait qu'il est beaucoup plus aisé de mettre en œuvre une intervention portant sur l'apprentissage d'une technique de calcul que sur la résolution de problèmes. Un deuxième résultat de la méta-analyse est que les interventions réalisées dans le cadre d'études de cas unique ont plus d'effets que celles qui sont réalisées auprès d'un groupe. Les auteurs interprètent ce résultat par le fait que, dans une étude de cas unique, il est aisé de mettre fin à l'intervention lorsque les objectifs sont atteints. Un troisième résultat montre que l'effet

---

14. Nous n'avons pas d'informations sur une ventilation qui tient compte à la fois du type d'enseignement, du contenu d'enseignement et de la méthodologie mise en œuvre (expérimentale ou non).

d'une intervention ne varie pas en fonction de la clientèle d'élèves visée. Ce résultat pose, selon nous, la question du rapport entre les caractéristiques de la clientèle et le contenu d'une intervention puisqu'il remet en cause l'hypothèse de la neuropsychologie selon laquelle les interventions visant à une remédiation des difficultés doivent être élaborées en fonction des caractéristiques cognitives. Un quatrième résultat de la méta-analyse montre que les interventions de courte durée ont plus d'effets que celles de longue durée. L'interprétation faite par les auteurs de ce résultat est que les interventions de courte durée sont nécessairement plus ciblées et qu'elles permettent ainsi plus facilement d'obtenir des résultats positifs. Quelques résultats portent plus particulièrement sur la relation entre l'effet de l'intervention et le type d'enseignement. L'enseignement direct se révèle plus efficace que l'enseignement guidé pour l'apprentissage des habiletés fondamentales. Par ailleurs, l'enseignement d'une démarche d'autoquestionnement est plus efficace en résolution de problèmes que les autres types d'enseignement.

Figure 1.5.
ENTRÉE *MATH EDUCATION*

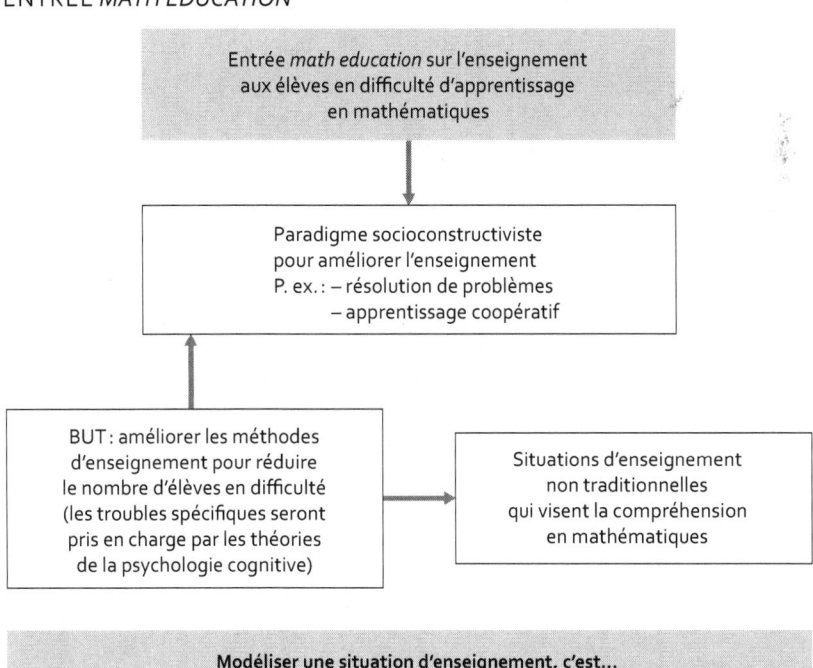

Entrée *math education* sur l'enseignement aux élèves en difficulté d'apprentissage en mathématiques

Paradigme socioconstructiviste pour améliorer l'enseignement
P. ex. : – résolution de problèmes
– apprentissage coopératif

BUT : améliorer les méthodes d'enseignement pour réduire le nombre d'élèves en difficulté (les troubles spécifiques seront pris en charge par les théories de la psychologie cognitive)

Situations d'enseignement non traditionnelles qui visent la compréhension en mathématiques

Modéliser une situation d'enseignement, c'est...
produire des situations d'enseignement (contexte scolaire) qui visent la construction des connaissances.

La conclusion que tirent les auteurs de l'ensemble des résultats de cette méta-analyse est que les modifications apportées à l'enseignement des mathématiques par l'implantation d'une pédagogie inspirée du socioconstructivisme n'améliorent pas le rendement des élèves en difficulté. Cette conclusion appelle quelques commentaires. D'abord, elle semble confondre l'arithmétique (la part des études répertoriées qui portent sur ce domaine est très importante) et les mathématiques, ces dernières couvrant un champ bien plus large que celui de l'arithmétique. Pour conforter la conclusion formulée, il nous semblerait utile de mettre en relation les types d'enseignement et la durée des effets produits (à court ou moyen terme) de même que les contenus visés. Ensuite, il serait nécessaire de connaître le rapport entre le contenu enseigné et le contenu évalué pour juger si les effets mesurés portent sur des connaissances qui fonctionnent localement, connaissances souvent associées aux difficultés d'apprentissage (Lemoyne et Lessard, 2003). Enfin, la comparaison des effets d'intervention relevant soit d'études de cas, soit d'études expérimentales soulève la question de la comparaison d'études qui n'ont pas les mêmes finalités. La plupart des études de cas ont comme objectif l'analyse des processus, alors que les études expérimentales visent plutôt à mesurer l'effet d'une intervention par le biais d'une comparaison statistique de type avant/après. Ainsi, il faut conclure que les recherches recensées privilégient l'évaluation de l'enseignement direct au détriment des autres types d'enseignement[15] et qu'elles privilégient comme contenu d'enseignement les habiletés de calcul arithmétique. Ces choix s'expliquent sans doute en partie par les difficultés qui font obstacle à la réalisation d'une recherche expérimentale portant sur l'efficacité d'une méthode non traditionnelle et dont l'enjeu mathématique serait plus conséquent, par exemple, la conceptualisation de la multiplication en tant que produit cartésien[16]. Cela dit, comme le souligne Sarrazy (2007), « les principaux soucis des professeurs se situent moins dans l'enseignement des algorithmes que dans la façon d'appréhender (d'analyser et de réguler) les difficultés que rencontrent leurs élèves pour en faire usage dans des situations nouvelles » (p. 4). Cette dimension ne s'inscrit pas, bien sûr, dans les objectifs des recherches avec devis expérimental.

En guise de conclusion pour cette section, le débat dans l'espace anglo-saxon, particulièrement aux États-Unis, sur la confrontation entre les méthodes directes ou non et entre les habiletés fondamentales (le calcul) ou

---

15. Dans l'ordre : ED (35 études) ; EAQ (16 études) ; EG (10 études) ; EAO (12 études) ; EP (10 études). Le total fait plus de 58, certaines études ayant porté sur plus d'un type d'enseignement.
16. La réduction à des dimensions techniques, dans l'enseignement des habiletés fondamentales, peut conduire à négliger l'articulation des connaissances sur les nombres, les opérations et leurs propriétés utile à la maîtrise des calculs arithmétiques.

la compréhension est sans cesse relancé. Ce débat est, en fait, l'écho d'une confrontation entre différents fondements théoriques sur l'apprentissage des mathématiques, qui oppose essentiellement une perspective axée sur le traitement de l'information, laquelle fait peu de place à la dimension conceptuelle, et une perspective axée sur les processus à l'œuvre dans la construction des connaissances. Ce débat est particulièrement vif dans le domaine des difficultés d'apprentissage, car si, d'un côté, l'enseignement direct semble favoriser l'apprentissage de ce qui est emblématique des savoirs mathématiques scolaires, soit le calcul, il n'est pas assuré que cet apprentissage puisse favoriser la compréhension du sens des opérations (Woodward, 2004). L'espace francophone élargit un peu la perspective en faisant une part particulière à la spécificité du savoir en jeu dans l'enseignement et l'apprentissage.

L'étude des difficultés d'apprentissage en mathématiques dans l'espace francophone

Nous regroupons sous la tradition francophone principalement les travaux sur l'étude des difficultés d'apprentissage en mathématiques relevant de la didactique des mathématiques française, québécoise et suisse. Cet espace se distingue à plusieurs égards de l'espace anglo-saxon, d'abord pour son intérêt envers les phénomènes d'enseignement et d'apprentissage propres à l'adaptation scolaire, puis par la priorité accordée aux caractéristiques du savoir à enseigner dans l'élaboration et la mise à l'épreuve de situations d'enseignement. De plus, la méthodologie de ces recherches, principalement qualitative, vise essentiellement l'étude des processus d'enseignement et d'apprentissage à l'œuvre dans les situations didactiques.

3.1. Quelques repères historiques québécois sur l'enseignement des mathématiques[17] et les pratiques orthopédagogiques depuis les années 1960

L'histoire des réformes scolaires au Québec a beaucoup de points communs, comme nous le verrons, avec celle des États-Unis, bien que la tension entre des objectifs centrés sur les « habiletés » ou sur la « compréhension » soit moins prégnante. De 1961 à 1966, siège la Commission royale d'enquête sur l'éducation, présidée par Mgr Alphonse-Marie Parent. C'est sur la

---

17. Pour approfondir cette thématique, nous référons le lecteur à Bednarz (2002), Dionne et Voyer (2009) et Lemoyne et Lessard (2003).

recommandation du rapport Parent qu'est créé le ministère de l'Éducation du Québec en 1964. La démocratisation, par l'accès à l'enseignement de tous les niveaux, est alors amorcée. C'est dans son prolongement qu'est publié le rapport du Comité provincial sur l'enfance exceptionnelle (COPEX) en 1976 (MEQ, 1976) sur les services aux élèves en difficulté, rapport connu pour sa proposition du modèle dit « en cascade » et organisé en huit niveaux. Ce modèle prévoit le maintien de l'élève en difficulté dans le cadre le plus normal possible, selon un système comportant huit niveaux allant de l'enseignement en classe régulière sans service particulier (niveau 1) à l'enseignement à l'intérieur d'un centre d'accueil ou d'un centre hospitalier (niveau 8). Cette politique vise à offrir aux élèves de l'adaptation scolaire le cadre scolaire le plus normal possible. Les premières formations universitaires en orthopédagogie démarrent à la fin des années 1960. Selon l'Association des orthopédagogues du Québec (2003), le diagnostic des difficultés est alors fondé principalement sur le courant instrumental de la psychologie (latéralité, discrimination visuelle, etc.). Dans le domaine mathématique, l'évaluation se fonde sur l'épistémologie développementale de Piaget pour établir, en particulier, si les jeunes élèves qui rencontrent des difficultés en mathématiques en sont au stade opératoire ou non. Les orthopédagogues n'ont alors que très peu d'outils d'évaluation et d'intervention portant particulièrement sur les contenus à enseigner et à apprendre.

Sur le plan de l'enseignement des mathématiques, le Québec rejoint le mouvement international des mathématiques modernes, l'équivalent des *new math* aux États-Unis, au cours des années 1960. Il faut cependant attendre 1970 pour que cette approche fasse l'objet d'un nouveau programme. En fait, il s'agit d'un programme-cadre donnant des indications sur les contenus essentiels, tout en accordant une certaine liberté aux équipes régionales, aux commissions scolaires, autant sur le détail des notions mathématiques à couvrir que sur leur organisation temporelle (Dionne et Voyer, 2009). Considérant que la résolution de problèmes s'est retrouvée dans l'ensemble des programmes de 1900 à 2000 d'une façon ou d'une autre, le programme de 1980 marque un retour à une approche par résolution de problèmes, délaissant l'approche formaliste des mathématiques modernes tout en déclinant des objectifs précis d'apprentissage selon une approche behavioriste. La définition de ces objectifs vise à répondre aux demandes exprimées par les enseignants de disposer d'une programmation précise des apprentissages. Ce programme-cadre porte donc en lui-même une tension entre une pédagogie par objectifs et une pédagogie par résolution de problèmes.

Nous avons eu personnellement l'occasion de relever, au cours des années 1980 et 1990, la grande disparité des pratiques orthopédagogiques en mathématiques. Par exemple, certains orthopédagogues avaient constitué une banque de problèmes diversifiés (sans classement au regard de l'enjeu mathématique) dans laquelle ils puisaient lors d'une intervention en mathématique. D'autres, s'inspirant des mathématiques modernes, utilisaient le matériel de manipulation multibase pour ne travailler que sur les systèmes de numération selon différentes bases. D'autres encore faisaient remplir des feuilles d'exercice de manuels scolaires, fondant ainsi leur intervention sur une pédagogie par objectifs.

Le programme de 1999, d'orientation socioconstructiviste et axé sur le développement des compétences, a entraîné un renouvellement de l'approche par problèmes et éliminé une pédagogie relativement morcelée par objectifs. La résolution de problèmes complexes est au cœur de ce nouveau programme. Son influence sur la pratique orthopédagogique n'est pas banale. L'évaluation des élèves reposant en grande partie sur la compétence à résoudre des problèmes complexes, la référence en orthopédagogie se fait essentiellement sur la base des faiblesses manifestées à l'égard de cette compétence. Les orthopédagogues sont alors placés devant deux défis importants : comment soutenir la réussite d'un élève à développer de telles compétences à l'intérieur de courtes et relativement rares séances d'intervention ? Comment concilier l'exigence d'adapter l'intervention aux caractéristiques de l'élève (dans le respect de la politique d'adaptation scolaire) et celle d'axer l'intervention sur le développement de compétences transversales par la résolution de problèmes complexes (dans le respect du curriculum) ? Les orthopédagogues ne disposent d'aucun modèle éprouvé pour réussir à concilier ces deux exigences. L'intérêt croissant des orthopédagogues pour la dyscalculie[18] est peut-être une réponse professionnelle aux dilemmes qu'ils vivent. L'intérêt des orthopédagogues pour les méthodes de diagnostic et de remédiation de la dyscalculie s'inscrit dans une recherche de programmes d'intervention axés sur les processus généraux d'apprentissage (métacognition par exemple) semblables à ceux auxquels ils ont accès en littératie. Cependant, une telle approche, comme le rappelle Fisher (2009), ne considère aucunement que la spécificité des savoirs mathématiques (calcul, sens des opérations, géométrie…) peut engendrer des difficultés précisément liées

---

18. Nous l'observons, de même que les conseillers pédagogiques avec qui nous travaillons, dans les demandes de formation continue qui nous sont faites, mais également dans l'attrait qu'exercent les conférences sur cette thématique : l'atelier le plus fréquenté au Congrès de l'Association québécoise des troubles d'apprentissage (AQETA) en 2010 portait sur ce thème et a attiré autour de 300 personnes, la plupart des participants étant des orthopédagogues. Trois cents intervenants de l'éducation ont participé à une journée de formation sur la dyscalculie à l'automne 2011 à Saint-Hyacinthe.

au contenu à apprendre. Un débat entre ces approches reste à faire, débat dont les termes n'ont guère été exposés jusqu'ici aux orthopédagogues et enseignants de l'adaptation scolaire.

3.2. Les travaux sur les difficultés d'apprentissage en mathématiques dans l'espace francophone

S'inscrivant dans une épistémologie constructiviste, un premier courant de recherche a orienté ses travaux sur le développement des connaissances mathématiques du sujet épistémique, tout comme l'ont fait de nombreux chercheurs dans l'espace anglo-saxon (voir, entre autres, Steffe, 1991). Par la suite s'est déployée une perspective davantage systémique sur l'étude soit des interactions dans l'enseignement des mathématiques en contexte d'adaptation scolaire (Bloch et Salin, 2004 ; Cherel, 2005 ; Favre, 1997 ; Giroux et René de Cotret, 2001 ; Mary, 2003b ; Roiné, 2009), soit de situations d'enseignement dans ce contexte (Bednarz et Saboya, 2007 ; Lemoyne et Bisaillon, 2007 ; Giroux et Ste-Marie, 2007 ; Salin, 2007).

Le tableau 1.1 présente de manière succincte les différentes théories de référence, leurs concepts centraux ainsi que les thématiques de recherche sur les difficultés d'enseignement et d'apprentissage en mathématiques selon les perspectives didactiques adoptées. Les données y sont organisées de manière à rendre compte de l'évolution temporelle de la recherche. Les sections qui suivent explicitent les trois orientations qui marquent la recherche dans l'espace francophone et, plus particulièrement, au Québec.

3.2.1. La centration sur l'élève en tant que sujet épistémique dans les études sur les difficultés d'apprentissage en mathématiques en contexte d'adaptation scolaire

Au cours des années 1970 et 1980, deux théories d'inspiration piagétienne servent de cadres de référence pour plusieurs études québécoises francophones. D'abord, la théorie des champs conceptuels de Vergnaud (1981) a eu une influence majeure autant en recherche qu'en formation des enseignants en adaptation scolaire. Ensuite, le modèle de compréhension de Bergeron et Herscovics (1989) a donné lieu à plusieurs thèses au Québec et à une certaine diffusion dans les milieux de pratiques orthopédagogiques.

La théorie des champs conceptuels (TCC) est davantage une psychologie de la transformation des concepts (mathématiques ou techniques) qu'une théorie du sujet apprenant[19] comme l'est, par exemple, l'épistémologie génétique. La classification des problèmes selon les champs additifs et

---

19. Pour les relations entre psychologie et didactique et la fonction de la théorie des champs conceptuels en didactique des mathématiques, voir l'excellent chapitre de Brun (1994).

Tableau 1.1.

DU SUJET ÉPISTÉMIQUE À L'INTERACTION ENSEIGNEMENT/
APPRENTISSAGE/CONTENU DANS L'ESPACE FRANCOPHONE

	Centration sur le sujet épistémique/ apprenant	Centration sur l'interaction didactique en AS	Centration sur la mise à l'épreuve de situations d'enseignement en AS
Théories de référence	• Épistémologie génétique • Théorie des champs conceptuels • Modèle du développement de la compréhension	• Théorie des situations didactiques • Transposition didactique • Sémiotique peircéenne	• Théorie des situations didactiques • Sémiotique peircéenne • Épistémologie génétique • Épistémologie mathématique
Concepts centraux	• Champs conceptuels additifs, multiplicatifs • Situation • Représentation • Schème • Processus cognitifs (d'équilibration) • Conflit cognitif	• Temps didactique • Contrat didactique • Mémoire didactique • Interaction de connaissances • Processus interprétatif	• Spécificité du contenu mathématique • Dévolution/ adidacticité • Variables didactiques • Milieu didactique • Contrat didactique • Processus interprétatifs • Interactions de connaissances
Thématiques de recherche	• Analyse d'erreurs • Situation/schème • Entretien clinique	• Phénomènes didactiques en AS	• Tâches et situations d'enseignement : nombre, a/b, structures +, X, algèbre, probabilités…

Note : La flèche indique le sens de l'emboîtement des centrations.

multiplicatifs, qui s'appuie à la fois sur des considérations mathématiques et psychologiques, est sans doute la contribution de cette théorie la plus connue des praticiens. Cette classification leur indique la nécessité de proposer des situations mathématiques variées au regard des relations mathématiques qu'elles présentent. L'apport de cette théorie à l'étude des difficultés d'apprentissage est important. Nous donnons comme premier exemple la façon dont le concept de schème, introduit dans la TCC, a enrichi la compréhension de l'erreur. Elle l'a fait non seulement en rappelant leur caractère organisé et systématique déjà identifié dans les travaux américains (Brown et Van Lehn, 1980, 1982), mais en révélant leur caractère dynamique. Ce travail a été réalisé, entre autres, sur les erreurs de division (Brun *et al.*, 1994), sur les relations multiplicatives (Lemoyne *et al.*, 1994), et sur la relation entre les erreurs des élèves et l'intervention didactique (Normandeau, 2010 ; Portugais, 1995). Ces recherches montrent tout le travail adaptatif des connaissances derrière les erreurs. Dans un tout autre registre d'analyse inspiré de la TCC, Giroux et Ste-Marie (2001) et Conne (1984) ont étudié, à partir des erreurs faites par les élèves, les relations entre calculs numérique et relationnel en résolution de problèmes. Les analyses révèlent la façon dont les élèves contournent, à leur insu, les difficultés rencontrées sur le calcul relationnel pour adapter le problème aux calculs mis en œuvre. Ces travaux mettent ainsi en évidence l'articulation nécessaire et dynamique entre les deux versants de la résolution de problèmes arithmétiques, les calculs numérique et relationnel. En bref, les travaux issus de la TCC portant sur l'analyse d'erreurs éclairent non pas sur les ratés (bogues), tels qu'ils sont identifiés dans les travaux américains, mais bien le jeu adaptatif des connaissances que les erreurs sous-tendent.

Le modèle de compréhension des mathématiques de Bergeron et Herscovics (1989) vise à décrire le processus de compréhension d'un concept chez un sujet apprenant. Ce modèle propose deux paliers de compréhension. Le palier logicophysique renvoie aux concepts physiques préliminaires et se hiérarchise en trois niveaux : intuitif, procédural et abstrait. Le palier logicomathématique comprend trois composantes : procédurale, abstraite et formelle. Selon Pépin et Dionne (1997), ce modèle « décrit un processus dans lequel l'élève part de ses intuitions qu'il ou qu'elle précise en représentations physiques, celles-ci s'intériorisant ensuite pour devenir représentations mentales, le tout fournissant une base solide, génératrice de sens pour les représentations symboliques conventionnelles ».

Ce modèle a servi à l'analyse conceptuelle de plusieurs notions mathématiques enseignées à l'école primaire. Par exemple, DeBlois (1996, 1999) l'a mis à profit pour l'analyse conceptuelle de la numération de position et le développement d'un outil diagnostique et d'intervention orthopédagogique sur les difficultés en numération positionnelle. Son étude clinique a contribué à mettre en évidence la coordination et l'intégration des différentes composantes du modèle, dans le cas particulier de la numération de position.

Si l'étude des processus d'acquisition des connaissances mathématiques se poursuit toujours, elle contribue à un programme plus vaste sur l'étude des processus didactiques en contexte d'adaptation scolaire ou d'intégration en classe ordinaire.

3.2.2. L'identification des phénomènes didactiques propres à l'adaptation scolaire

Dans le cadre de la théorie des situations didactiques, Brousseau (1997) définit la didactique comme « la science des conditions spécifiques de la diffusion entre les hommes ou les institutions humaines » (p. 2). Reconnaissant le rôle actif des connaissances dans l'apprentissage, Brousseau rejette l'hypothèse du constructivisme radical pour développer une théorie d'une genèse artificielle de l'apprentissage des mathématiques : la théorie des situations didactiques. Cette genèse est soutenue par l'aménagement d'une situation d'enseignement, encadrée par les processus de dévolution et d'institutionnalisation d'un savoir qui sont sous le contrôle de l'enseignement, et portée par une intention didactique précise (Brousseau, 1997). Autrement dit, cette théorie a pour finalité la transmission sociale des savoirs mathématiques, étudiée sous l'angle des conditions favorables à l'enseignement et à l'apprentissage d'un savoir particulier. Cette perspective didactique est donc systémique en prenant en compte les interactions entre enseignement et apprentissage à propos d'un objet de savoir ciblé. Dans cette perspective, « modéliser une situation d'enseignement, c'est produire un jeu spécifique avec la connaissance visée » (Brousseau, 1998, p. 80). Cette théorie va inspirer, à des degrés variables, un certain nombre de recherches sur les difficultés d'enseignement et d'apprentissage des mathématiques, recherches ayant généré des cadres conceptuels et méthodologiques qui ont renouvelé la manière d'appréhender et d'étudier les difficultés d'apprentissage.

Dans ce courant didactique, les difficultés d'apprentissage ne sont pas étudiées sous l'angle strict de dysfonctionnements propres à l'élève, du fait qu'on considère qu'elles sont liées aux conditions d'enseignement dans lesquelles elles se manifestent. On peut distinguer deux grandes catégories de travaux didactiques centrés sur l'enseignement et l'apprentissage des mathématiques en contexte d'adaptation scolaire, comme le montre la figure 1.6. Dans les sections suivantes, est d'abord présentée la catégorie de travaux centrés sur la spécificité des interactions didactiques dans différents lieux (soutien individuel en dénombrement flottant, classes pour difficultés d'apprentissage, classes avec élèves intégrés...). Ensuite, sont exposés les travaux de la seconde catégorie, articulés autour de la mise à l'épreuve de situations didactiques dans le contexte de l'enseignement aux élèves en difficulté.

Figure 1.6.
L'ENTRÉE DE LA DIDACTIQUE DES MATHÉMATIQUES

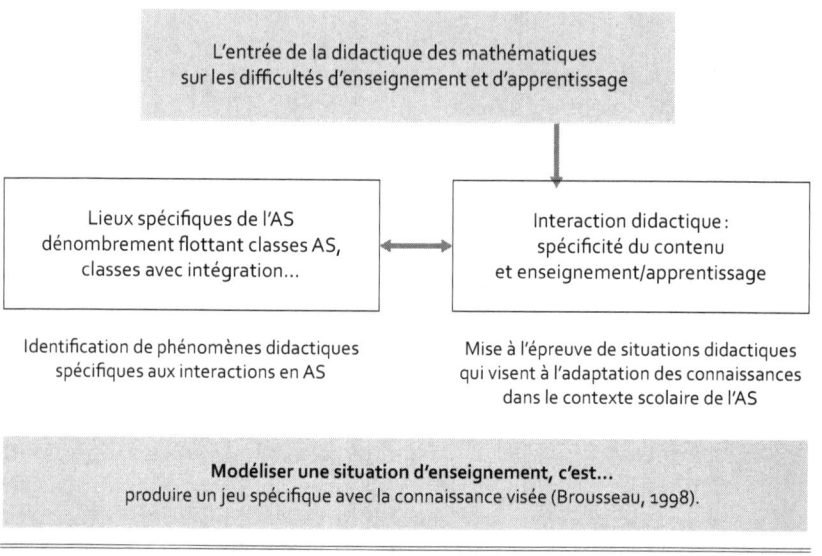

Comme nous l'avons précisé, la notion de difficultés d'apprentissage se problématise différemment au regard des concepts développés par la théorie des situations didactiques. Le concept de contrat didactique, en particulier, est central pour l'étude du fonctionnement des systèmes didactiques (Bloch et Salin, 2004).

Le contrat didactique est défini dans ce qui suit.

Dans une situation d'enseignement préparée et réalisée par un maître, l'élève a en général pour tâche de résoudre le problème (mathématique) qui lui est présenté, mais l'accès à cette tâche se fait à travers une interprétation des questions posées, des informations fournies, des contraintes imposées qui sont des constantes de la façon d'enseigner du maître. Ces habitudes (spécifiques) du maître attendues par l'élève et les comportements de l'élève attendus par le maître, c'est le *contrat didactique* (Brousseau, 1980, p. 181).

Ainsi, le contrat didactique détermine les responsabilités que l'enseignant et l'élève ont l'un envers l'autre de manière essentiellement implicite. Autrement dit, il fixe les activités attendues au regard du savoir traité. Ce n'est pas tant le contrat en tant que tel qui marque les échanges, mais la recherche d'un équilibre au sein du contrat. Alors que l'enseignant cherche à engager l'élève dans une activité mathématique sans qu'il lui soit possible de révéler les termes précis de ce qui est attendu, l'activité mathématique de l'élève se déploie en cherchant à produire ce qui est implicitement attendu. Le concept de contrat didactique est un outil puissant pour étudier le fonctionnement didactique. Plusieurs travaux didactiques ont ainsi conduit à l'identification d'un certain nombre de phénomènes qui seraient propres aux fonctionnements didactiques dans les classes d'adaptation scolaire. Un de ces phénomènes, repéré dans plusieurs études, est l'évanouissement du savoir en jeu. Il se manifeste sous des contrats didactiques différents. Par exemple, on a observé dans plusieurs classes le surinvestissement du traitement des erreurs produites par les élèves (Cherel et Giroux, 2002 ; Favre, 1997 ; Giroux, 2004). Les échanges très serrés sur ces dernières – bien qu'elles visent à ce que l'élève en donne les raisons, les justifie, les corrige – aboutissent souvent à un dialogue où l'enjeu de savoir s'éteint progressivement. L'algorithmisation rapide ou encore le morcellement des savoirs, par l'effet du découpage d'une tâche en plusieurs sous-tâches, sont d'autres fonctionnements didactiques qui peuvent conduire à l'évanouissement du savoir qui fait l'objet de l'enseignement (Giroux et René de Cotret, 2001 ; Salin, 2007). Un autre phénomène didactique marquant est le surinvestissement des savoirs jugés emblématiques de l'école primaire tels que la numération positionnelle ou encore les algorithmes de calcul (Cherel, 2005 ; Conne, 1999) et le désinvestissement d'autres savoirs jugés de moindre importance telles la géométrie et la mesure. Enfin, rappelons les résultats de la recherche de Roiné (2009) sur la cécité didactique d'enseignants d'adaptation scolaire. L'idéologie psychologisante qui prévaut dans l'institution scolaire rendrait d'une certaine manière les enseignants « aveugles » aux propriétés didactiques pouvant être à l'origine des erreurs ou difficultés des élèves. Les difficultés rencontrées par les élèves sont interprétées par les enseignants dans l'optique des caractéristiques cognitives supposées des élèves, et ce, sans intégrer une analyse des conditions didactiques sous lesquelles elles se sont manifestées. Dans une perspective parente, Mary (2003b) met bien en évidence que le contexte d'aide individuelle en orthopédagogie comporte des écueils à l'égard de l'établissement, d'une part, d'une relation de confiance entre l'orthopédagogue et l'élève et, d'autre part, d'un rapport adéquat de l'élève au savoir. Ce contexte repose sur des interactions didactiques serrées entre le professionnel et l'élève qui favorisent une relation de dépendance cognitive de l'élève et rendent difficile la mise en œuvre d'une interaction féconde entre lui et la tâche mathématique.

L'ensemble de ces études rend compte des processus d'enseignement qui ralentissent la progression dans le savoir mathématique en plusieurs contextes d'enseignement auprès des élèves en difficulté d'apprentissage.

Ces études montrent de plus que la recherche d'une situation adaptée à l'élève dit en difficulté se réalise souvent en minorant le potentiel mathématique des élèves et en négligeant l'importance des propriétés didactiques nécessaires (relatives au savoir visé) à la progression de leurs connaissances mathématiques.

L'analyse didactique des situations observées en contexte d'adaptation scolaire peut conduire à interroger la qualité des pratiques d'enseignement des mathématiques aux élèves en difficulté, autrement dit, à remettre en cause les compétences des enseignants. Une telle conclusion ferait totalement abstraction des injonctions de l'institution scolaire qui pèsent sur leurs pratiques. Les enseignants sont dans l'obligation d'adapter leurs interventions aux besoins et aux caractéristiques des élèves présentant des difficultés. Dans cette perspective, la finalité de l'enseignement auprès de ces élèves vise à combler un déficit (ou, dans une version « optimiste », à satisfaire des besoins particuliers) dont souffrirait l'élève. Une telle orientation institutionnelle permet difficilement de prendre en compte la spécificité du contenu comme objet d'enseignement adapté.

Pour les enseignants, un problème de taille se profile : comment « adapter l'intervention aux besoins et aux caractéristiques des élèves » alors que nous disposons essentiellement d'une définition déclaratoire des difficultés d'apprentissage ? Comment répondre à l'injonction de mettre en œuvre des formes adaptées de l'enseignement, alors que les enseignants ne disposent ni d'une définition des besoins des élèves (la nature de ces besoins devrait varier selon celle des difficultés), ni des moyens efficaces pour élaborer une intervention didactique dite adaptée aux caractéristiques cognitives des élèves ? De plus, l'expression *élèves à risque* maintenant en vigueur dans les politiques couvre tellement de profils différents (difficultés d'apprentissage, déficience intellectuelle, certains troubles du comportement) et, surtout, chacun de ces profils est si nébuleusement circonscrit d'un point de vue scolaire, qu'il y a peu d'ancrage théorique possible aux formes adaptatives que pourrait prendre l'enseignement. L'institution scolaire a posé cette exigence aux enseignants et aux formateurs d'enseignants sans considérer sérieusement la forte contrainte qu'elle fait peser sur les enseignants eux-mêmes, étant donné l'absence de cadres référentiels pour traiter cette question d'un point de vue scolaire et, par conséquent, didactique. Ce vide, pourrais-je dire, a vite été comblé par des versions applicationnistes de théories de la psychologie cognitive, de la neuroscience ou, plus globalement, des sciences de la cognition.

3.2.3. L'étude des situations didactiques en contexte d'adaptation scolaire

En introduction à cette section sur la perspective didactique pour l'étude des situations d'enseignement en mathématiques aux élèves en difficulté, nous confrontons deux citations. La première est extraite du *Cadre de référence pour soutenir l'intervention* (MEQ, 2003) et la seconde, d'une étude fondatrice en didactique des mathématiques, l'étude de cas Gaël (Brousseau, 1981). Au regard l'une de l'autre, on peut apprécier la nette distinction entre l'approche ministérielle basée sur la psychologie cognitive et la perspective didactique proposée par Brousseau, reprise mais aussi discutée dans de nombreux travaux.

> C'est au regard des compétences définies par le Programme de formation que se manifestent les difficultés d'apprentissage. Elles touchent plus particulièrement les compétences à lire, à communiquer oralement ou par écrit et à utiliser la mathématique. Les difficultés d'apprentissage sont généralement liées à des difficultés à utiliser des stratégies cognitives et métacognitives et à bien exploiter certaines compétences transversales (MEQ, 2003, p. 2).

> Une approche classique des enfants en difficulté consiste à identifier les erreurs ou les fautes qu'ils commettent et si elles se répètent, à les interpréter comme des anomalies du développement de l'élève, ou comme des carences dans leurs acquisitions auxquelles il convient de remédier parce qu'elles vont rendre l'enfant incapable à accéder aux mathématiques [...] L'approche que nous tentons ici est très différente, il s'agit d'agir au niveau des situations d'apprentissage, d'en manipuler les caractéristiques pour obtenir les changements d'attitudes souhaités (Brousseau, 1980, p. 9).

De nombreuses études, menées dans une perspective didactique, ont été réalisées sur l'enseignement des mathématiques aux élèves en difficulté. Les contenus mathématiques qui y sont traités sont très variés : numération, arithmétique, géométrie, fractions, algèbre. De plus, trois grands types de lieux de l'adaptation scolaire ont été investis : orthopédagogie, classe spéciale et classe d'intégration. Ces études poursuivent un travail théorique et méthodologique sur les rapports entre enseignement et apprentissage des mathématiques dans le contexte particulier de l'adaptation scolaire[20]. Elles font l'étude des conditions et dispositifs didactiques susceptibles de dynamiser, à l'intérieur même du contexte de l'adaptation scolaire, l'enseignement et l'apprentissage des mathématiques et, ainsi, de favoriser l'investissement mathématique de l'élève et son enrôlement dans des

---

20.　Nous considérons les élèves à risque dans la population de l'adaptation scolaire.

pratiques mathématiques[21]. Ces travaux ouvrent sur plusieurs perspectives concourantes. D'abord, ils permettent de dépasser les impasses auxquelles semblent mener les phénomènes didactiques identifiés en contexte d'adaptation scolaire. Ensuite, les résultats obtenus en mettant à l'épreuve certains concepts didactiques ouvrent des perspectives didactiques à investiguer en contexte d'enseignement aux élèves en grande difficulté.

L'objectif des études didactiques menées sur le terrain de l'adaptation scolaire est, dans la plupart des cas, d'éprouver des situations didactiques qui misent sur l'articulation entre la logique interne du savoir visé, les moyens didactiques et le développement ontogénique des élèves[22] (Bednarz et Saboya, 2007 ; Blouin 1993 ; Giroux et Ste-Marie, 2007 ; Lemoyne et Bisaillon, 2007). Les résultats d'expérimentations didactiques auprès d'élèves en difficulté convainquent qu'un fonctionnement didactique qui échappe aux phénomènes didactiques identifiés dans les études est possible. À défaut d'espace nécessaire pour faire une présentation exhaustive et détaillée de ces travaux, nous avons fait le choix d'exposer quelques résultats au regard du phénomène didactique relatif au surinvestissement de savoirs emblématiques.

Martin et Theis (2011) ainsi que Mary et Theis (2007) ont expérimenté des situations didactiques portant sur un domaine mathématique très peu investi, soit celui des probabilités et des statistiques. La première étude repose sur la mise en œuvre d'une situation-problème probabiliste dans une classe intégrant des élèves dits à risque. L'analyse est centrée sur la contribution apportée par une de ces élèves dans la progression d'un travail d'équipe sur le problème soumis. Un résultat intéressant est que l'élève ciblée a été la première à formuler deux hypothèses qui ont nourri les débats au sein de l'équipe. Son apport à l'équipe a donc été majeur et témoigne de son investissement dans la tâche et de sa compréhension des enjeux mathématiques impliqués dans le problème. La seconde étude porte sur les raisonnements statistiques d'élèves à risque à la fin du primaire. Moins connotés sur le plan scolaire que d'autres domaines (l'arithmétique, par exemple), les probabilités et les statistiques, selon Mary et Theis (2007), pourraient faciliter l'accès aux mathématiques. D'autres chercheurs ont noté un tel investissement des élèves de l'adaptation scolaire dans le domaine de la géométrie (Conne, 2007 ; Dias, 2008 ; Favre, 2008) à partir de situations non marquées scolairement.

---

21.   Voir Conne (1999) sur cette question d'enrôlement dans des pratiques mathématiques d'élèves en difficulté.

22.   On entend par « développement ontogénique » le développement de la cognition des élèves. Il en découle la nécessité de choisir des savoirs mathématiques appropriés à l'âge des élèves.

Les travaux menés depuis une quinzaine d'années permettent de renouveler notre compréhension de conduites considérées comme typiques des élèves en difficulté en situation mathématique : refuge dans les algorithmes, rigidité des stratégies, connaissances surcontextualisées (Perrin-Glorian, 1993). Ces conduites ont d'abord servi à confronter la robustesse de concepts de la théorie des situations didactiques. Par exemple, elles ont conduit à interroger les conditions de fonctionnement du processus de dévolution dans le contexte de l'adaptation scolaire (Salin, 2007). Comment obtenir une qualité d'investissement telle que l'élève puisse faire fonctionner ses connaissances en situation et maintenir son activité cognitive, et ce, même devant l'impasse de stratégies qu'il a mises en œuvre ? Comment favoriser la mise en relation, chez l'élève, de la stratégie mathématique déployée et la rétroaction donnée par le milieu didactique[23] ? Un des éléments de réponse à cette question, fourni par certaines études, est d'organiser une situation qui produit une rétroaction relativement rapide à l'élève sur la justesse des connaissances qu'il investit dans le cadre d'un milieu « mathématique ». Par exemple, les études qui ont utilisé la calculette comme outil didactique ont permis de montrer l'efficacité des rétroactions rapides de la calculette sur les stratégies et connaissances des élèves. De telles situations ont été élaborées et expérimentées, entre autres, sur le nombre, la numération de position décimale et les opérations arithmétiques par Favre (2006, 2007) et Houle (2007) en adaptation scolaire, et par Del Notaro et Floris (2011) dans l'enseignement ordinaire.

L'interprétation des conduites des élèves en difficulté d'apprentissage a été, de plus, reprise à l'aune de la distinction entre connaissance et savoir (Conne, 1992). Le savoir est défini par Conne comme une connaissance utile. On dira ainsi que le contrôle d'une situation mathématique est assuré par une connaissance reconnue utile, c'est-à-dire un savoir. Lorsque le contrôle de la situation échappe à l'élève, on dira que l'élève investit des connaissances qui ne sont pas utiles à la situation. Certaines connaissances mathématiques ont un caractère d'utilité relativement limité pour certains élèves, ce qui induit un manque de contrôle dans un certain nombre de situations. Partant de cette hypothèse, on cherchera donc à développer des situations qui visent à élargir le caractère d'utilité des connaissances afin de les faire fonctionner en tant que savoir. Ces connaissances ne sont pas nécessairement absentes mais, selon une expression de Peirce (1978),

---

23. Le milieu est tout ce qui est antagoniste à l'élève, ce contre quoi (ou avec quoi) l'élève interagit dans une tâche mathématique : la consigne, le matériel, les interventions d'autres élèves ou de l'enseignant, les sous-tâches qui se créent sous l'effet des interactions, etc.

inefficientes[24]. Cette perspective permet donc de délaisser une interprétation en termes de « manques » ou de « déficits » pour tabler sur un travail de relation entre les savoirs et les situations dont ils permettent le contrôle. Certains dispositifs ont été élaborés en faisant varier les situations pour que l'élève puisse rencontrer différentes formes d'utilités du savoir : le maillage de situations (Giroux et Ste-Marie, 2007), le jeu de tâches (Favre, 2008) ou encore les assortiments didactiques (Genestoux, 2000 ; Salin, 2007). La variété recherchée n'est pas celle des contextes de référence mais plutôt celle des « contextes mathématiques » (par exemple ordinal et cardinal dans le domaine numérique) et des supports matériels qui sollicitent des stratégies différentes.

À titre d'exemple, nous avons expérimenté, dans des classes de l'adaptation scolaire à l'ordre du primaire, des situations organisées autour de l'idée de maillage (Giroux et Ste-Marie, 2007). Le maillage vise à faire jouer en alternance des dispositifs didactiques qui font varier la forme d'utilité du savoir en modifiant les supports matériels et les contextes mathématiques. L'articulation entre les situations est à l'image d'un maillage où l'enjeu de savoir se présente comme une boucle liant des situations. Par exemple, au premier cycle de l'ordre primaire, des allers-retours entre des situations sur support informatique (Animath), sur des jeux de cartes (une version simplifiée du jeu de Rummy), des jeux de déplacement sur un tableau de nombres (Jeu des étoiles) ou encore des tâches numériques sur la calculette, permettent de relancer les connaissances des élèves sur l'ordre sur la suite numérique et le contrôle des déplacements sur cette suite par l'élaboration de stratégies de calcul. Les élèves ne sont jamais interpelés sur les liens entre les situations ; ces relations sont laissées à leur charge ou, autrement dit, leur sont dévolues. Les résultats montrent que les premières interactions des élèves avec chacun de ces dispositifs ne font pas appel aux savoirs numériques déjà mis en œuvre, mais que les allers-retours entre les différents dispositifs favorisent une prise de contrôle sur les situations mathématiques en recourant progressivement à des savoirs numériques de plus en plus élaborés (ordre, cardinalité et calcul).

Une équipe suisse[25] travaille depuis plusieurs années à l'élaboration et l'expérimentation de jeux de tâches dans l'enseignement spécialisé ; ses travaux ont porté essentiellement sur le domaine géométrique. Un jeu de

---

24.   Cette position me semble parfaitement illustrée dans cet extrait de Peirce : « Il me semble que la fonction essentielle d'un signe est de rendre efficientes les relations inefficientes ; non pas les mettre en action, mais établir une habitude ou une règle générale par laquelle elles agiront quand il le faudra » (C.P. 8.832, 1978, p. 30).

25.   Le groupe de recherche en didactique des mathématiques pour l'enseignement spécialisé (DDMES) est piloté sur le plan scientifique par F. Conne et est composé de chercheurs, de formateurs et d'enseignants du domaine de l'éducation spécialisée.

tâches est une liste de tâches non hiérarchisées qui font appel à des supports variés (Favre, 2008). Il se réalise dans le cadre d'entretiens individuels ou de petites équipes. Les tâches sont construites de manière à appréhender des savoirs qui n'ont pas encore été institutionnalisés dans un jeu de contrôle entre la connaissance de l'élève et le milieu. Selon Favre (2008), « le milieu n'est plus considéré comme support à la réalisation d'une ou plusieurs tâches graduées à charge des élèves, mais bien tout à la fois comme réservoir et comme lieu d'expérimentation d'une diversité de tâches susceptibles d'être éprouvées en situation » (p. 17).

Le jeu de tâches mise sur l'effet de surprise que les tâches sont susceptibles de ménager aux élèves ou au « pilote » de l'échange. Ce dernier utilise alors les tâches en fonction des interprétations qu'il fait des réponses des élèves[26]. Corbeil (2008) a expérimenté un jeu de tâches sur la représentation graphique du cube auprès d'élèves ayant une déficience intellectuelle légère. Alors que les études sur l'enseignement auprès de ces élèves montrent que l'imitation et la démonstration sont des stratégies efficaces, le jeu de tâches a permis d'explorer un type d'enseignement tout à fait à l'opposé de ces propositions. Dans cette étude, les tâches consistent essentiellement à reproduire ou à compléter le dessin d'un cube. Le dessin offre une rétroaction rapide qui favorise le maintien de l'activité mathématique de l'élève. La liste des tâches est construite à partir du croisement de différentes variables relatives à la représentation du cube (perspective cavalière ou isométrique, opacité ou transparence, direction de la perspective) et aux contraintes du dessin (feuille quadrillée ou non, utilisation de couleurs ou non, individuel ou dyade, reproduction ou complètement). Les résultats de cette étude montrent que le jeu de tâches est une solution de rechange intéressante à l'enseignement direct et répétitif pour favoriser une activité mathématique des élèves ayant une déficience intellectuelle et, par conséquent, des apprentissages mathématiques.

Conclusion

En conclusion, il nous paraît pertinent de citer un extrait de Brousseau (1997) sur la question de l'individualisation de l'enseignement dans son cours donné à l'occasion de la remise de son doctorat *honoris causa* de l'Université de Montréal. Il nous semble que cette citation, près de 15 ans

---

26. Le jeu de tâches s'appuie sur le signe rhématique de la sémiotique de Peirce (1978), qui a pour caractéristique de jouer sur les qualités de l'objet, les traits pertinents de toute une classe d'objets.

plus tard, est toujours aussi actuelle. Elle permet de mieux saisir les tensions entre les thèses psychocognitives et didactiques que nous avons présentées dans ce chapitre.

> Certains élèves en échec dans l'enseignement standard semblent pouvoir être « rattrapés » par des interventions individuelles adaptées à leur cas et à leur rythme (Thèse d'Henri Bouchet 1934). Le public a le sentiment que la condition idéale pour l'enseignement serait celle du précepteur s'occupant d'un élève unique. Cette idée ne va plus cesser de peser sur les réformateurs. Conjuguée avec des apports de la psychologie, elle amène à croire que chaque élève penserait et apprendrait de façon différente ce qui requerrait une pédagogie différenciée et des classes homogènes ! Ce modèle est faux, et poussé à l'extrême, aboutit à des décisions absurdes. Les connaissances sont un bien culturel commun que les élèves ne peuvent apprendre à pratiquer qu'ensemble. La solution est dans un équilibre (Brousseau, 1997, p. 9).

Cet équilibre est un idéal vers lequel on doit tendre. La recherche de cet idéal doit être éclairée par l'étude des fondements et des dispositifs didactiques propres à l'enseignement des mathématiques aux élèves en difficulté. Au terme de ce chapitre, plusieurs avenues se dessinent. Il importe d'engager des études à long terme pour mieux saisir les contrats didactiques successifs qui se tissent dans l'histoire scolaire des élèves et qui affectent le rapport qu'ils établissent avec les situations proposées. Il faut également poursuivre l'étude de situations d'enseignement qui resserrent la relation élève/situation (ou élève/milieu) pour susciter et maintenir l'investissement mathématique des élèves sans lequel l'acquisition des savoirs est en péril. Les travaux doivent également être orientés pour lever la difficulté, couramment rencontrée dans l'élaboration de situations didactiques, du calibrage des variables didactiques des situations mathématiques en fonction des connaissances des élèves. Les situations doivent être suffisamment exigeantes pour faire progresser les savoirs mathématiques des élèves, tout en étant adaptées à leur profil de connaissances pour leur permettre d'entrer en situation. Enfin, peu de travaux ont investi la question de l'institutionnalisation des savoirs en adaptation scolaire. Elle est pourtant centrale pour assurer l'acculturation aux mathématiques des élèves en difficulté.

CHAPITRE

2

Les paradoxes de l'aide aux « élèves en difficulté » dans l'enseignement des mathématiques

Christophe Roiné
Université de Bordeaux, France

Depuis quelques années, les spécificités de l'enseignement des mathématiques auprès des élèves en difficulté sont l'objet d'une attention particulière dans les travaux de recherche en didactique des mathématiques. La production du temps didactique (Chopin, 2011), le partage des responsabilités vis-à-vis de la connaissance en jeu (Toullec-Théry et Nédélec-Trohel, 2005), la nature des interactions de connaissances (Conne, 2003), la prégnance de certains contrats didactiques (Bloch et Salin, 2004) et la constitution des milieux diffèrent lorsque l'enseignement s'adresse à des élèves reconnus en échec par l'institution scolaire (voir, pour une synthèse, Roiné, 2011).

Une « logique de l'adaptation » (Giroux, 2007) est à l'œuvre dès lors que s'inaugure un projet d'enseignement auprès de ces élèves. Par « logique de l'adaptation », nous entendons une intentionnalité générique des enseignants en charge des élèves en difficulté à « adapter leurs interventions aux besoins et aux caractéristiques » de leurs élèves. Cette logique s'inscrit dans une culture propre à l'adaptation scolaire (mais elle tend à dépasser les seules frontières de ce champ d'intervention), s'appuyant sur un ensemble de discours, d'injonctions, de prescriptions, mais aussi de dispositifs, de techniques et de procédures rendant légitime et nécessaire ce type de projet d'enseignement pour les élèves hors normes (nous reviendrons plus bas sur ces aspects).

La logique de l'adaptation a pour caractéristique majeure une forme de « cécité didactique » (Roiné, 2009) où la prise en compte de la spécificité du contenu d'enseignement et des déterminants de la situation didactique devient seconde au regard de la volonté de combler le déficit repéré chez chacun des élèves en difficulté.

Une autre spécificité de l'enseignement auprès des élèves en difficulté a été mise en évidence par Favre (2003). Il s'agit de la « contrainte de l'*échec* », phénomène qui conduit l'enseignant à postuler d'emblée l'échec de ses élèves, en amont de toute proposition didactique qu'il pourrait mettre en œuvre, et à s'attendre à rencontrer cet échec de nouveau au cours des séances de travail (l'échec est « préalable », « effectif » et « potentiel »). La contrainte de l'*échec* conduit l'enseignant à faire en sorte que l'échec effectif n'apparaisse pas trop afin de préserver ses élèves de frustrations trop importantes.

La logique de l'adaptation et la contrainte de l'*échec* ont pour conséquence de pousser les enseignants spécialisés à élaborer une méthodologie particulière pour enseigner, fortement dépendante de leur « épistémologie pratique[1] ». Généralement, leurs propositions didactiques et pédagogiques seront très décalées des méthodologies communes présentes dans les classes ordinaires (voir Giroux et René de Cotret, 2001). On s'accorde ainsi à penser que pour ces élèves, il faut « proposer autre chose », de plus « adapté », de plus « accessible », de plus « concret », voire de plus « motivant ».

Soupçonnant *a priori* l'échec potentiel de leurs élèves et voulant s'adapter prioritairement aux difficultés qu'ils s'attendent à rencontrer, les enseignants sont très souvent conduits à prévoir une « aide » préalable ou en cours d'action susceptible de contrecarrer cet échec potentiel. En préparant leurs séances d'enseignement, ils ajoutent ainsi à la situation de base (le plus

---

1.   Nous reprenons ici la notion d'épistémologie pratique développée notamment par Marlot et Toullec-Théry. Cette notion précise ce que Brousseau nommait, quant à lui, « épistémologie spontanée ». Par épistémologie pratique, ces auteurs entendent l'ensemble des théories que le professeur a intégrées durant sa carrière et qui orientent son action lors des situations d'enseignement. Ces théories « peuvent prendre leur origine dans les rapports de l'individu au savoir enseigné, à l'apprentissage, au développement de l'enfant, à la difficulté scolaire » (Marlot et Toullec-Théry, 2011, p. 30).

souvent, un problème mathématique à résoudre) des documents, des fiches, du matériel, des schémas... supposés aider les élèves qui ne réussiraient pas, sans ces aides, à résoudre directement le problème proposé. Notons que ces aides sont prévues par l'enseignant pour être proposées, soit au préalable de la résolution mathématique (« Pour vous aider à résoudre ce problème, je vous ai préparé ce document qui vous aidera... »), soit en cours d'action si l'échec de l'élève se manifeste (« Je vois que tu as des problèmes pour résoudre, alors pour t'aider, je te propose ce document... »). Ce chapitre a pour objet l'étude de la nature et des effets des aides mathématiques proposées par les enseignants en classe d'adaptation.

⅂ Comment aider ses élèves ?

Comment aider ses élèves ? Tout enseignant en adaptation scolaire est en droit de se poser cette question. Pour y répondre, il dispose d'un répertoire de connaissances susceptible de le renseigner quant aux actions légitimes qu'il pourrait mettre en œuvre. En effet, nous considérons les enseignants comme des acteurs sociaux situés dans un champ professionnel précis avec ses codes, son langage, ses manières de faire, ses dispositifs. Les enseignants sont inscrits dans une institution particulière avec son histoire, ses débats, ses affirmations, ses mots d'ordre, ses « machineries » (pour reprendre l'expression de Foucault, 1969)... en résumé, les enseignants vivent, agissent et travaillent dans une culture donnée.

Ainsi, les enseignants, comme tous les acteurs sociaux, ont besoin d'une syntaxe : pour interpréter tel ou tel événement survenu dans la classe, pour décider de telle orientation à donner à leur pratique, pour justifier leurs méthodes auprès de la hiérarchie, pour échanger avec leurs collègues ou en famille... tout simplement pour faire leur travail d'enseignant. Même si la connaissance qu'ils ont de leur action ressort possiblement davantage d'un « sens pratique » que d'une pleine connaissance réflexive (pour Bourdieu, la pratique sociale est d'abord non réflexive), il n'en reste pas moins que cette connaissance est prise dans les catégories de représentation, dans les « toiles de signification » (Geertz, 1973) que la culture scolaire tisse à un moment donné. Ainsi, pour aider ses élèves, le professeur en adaptation scolaire s'inscrira souvent dans les catégories d'action et de pensée légiti-mées par ce que nous appelons les « pouvoirs » discursifs (textes ministériels, discours scientifique, conseils, injonctions, prescriptions, recommandations) fixant à une période donnée l'idéologie[2] du moment. Cela ne signifie pas que chaque enseignant « obéisse » à la lettre aux injonctions et aux prescriptions, qu'elles soient scientifiques ou institutionnelles. Le geste professionnel de l'enseignant n'est pas la pure traduction en actes de ce à quoi pensent « ceux qui pensent ». Si les enseignants sont « encapsulés » dans la syntaxe qui s'impose à eux comme « Arrière-plan[3] » des modes de penser et d'agir (c'est-à-dire qui dicte les catégories qui président aux questions et aux réponses du moment), il n'en reste pas moins qu'ils déclinent à l'intérieur de ces cadres des « manières de faire » (De Certeau, 1990) singulières. Si la syntaxe s'impose, la parole demeure.

Nous avons montré par ailleurs (Roiné, 2009) la prégnance d'une idéologie de type « mentaliste » s'imposant dans le champ scolaire depuis les années 1990. Elle définit un « monde de pensée » (Douglas, 2004) qui tend à fixer les cadres de référence des connaissances et des pratiques professorales à l'égard des « élèves en difficulté ». Par idéologie mentaliste, nous désignons l'ensemble des discours qui tendent à théoriser l'acteur scolaire (enseignant, parent, élève) comme un « individu » considéré comme un méta-sujet rationnel et stratège, réflexif, abstrait des contingences situationnelles et culturelles qu'il traverse (et qui le traversent) et qui tend à considérer l'apprentissage des élèves indépendamment des conditions de la forme scolaire qui en permettent la manifestation. En outre, cette idéologie préconise un enseignement basé prioritairement (voire exclusivement) sur une connaissance préalable des opérations mentales en jeu dans l'apprentissage et fondé sur des formes de régulation directement orientées sur celles-ci. L'idéologie mentaliste considère l'apprentissage des élèves comme relevant d'une appropriation et non d'une genèse (voire d'une acculturation). Les travaux de psychologie cognitive ou, plus récemment, des neurosciences, relayés sans autre forme de procès par l'institution scolaire ou par certains travaux en didactique et en pédagogie, constituent le « bras armé » de cette idéologie.

Notre recherche porte sur l'enseignement des mathématiques auprès d'élèves scolarisés en section d'enseignement général et professionnel adapté[4] (SEGPA). Les collégiens de SEGPA sont définis comme « présentant des difficultés scolaires graves et persistantes[5] » (ministère de l'Éducation nationale – MEN, 2009). Au sein de cette structure, l'enseignement des

---

2. Comme l'indique Reboul (1980), le propre d'une idéologie est de créer un langage (une grammaire), de réifier des concepts pris aussitôt pour de la réalité, et d'imposer « des causes, des liens explicatifs entre les événements » (p. 63) pris comme données naturelles et non interrogées.

3. Au sens de Searle (1985).

4. En France, cette structure de l'ordre secondaire accueille des élèves à cheminement particulier dans des classes spéciales.

5. Les circulaires ministérielles en France ne sont pas paginées.

disciplines générales est conçu à partir d'une « adaptation des programmes du collège » qui reste de la responsabilité des enseignants. Le curriculum[6] prescrit n'est pas défini à l'avance, comme pour les autres collégiens, mais varie en fonction de la prise en compte par l'enseignant des « difficultés rencontrées par chaque élève » et du « projet individuel de formation » élaboré par l'équipe éducative. Dans ce contexte, l'aide aux élèves est une composante majeure du projet d'enseignement. Nous proposons d'en saisir les caractéristiques et les effets sur l'apprentissage mathématique des élèves.

L'analyse que nous rapportons fait partie d'une étude plus large sur l'enseignement des mathématiques en SEGPA consistant à interroger à la fois les discours sur l'enseignement aux « élèves en difficulté » (les discours), les théories personnelles des enseignants quant à leur travail auprès de ces élèves (les connaissances) par l'intermédiaire d'entretiens et de question-naires et les actions mises en œuvre en mathématiques (les pratiques) (voir Roiné, 2011). À l'intérieur de ce dispositif, nous avons observé les séances mathématiques de huit enseignants de SEGPA et avons interrogé ces derniers lors d'entretiens semi-directifs réalisés en aval et en amont de chaque séance.

Le contrat initial passé avec les huit enseignants était le suivant : il s'agissait d'observer deux séances de classe « ordinaire » dans le champ numérique pour des élèves de 6ᵉ ou 5ᵉ SEGPA. Nous avons insisté sur le côté ordinaire en indiquant aux enseignants qu'il s'agissait, pour nous, d'ob-server une séance « tout-venant » puisque le projet consistait précisément à étudier les conditions réelles et quotidiennes de l'enseignement en SEGPA. Les séances ont été filmées. Nous avons opté pour un système de caméra fixe de manière à perturber le moins possible les jeux des enseignants et des élèves. La caméra était placée sur pied, dans un endroit de la classe retiré de la scène principale, avec une ouverture panoramique de la focale. Les enseignants ont joué le jeu de manière indéniable, tant et si bien qu'ils en ont oublié la consigne initiale de se restreindre au domaine numérique : les séances observées correspondaient à des domaines variés (géométrie, réso-lution de problèmes, proportionnalité) et abordaient les notions de fractions et de décimaux, la proportionnalité, la géométrie, la mesure... Elles corres-pondaient à l'avancée du programme tel qu'il était organisé pour chacune des classes concernées. En outre, les séances se situaient à des moments divers de la programmation des professeurs : séance de découverte, de réinvestissement, d'exercisation. Ce corpus était certes hétérogène du point de vue des savoirs enseignés, mais la contrainte d'une thématique commune aurait nui aux observations ethnographiques que nous souhaitions réaliser.

---

6. Nous employons le terme « curriculum » au sens de Raynal et Rieunier (1997), soit « l'ensemble structuré des expériences formatrices de l'élève » (p. 96), que ces expériences soient « prescrites », « réelles » ou « cachées ».

Nous nous sommes aussi intéressés aux théories personnelles que ces enseignants portaient concernant leurs élèves, leur projet didactique et pédagogique, et la compréhension des phénomènes survenus en classe. Chaque séance a ainsi été suivie d'un entretien à chaud pour comprendre le sens que l'enseignant donnait à ce qu'il venait de vivre dans sa classe. En fin d'expérimentation, un entretien plus long a été réalisé pour comprendre le sens général que chaque enseignant donnait à son action de professeur en SEGPA.

L'observation et l'analyse des aides mathématiques apportées aux élèves de SEGPA

Pris dans un maillage sémiotique et institutionnel, les professeurs observés pensent leur enseignement auprès de ces élèves comme devant nécessairement s'appuyer sur une connaissance préalable des mécanismes mentaux à l'œuvre dans l'apprentissage pour tenter de comprendre et, le cas échéant, de corriger les ratés, les déficiences et autres inadaptations des élèves qui ne comprennent pas. S'appuyant sur ces postulats mentalistes, les huit enseignants légitiment les aides qu'ils prévoient pour leurs élèves en invoquant des arguments cognitivistes : permettre une meilleure « représentation » du problème, favoriser les mécanismes de « transfert cognitif », alléger la « charge cognitive » ou inciter le développement d'une « posture métacognitive ». Nous nous proposons de détailler deux épisodes didactiques prototypiques de ces intentionnalités et mises en œuvre dans des dispositifs d'aide aux élèves en mathématiques[7].

2.1. Un problème résolu pour faciliter le « transfert cognitif »

La séance que nous analysons est basée sur un problème inventé par Jacques, professeur de mathématiques d'une classe de 2e année de secondaire adaptée (5e SEGPA). Le problème proposé aux élèves est le suivant.

---

7. Ces deux séances sont exposées dans un article de la revue *Carrefours de l'éducation* (à paraître).

Problème initial

LE PRIX D'UNE MAISON

M. Manchot achète un terrain au prix de 15 € le m². C'est 3 fois moins que le prix habituellement observé. Il y fait construire une maison. Le tout lui coûte 64 800 €. Le prix de la maison est égal à 8 fois celui du terrain.

1. Calculez le prix du terrain.

2. Calculez le prix de la maison.

3. Quelle est la surface du terrain ?

Jacques nous précise d'emblée l'objectif de la séance (« *faire résoudre un problème en passant par son écriture algébrique – une équation à une inconnue*[8] ») et nous indique ce qu'il attend de ses élèves. Après avoir écarté les informations inutiles, ils devraient mettent l'énoncé en équation sous une forme équivalente à $x + y = 64\,800$ et $x = 8y$, puis résoudre les questions suivantes : trouver la valeur de x, la valeur de y et transformer la valeur de x en aire connaissant le prix au mètre carré. Remarquons d'emblée que la mise en équation n'est pas explicitement demandée par l'enseignant et qu'elle ne constitue pas un « passage obligé » à la résolution, dans la mesure où une résolution arithmétique est tout à fait envisageable. La résolution algébrique semble donc dès le départ compromise. Comme, indépendamment de ces questions (que le professeur ne perçoit pas), Jacques s'attend à l'échec de ses élèves (l'échec est potentiel), il a prévu à l'avance une aide qui, pense-t-il, permettra de faciliter la résolution en passant par l'écriture algébrique.

Lors de la séance, les élèves commencent à chercher, puis après une première mise en commun, Jacques décide de proposer l'aide qu'il a préalablement préparée :

> *Alors, moi je vous dis qu'ici, personne n'a la bonne solution […] Alors, pour vous aider […] à trouver le bon chemin, je vais vous donner un indice. Cet indice, vous en prenez connaissance, consciencieusement. Après, on va le lire ensemble. Vous allez trouver qu'il a une forme un petit peu particulière.*

Jacques distribue alors un nouveau problème (problème « aide ») à ses élèves.

---

8. Les propos de Jacques et de ses élèves ont été recueillis lors de périodes d'entretien ou d'observation en classe.

Problème « aide »

UN AUTRE PROBLÈME POUR COMPRENDRE

M. Célerre achète une voiture et une moto. Le tout coûte 20 000 €. Le prix de la voiture est égal à 4 fois celui de la moto. Quels sont le prix de la moto et celui de la voiture ?

> 1 voiture = 4 motos (car le prix de la voiture est égal à 4 fois celui de la moto)
>
> Donc 1 moto + 1 voiture = 1 moto + 4 motos = 5 motos
>
> Donc 5 motos = 20 000 € (car le tout coûte 20 000 €)
>
> Donc prix d'une moto : 20 000 ÷ 5 = 4 000 € (car 1 moto coûte 5 fois moins que 5 motos)
>
> Prix d'une voiture : 4 × 4 000 = 16 000 € (car le prix de la voiture est égal à 4 fois celui de la moto)
>
> Vérification : 4 000 + 16 000 = 20 000

L'aide est un problème similaire, c'est-à-dire que les habillages ont changé : on passe d'une maison et d'un terrain de construction (problème initial) à une moto et une voiture (problème « aide ») (tableau 2.1). Le rapport entre x et y est différent : 8 pour le 1er problème et 4 pour le second. L'information inutile a disparu et… le problème est résolu. Notons toutefois qu'il l'est sous la forme d'opérations posées, alors que l'intention déclarée de l'enseignant était une résolution algébrique avec le langage formel qui y est rattaché. Nous verrons plus loin que la forme algébrique apparaîtra subrepticement dans la correction sans qu'aucune explication ou démonstration y soit associée.

L'intention qui préside au choix de Jacques nous a été donnée lors de l'entretien qui suivait la séance : « *L'objectif de cette aide, c'est que les situations analogues, on peut les transférer.* » Ainsi, Jacques s'attend à ce que ses élèves, en difficulté sur le problème initial, puissent prélever des indices et reconnaître dans le problème d'aide les caractéristiques susceptibles d'être transférées d'un problème à l'autre. Lors des autres entretiens que nous avons eus avec la plupart des enseignants de SEGPA de notre étude, nous avons remarqué à quel point le « transfert cognitif » des élèves de SEGPA semblait une question centrale chez les enseignants pour expliquer l'échec des élèves, mais aussi pour leur permettre de progresser.

C'est par exemple ce qu'Eddy, un autre enseignant de SEGPA, nous déclare : « *Quand un truc on ne l'a pas compris, on ne l'a pas compris : on ne peut pas le transférer[9].* »

Tableau 2.1.
LA STRUCTURE DES PROBLÈMES MATHÉMATIQUES

	Problème initial	Problème « aide »
Formulation 1	Le tout lui coûte 64 800 €.	Le tout coûte 20 000 €.
Formulation 2	Le prix de la maison est égal à 8 fois celui du terrain.	Le prix de la voiture est égal à 4 fois celui de la moto.
Information inutile	C'est 3 fois moins que le prix habituellement proposé.	—
Question(s) 1 (et 2)	Calculez le prix du terrain. Calculez le prix de la maison.	Quels sont le prix de la moto et celui de la voiture ?
Information supplémentaire	M. Manchot achète un terrain au prix de 15 € le m².	—
Question 3	Quelle est la surface du terrain ?	—

Donner du sens aux mathématiques, c'est pouvoir transférer : tel pourrait se résumer l'un des principes formulés par six des huit professeurs. Cette acception se conjugue selon deux niveaux.

- Premièrement, si les élèves de SEGPA ont des difficultés en mathématiques, cela serait dû à une défaillance dans le transfert cognitif : c'est parce que ces élèves ne peuvent pas transférer ce qu'ils ont appris qu'ils continueraient d'être en situation d'échec.

- Deuxièmement, il y aurait nécessité d'orienter fortement sa proposition didactique et pédagogique, non pas sur un entraînement soutenu aux différents contextes potentiels permettant l'apprentissage de tel ou tel concept, mais en favorisant directement le « transfert cognitif » de manière à ce que cela fasse sens d'emblée.

---

9. Les propos d'Eddy et de ses élèves ont été recueillis lors de périodes d'entretien ou d'observation en classe.

Dans notre exemple, Jacques pense faciliter le transfert des informations et des procédures d'un problème à l'autre, en présentant le même type de problème sous un habillage différent[10]. Quelles sont les conséquences d'une telle démarche ?

Tout d'abord, l'analogie entre les deux problèmes est loin d'être acceptée par les élèves, si ce n'est sur des indices de surface. Le professeur n'aura de cesse, dans un premier temps, de « montrer » l'analogie, sans pourtant convaincre ses élèves :

P	*Est-ce que ça ressemble un petit peu au problème qu'on est en train de rencontrer ?*
Romaric	*Non, c'est des motos.*
P	*Est-ce que ça ressemble à notre situation ? Quel est le point commun ?*
Élodie	*Il y a un prix, et c'est le total.*
P	*Comme ?*
Élodie	*La maison et le terrain.*
P	*Magnifique Élodie. Alors, on est bien d'accord, on a une situation qui se ressemble. Sauf qu'ici, je vous ai résolu le problème […] Alors la première idée elle est là : une voiture égale quatre motos. Est-ce qu'on est d'accord ?*
La classe	*Non.*
Kevin	*Une voiture, ce n'est pas une moto.*
Nicolas	*Ça veut rien dire.*
P	*Alors, qu'est-ce que j'ai voulu dire ?*

[Silence. Les élèves ne « voient » pas l'analogie. Et lorsqu'ils reviennent sur le premier problème, ils n'ont retenu qu'un indice manifeste (entendu dans le jeu d'interactions avec l'enseignant) : il faut faire une division. Chacun s'essaie donc sur une opération qu'il n'a pas encore testée (vis-à-vis du professeur), quitte à prendre la donnée inutile comme diviseur potentiel et providentiel.]

P	*Pourquoi avez-vous divisé par 3 ?* [Les élèves ont pris comme diviseur le nombre contenu dans l'information inutile.]
Alyssa	*La première fois, on avait essayé par 15 et ce n'était pas bon, alors on a pris 3.*

---

10. C'est aussi une stratégie d'enseignement auprès des élèves en difficulté que l'on retrouve chez Julo (1995), qui préconise la multireprésentation des problèmes. Ces préconisations sont d'ailleurs bien connues par les enseignants de notre étude.

Devant l'échec du « transfert », Jacques décide de démontrer le problème sous sa forme algébrique (rappelons que son intention didactique était de faire comprendre la nécessité de l'écriture algébrique). Force est de constater que dès lors, la recherche mathématique des élèves est suspendue à l'explication professorale, les élèves cherchant dans cette explication les indices qui leur permettront de deviner ce que le professeur veut leur faire dire. D'un contrat constructiviste initial, la séance se poursuit sur un contrat maïeutique[11] qui prend la forme d'une démonstration déguisée ne résistant pas à quelques effets Topaze (Brousseau, 1998) :

P	*Si je remplace ma voiture par 4 motos, est-ce que c'est le même prix ?*
Élodie	*Oui, puisqu'une voiture égale 4 motos.*
P	*Très bien, donc j'ai le droit d'écrire.* [Jacques écrit au tableau : 1M + 1V = 1M + 4M.]
P	*C'est comme si j'avais acheté quoi ?* [Jacques passe son doigt sous 1M + 4M.]
La classe	*Une moto plus 4 motos.*
P	*C'est-à-dire ?*
Un élève	*5 motos.*
P	[Jacques écrit = 5 M.] *C'est comme si j'avais acheté ?*
Jean	*5 voitures.*
P	*5 ?*
La classe	*Motos.*

Après avoir démontré que le problème aide pouvait se résoudre en écrivant 1M + 1V = 1M + 4M (donc 5M = 20 000 €), il revient au problème initial pour écrire : 1T + 1M = 9T (donc 9T = 64 800 €). L'apparition de l'écriture algébrique ne donne ici lieu à aucune explication ou commentaire. La solution au problème initial vient naturellement comme une proposition de l'enseignant : les élèves n'ont plus qu'à exécuter

---

11.   Brousseau (1997) distingue six types de contrats : d'imitation (C1), d'ostension (C2), maïeutique (C3), de conditionnement (C4), empiriste (C5) et constructiviste (C6). Le contrat maïeutique est basé sur un apprentissage par questions-réponses en supposant que les élèves puissent trouver les réponses avec leurs propres ressources. Le contrat constructiviste est basé sur l'organisation d'un milieu (de type problème ou situation-problème) en déléguant à ce milieu la responsabilité des acquisitions (ici le dispositif : problème initial – problème aide).

l'opération idoine (« contrat d'exécution ») sans pour autant comprendre le sens de leur procédure (il s'agira en fait de diviser par 9, nombre qui vient à propos comme dernier recours des nombres possibles à utiliser) :

P   *Allez-y ! ! ! Allez-y ! ! ! On y va. La solution est là, les enfants*
               [montrant le tableau : 1T + 1M = 9T].

Élodie   *Mais on n'a pas trouvé.*

P   *Mais personne n'a trouvé. La clé est là* [montrant la formule
               au tableau].

P   *Vous avez le prix de 9 terrains, vous pouvez trouver le prix
               de 1.*

L'ajout dans le milieu d'une aide à la résolution, sous forme d'un problème résolu, a donc changé radicalement le travail mathématique des élèves. L'aide proposée, initialement prévue pour assurer un « transfert cognitif », a conduit en fait l'enseignant à « faire cours » et à dévoiler la solution sous sa forme syntaxique. Du côté des élèves, la recherche initiale s'en est trouvée fortement perturbée, les élèves cherchant petit à petit, non plus à expérimenter des procédures ou des stratégies de résolution, mais à trouver dans le discours de l'enseignant des indices suffisants susceptibles de permettre la résolution.

Nous avons ici un cas typique de ce que Brousseau (1998) définit comme un « usage abusif de l'analogie ». L'enseignant donne aux élèves en échec sur un premier problème une chance nouvelle de le résoudre en proposant un problème analogue au premier. Le professeur prévoit que les élèves verront l'analogie, pourront transférer des connaissances de l'un à l'autre… Il recommande à ses élèves de prendre appui sur l'un pour résoudre l'autre. Mais ce procédé conduit les élèves à interpréter l'intention didactique du professeur plus qu'à fournir une réponse à un problème mathématique :

> L'élève produit une réponse exacte, mais pas parce qu'il a compris sa nécessité mathématique ou logique à partir de l'énoncé, pas parce qu'il a « compris et résolu le problème », mais simplement parce qu'il a établi une ressemblance avec un autre exercice et qu'il a reproduit à bon escient une solution toute faite. Il fait une citation mais pas une réponse (Brousseau, 2008, p. 624).

Comme Jacques postule d'emblée l'échec potentiel de ses élèves (effet décrit, rappelons-le, par Favre pour les contextes d'adaptation scolaire), l'aide est prévue à l'avance, pour tous[12]. Elle ne procède pas d'une analyse *in situ* (d'une interprétation des difficultés réelles de certains élèves pour

---

12.   Lors de l'entretien préalable à la séance, Jacques nous explique qu'il considère le problème « difficile » et qu'il s'attend à des difficultés pour la plupart de ses élèves.

résoudre ce problème, dans ce contexte précis), mais se constitue comme proposition générique censée convenir à tous. Les élèves cherchent dans l'aide proposée à dégager non pas la règle qui s'appliquerait à l'ensemble des problèmes de ce type, mais plus simplement l'opération qu'il conviendra de répéter pour résoudre le premier problème. Ce phénomène se double d'un « glissement métacognitif » (Brousseau, 1998) dans la mesure où les propres explications et heuristiques du professeur prennent le pas sur le savoir en question et deviennent objet d'enseignement. Ce qui nous semble poser problème dans ce cas particulier n'est pas tant la forme ou le contenu de l'aide proposée que la dépossession du pilotage didactique qui s'opère chez l'enseignant. L'intention de provoquer un « transfert cognitif » chez ses élèves (proposition générique) a, chez Jacques, des effets de « cécité didactique » dans la mesure où ce n'est plus le réel de l'activité des élèves (ce qu'ils font là au moment où ils essaient de résoudre le problème) qui commande le jeu des interactions, mais l'« obéissance », croyons-nous, à un « mot d'ordre » d'une didactique neurocognitive (relayé le plus souvent par des chercheurs et des décideurs) qui prive l'enseignant de ses propres ressources interprétatives.

2.2. « Le recours à un milieu matériel »

Proposer un milieu matériel comme aide à la résolution d'un problème mathématique est une stratégie très utilisée en adaptation scolaire[13] : des cubes ou des jetons pour représenter des quantités diverses (par exemple des cubes pour représenter des billes, des voitures, des âges, le nombre d'élèves, etc.), des photocopies de billets de banque pour résoudre des problèmes où l'argent est mis en scène, des bandes de papier pour résoudre des problèmes de fractions, etc. Le principe de ce type d'aide se résumerait ainsi : « C'est en manipulant que l'élève sera plus à même de comprendre. » Nous allons voir dans ce second exemple que le recours à la manipulation ne permet pas nécessairement d'atteindre les objectifs escomptés.

Eddy enseigne dans une SEGPA située en milieu urbain pour des élèves de 2ᵉ année de secondaire adaptée. Dans l'une des séances que nous avons observée, il propose à ses élèves une situation-problème dont voici l'intitulé :

---

13. Proposer un milieu matériel (cubes, jetons, pièces et billets…) comme aide à la résolution d'un problème mathématique est, nous semble-t-il, la trace d'une pédagogie concrète préconisée et pratiquée massivement dans les années 1970 pour les élèves en échec. Le principe de ce type d'aide se résumerait ainsi : c'est en manipulant que l'élève sera plus à même de comprendre. Nos observations en France et au Québec nous conduisent à penser que le recours à la manipulation est une stratégie « naturelle » d'aide à la résolution pour les enseignants en adaptation scolaire.

Problème 1

EDDY – SÉANCE 1

J'ai un miroir carré qui mesure 28 cm de côté.

Combien faut-il de carreaux carrés de 4 cm de côté pour entourer mon miroir ?

Il faut *x* carreaux carrés de 4 cm de côté pour entourer le miroir.

Ce problème peut se résoudre de plusieurs manières. Si les élèves sont engagés à travailler strictement dans le cadre arithmétique, il s'agit d'un problème en deux étapes combinant successivement le champ multiplicatif et le champ additif (28 = ? × 4, puis ajouter 4 carreaux d'angle). Si par contre, les élèves sont engagés à travailler dans un cadre spatial, il s'agit d'un problème de mesure (le segment unité étant le carreau). Nous verrons que la mise en œuvre de la séance conduit à une sorte d'indécision en la matière.

Dès le début de la séance, une aide à la résolution est ainsi présentée aux élèves : « *Pour vous représenter ce que c'est mon miroir, j'ai fait le miroir en papier à la vraie grandeur. Et je voudrais faire avec, une frise en carreaux, une frise pour l'encadrer. Je veux mettre ma frise autour du miroir.* » Eddy justifie le recours au milieu matériel en invoquant une meilleure représentation du problème : « *Ce matériel peut servir à aller vers la représentation.* » Comme pour le « transfert », la « représentation » semble une préoccupation centrale des professeurs que nous avons interrogés. Cela n'est pas étonnant. En effet, s'il y a un concept qui s'est imposé dans le champ pédagogique et didactique, c'est bien celui de la « représentation ». On le retrouve chez les pédagogues de l'apprentissage (Astolfi, 1993 ; Meirieu, 1987 ; Develay, 1992 ; Barth, 1987, 1993), mais aussi en didactique des mathématiques (Houdebine et Julo, 1988 ; Julo, 1995) ou chez les sociologues des sciences de l'éducation (Bautier-Castaing et Robert, 1988). Le terme désigne une sorte de modèle mental, une manière particulière d'encoder l'information et de lui donner sa signification. Pour les professeurs, comme pour nombre de chercheurs en sciences de l'éducation, il a une valeur explicative de l'échec des élèves en difficulté ; si ces derniers échouent, c'est qu'ils se représentent mal les problèmes mathématiques. En conséquence, l'apprentissage sera défini comme une transformation des représentations, et l'enseignement sera orienté vers l'émergence et la modification éventuelle des représentations erronées de l'élève. Ainsi Julo (1995) : « Il faut privilégier l'intervention au niveau de la représentation lorsque l'on veut aider quelqu'un à résoudre un problème donné » (p. 12) ; ou encore Develay (1992) : « C'est un concept central pour comprendre l'activité cognitive du sujet [...] l'enseignement [...] ne peut s'appréhender que si l'on comprend comment se forment les représentations » (p. 77).

Dans le cas d'Eddy, le milieu matériel veut donc faciliter la représentation du problème, mais en outre, il permet aussi au professeur d'engager les élèves sur une validation pragmatique de leurs calculs. La demande de vérification matérielle est d'ailleurs première sur la cohérence des calculs :

P	*Ah ! ! ! C'est les carreaux qui t'embêtent. Regarde bien. Je vous ai préparé un petit quelque chose.* [Eddy sort une bande de carreaux de 4 cm de côté.] *Je vais vous passer un carreau. Et quand vous pensez avoir trouvé, on vérifiera là-bas.* [Eddy distribue un carreau par groupe et un miroir aux longueurs réelles.]
Jimmy	*Monsieur il en faut 28 : 7, 7, 7 et 7.*
P	*Il en faut combien pour l'entourer ?*
Amador	*24 carreaux* [erreur[14]].
P	*Essaie de vérifier avec le miroir.*

Lorsque des élèves font des erreurs, Eddy propose d'en passer par la manipulation. Par exemple, Marie oublie les carreaux d'angle dans son calcul. Eddy lui répond : « *Tiens, je te passe une bande* [de carreaux] *avec notre miroir.* »

Le recours systématique à la manipulation, soit en tant qu'aide à la représentation, soit en tant qu'aide à la validation, n'est pas sans générer des effets sur l'apprentissage mathématique des élèves. En effet, cette « habitude » empêche certains élèves d'avoir confiance en leurs propres possibilités d'abstraction, ainsi que dans la force du langage et de l'écriture mathématique comme moyens efficaces pour anticiper un résultat et pour le valider. La systématisation du recours à une validation « pragmatique » (prouver en faisant) évite un travail, plus riche mathématiquement, qui consisterait à proposer des situations où les formes de validation sémantique (prouver par le sens) et syntaxique (prouver par l'écriture mathématique) puissent advenir.

L'enrichissement du milieu par le dispositif d'aide provoque un changement dans la recherche des élèves puisque ce qui est leur est demandé n'est plus tant de procéder à des calculs pour trouver le résultat que de

---

14. S'il s'agissait d'entourer le miroir par l'intérieur, cette réponse serait exacte, mais le professeur a bien précisé que l'entourage devait se faire par l'extérieur. La réponse attendue est donc de 32 carreaux (7 sur chaque côté + les carreaux d'angle).

satisfaire à l'injonction de « réaliser concrètement » la solution au problème. Eddy veut « voir » la solution sur le montage papier. C'est d'ailleurs ce qui constituera l'essentiel de la mise en commun.

P	*Est-ce que vous êtes d'accord que ceci est mon miroir ?* [Il montre le miroir.] *Et est-ce que vous êtes d'accord avec Marie quand elle colle les carreaux sur le miroir* [à l'intérieur] *?*
La classe	*Non.*
P	*Volcan, viens ici s'il te plaît. Compte les carreaux sur chaque carreau collé... Alors, il faut combien de carreaux sur un côté Juliana ?*

La volonté de conduire d'emblée les élèves à une validation pragmatique modifie considérablement la nature du savoir en jeu dans la situation. Comme nous l'avons vu, le problème proposé aux élèves peut potentiellement se résoudre dans un cadre arithmétique ou un cadre spatial (voir Douady, 1984, pour la notion de cadre). Il semble que l'introduction de l'aide matérielle proposée par l'enseignant conduise à une indécision quant au cadre de résolution. En effet, les élèves sont initialement orientés vers un problème arithmétique (résoudre $28 = ? \times 4$). En début de séance, Eddy écrit le problème au tableau et demande aux élèves de le résoudre mais aussi que chacun écrive ses « opérations » sur sa feuille de travail afin de pouvoir ensuite montrer sa recherche lors de la mise en commun à venir. Mais rapidement, les élèves sont amenés à quitter ce cadre pour un cadre spatial (construire la frise). Ce nouveau cadre constitue le nouveau problème à traiter. Il fait référence à un autre type de savoir : la mesure. Les élèves auront notamment à travailler toutes les questions d'incertitude liées aux mesurages, les questions liées à la mesure de l'unité étalon (4 cm) nécessitant des opérations de partition et de déplacement propres à ce champ d'études[15]. Le savoir a changé au cours de la séance mathématique : d'arithmétique (champs multiplicatif et additif), il est devenu géométrique et numérique (mesure et mesurage).

Comme dans la situation précédente, le dispositif d'aide passe au premier plan dans la séance et focalise l'activité des élèves et du maître. Ce changement de focalisation (de la situation initiale vers l'outil d'aide) provoque deux effets majeurs : un changement de contrat didactique et une incertitude quant au savoir en jeu dans la situation.

---

15. Pour ces questions d'enseignement des grandeurs, voir Brousseau (1987), Bessot et Eberhart (1983) ainsi que Fluckiger et Brun (2005).

3

Une discussion

Dans les séances analysées, l'introduction d'aides mathématiques, en modifiant le milieu didactique initial, génère potentiellement des biais dans la recherche mathématique des élèves. Celle-ci peut alors se trouver dénaturée, voire stoppée du fait même de l'apport de l'aide. L'aide prend toute la place dans le processus d'enseignement et la recherche initiale devient exécution ou reproduction d'une procédure. Les conditions de la dévolution ne sont plus réunies pour qu'une « véritable activité scientifique » (Brousseau, 1998, p. 49) puisse advenir et permettre aux élèves de « développer des connaissances [qui apparaissent] comme la solution optimale et découvrable aux problèmes posés ». Leurs possibilités de décision, d'évaluation et de correction, leurs capacités à reconnaître et à justifier l'action sont compromises, ainsi que leurs possibilités d'identification de la connaissance (Brousseau et Brousseau, 2005). Au contraire, l'élève aura tendance à fonctionner en réponse à des indices extérieurs à la situation, didactiques notamment (faire ce que le maître lui dit de faire, trouver des indices des calculs à effectuer en interprétant les interactions inhérentes à l'« aide » proposée).

Nous sommes ici en présence d'une modalité particulière du paradoxe de la dévolution. En effet, il existe une contradiction entre l'intention initiale de l'enseignant et l'effet que son action induit, au regard de son intention première. L'enseignant propose un dispositif supplémentaire particulier à ses élèves dans l'intention de faciliter les conditions de la dévolution (pour qu'ils entrent mieux dans l'activité, pour les aider dans leur recherche, pour qu'ils se représentent mieux ce qu'on leur demande) ; de son point de vue, il s'agit d'un « enrichissement ». Pourtant, les effets produits sont à l'inverse de ce qui est recherché (les élèves abandonnent la recherche pour écouter ce qu'on leur enseigne, ils se perdent dans l'outil proposé au détriment du problème initial) : du point de vue de l'élève, cet enrichissement agit comme une *complexification* qui perturbe les conditions mêmes de l'apprentissage.

Nous appelons ce phénomène didactique « effet *pharmakeia* », en référence au terme grec classique signifiant tout à la fois « remède » et « poison ». La *pharmakeia* (qui a donné « pharmacie ») est une substance qui, selon les cas, les circonstances et les doses employées, est susceptible d'exercer une action favorable (remède) ou défavorable (poison) sur les personnes (Le Robert, 1998). Ainsi, l'effet *pharmakeia* prend en compte les deux sens opposés : le poison comme potentiellement remède, le remède comme potentiellement poison. Le dispositif d'aide, supposé remède aux difficultés des élèves, apparaît bien comme un poison potentiel, lorsqu'il est employé tel quel, notamment lorsque les conditions didactiques de son utilisation sont ignorées. L'aide est considérée en tant que telle. Alors qu'elle est censée aider le travail des élèves, parce qu'elle n'est pas interrogée didactiquement, elle contribue à le leur compliquer au point que celui-ci devient incertain.

Aussi formulerons-nous cette hypothèse : plus le professeur se focalise sur la nature présupposée des difficultés psychologiques des élèves à comprendre ou à résoudre un problème (mauvaises représentations, problèmes de transfert…), plus il ajoute dans le milieu des dispositifs supposés les aider, plus il contribue à compliquer la situation, à changer le contrat et à risquer un glissement métadidactique (fondé sur des objectifs épistémiques annexes) dans la mesure notamment où il « oublie » d'interroger les éléments didactiques propres à la situation (c'est-à-dire les interactions professeur/élèves/savoir mathématique). C'est en tout cas une hypothèse qu'il conviendrait de vérifier plus en profondeur, le travail présenté ici n'en étant que l'ébauche.

CHAPITRE

3

Des réponses de professeurs débutants nommés dans des écoles de milieux défavorisés à deux grandes questions de la profession
Installer la paix scolaire
et exercer une vigilance didactique

Denis Butlen *et* **Pascale Masselot**
Université de Cergy-Pontoise, France

- -

Dans la première partie de ce texte, nous précisons le cadre général de nos recherches ainsi que les cadres théoriques auxquels nous nous référons pour mener les analyses des pratiques des professeurs des écoles enseignant en zones d'éducation prioritaires[1] (ZEP), et ce que nous retenons des premiers résultats auxquels ont conduit nos recherches antérieures, résultats

---

1.   Les zones d'éducation prioritaire (ZEP) sont, dans le système éducatif français, des zones dans lesquelles sont situés des établissements scolaires (écoles ou collèges) dotés de moyens supplémentaires et d'une plus grande autonomie pour faire face à des difficultés d'ordre scolaire et social, rompant ainsi avec l'égalitarisme traditionnel du système éducatif français (« donner plus à ceux qui en ont le plus besoin »). Elles sont définies par le ministère de l'Éducation nationale et ont été créées en 1981 dans le but de lutter contre l'échec scolaire. Ce dispositif est réaménagé dans le cadre du Réseau ambition réussite (RAR), qui est un plan de relance à l'éducation prioritaire lancé en 2006 par le ministère de l'Éducation en France et dont le but était de favoriser l'égalité des chances et l'articulation du projet d'éducation entre l'école, la famille et les partenaires.

sur lesquels nous nous appuyons par la suite. Ensuite, nous présentons les deux questions du métier que nos recherches actuelles et antérieures nous ont permis d'identifier, ainsi que des éléments de la méthodologie utilisée pour mener nos analyses des pratiques effectives des professeurs des écoles. Ces grandes questions qui se posent à la profession sont des questions dont les réponses constituent des dimensions organisatrices des pratiques des enseignants, c'est-à-dire que les réponses apportées par un enseignant à ces questions seraient en quelque sorte révélatrices de la « logique de ses pratiques ». À partir des analyses menées, nous identifions différents indicateurs qui nous permettent d'expliciter les réponses apportées à ces deux questions par les professeurs des écoles observés. Autrement dit, nous interprétons les pratiques effectives des enseignants observés comme des modes de réponse à ces questions. Les résultats de cette recherche nous amènent à formuler quelques perspectives pour la formation des professeurs des écoles.

1

L'analyse des pratiques des enseignants de ZEP en relation avec les activités des élèves : le cadre théorique, des éléments de la méthodologie et de premiers résultats

1.1. Des recherches sur les pratiques des enseignants de ZEP prenant en compte le point de vue global mais aussi local

D'un point de vue global, nous nous sommes d'abord intéressés à l'élucidation des multiples contraintes auxquelles sont soumis les professeurs de ZEP et au repérage des marges de manœuvre qu'il leur reste. Ces premiers travaux ont permis de mettre en évidence au moins cinq contradictions vécues au quotidien par ces professeurs, dont la plus importante est celle qui existe entre apprentissages scolaires et socialisation (Butlen, Peltier et Charles-Pézard, 2002). Les professeurs gèrent ces contraintes au quotidien en se construisant des systèmes de réponses cohérents. Prenant en compte la double mission d'instruction et d'éducation du professeur des écoles enseignant les mathématiques en ZEP, nous avons établi une première catégorisation des pratiques effectives en distinguant les i-genres (liés à la mission d'instruction) des e-genres (liés à la mission d'éducation) (Butlen, Peltier et Charles-Pézard, 2002).

Dans ce cadre général, d'un point de vue plus local, nous nous sommes centrés sur les activités des professeurs des écoles constitutives de leurs pratiques : activité de préparation de classe, activité en classe, activité après la classe. Nous prenons ainsi en compte différents niveaux d'organisation des pratiques enseignantes : global, local et micro (Masselot et Robert, 2007). Si les grands choix effectués par les professeurs et les stratégies qui en découlent relèvent d'un niveau global, leur mise en œuvre dans les classes se situe à un niveau local, voire micro ; cela nous amène à découper l'activité du professeur en activités élémentaires comme les gestes et routines professionnels (Butlen, 2004 ; Butlen et Masselot, 2001). Ces derniers relèvent de schèmes professionnels et permettent de décrire la manière dont un individu particulier résout un type de tâche, les différentes actions qui lui permettent de le faire et les différentes connaissances qu'il mobilise à cette occasion.

Les différents points de vue décrits précédemment ne sont pas indépendants et permettent d'avoir des regards à plusieurs niveaux sur l'activité des professeurs des écoles, notamment sur celle des débutants.

1.2. Une approche sociodidactique

Nous étudions les pratiques enseignantes en nous référant au cadre théorique de la « double approche » défini par Robert et Rogalski (2002) et par Robert (2008). Afin de prendre en compte les contraintes sociales liées à la spécificité des ZEP, nous adaptons ce cadre, qui utilise une approche combinant des concepts issus de la didactique des mathématiques et de l'ergonomie. Le développement de ce cadre théorique met davantage l'accent sur les facteurs sociologiques et se caractérise par certaines hypothèses admises ou découlant de nos recherches précédentes.

Nos premières recherches (Butlen et Masselot, dans Peltier, 2004) sur les pratiques des professeurs des écoles enseignant les mathématiques en ZEP visaient à évaluer le poids de l'aspect social dans la pratique d'un enseignant de ZEP. Nous nous sommes interrogés sur les influences que pouvaient avoir le passé et le devenir[2] des élèves sur la manière d'enseigner de ces professeurs, en privilégiant l'analyse de trois grands moments de l'activité du professeur que sont les processus de dévolution, de régulation et d'institutionnalisation (figure 3.1). Nous empruntons à la théorie des situations didactiques les analyses caractérisant ces trois processus pour décrire l'activité du professeur.

---

2. Nous faisons ici référence à l'origine socioprofessionnelle des élèves d'une part et, d'autre part, aux perspectives que la société française offre à ces élèves en fonction de leur origine (Bourdieu et Passeron, 1964).

Figure 3.1.
LES PROCESSUS DE L'ACTIVITÉ DU PROFESSEUR

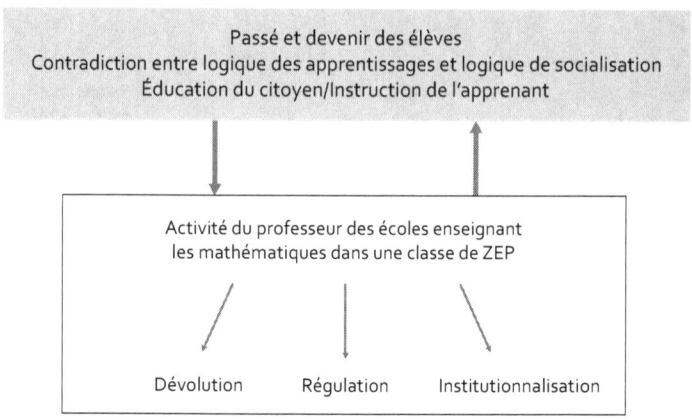

Ces influences peuvent notamment se « mesurer » en étudiant la manière dont les professeurs gèrent la contradiction entre une logique d'apprentissage et une logique de socialisation. Cette dernière se traduit notamment par un souci d'amener les élèves à respecter, à court terme, les règles de vie en commun dans un cadre scolaire, à moyen terme, les règles dans le processus d'éducation et, à plus long terme, les règles en tant que citoyens.

Reprenant de manière métaphorique le concept de « genre » de Clot (1999) en l'adaptant à notre objet d'étude pour décrire et interpréter les régularités intra- et interpersonnelles identifiées dans nos observations, une analyse de ces observables nous a permis de définir trois i-genres. Nous avons repris et affiné cette catégorisation dans la seconde recherche dont il sera question dans la suite du texte. Le concept de genre (« genre du métier ») est emprunté à Clot :

> Le genre est en quelque sorte la partie sous-entendue de l'activité, ce que les travailleurs d'un milieu donné connaissent et voient, attendent et reconnaissent, apprécient ou redoutent ; ce qui leur est commun et qui les réunit sous des conditions réelles de vie ; ce qu'ils savent devoir faire grâce à une communauté d'évaluations présupposées, sans qu'il soit nécessaire de re-spécifier la tâche chaque fois qu'elle se présente. C'est comme « un mot de passe » connu seulement de ceux qui appartiennent au même horizon social et professionnel (1999, p. 105).

Si certaines des régularités intrapersonnelles relèvent plutôt d'une mémoire personnelle (le style), les secondes renvoient à l'idée d'une mémoire collective des enseignants et à la notion de genre. Cela conduit évidemment à penser que des informations se diffusent au sein d'un réseau de professionnels et que les pratiques dépassent pour une part les individus. À l'origine, les indicateurs que nous avons utilisés pour décrire les trois i-genres relèvent des cinq composantes définies par Robert et Rogalski (2002) et Robert (2008) : une composante cognitive relative à l'organisation des savoirs, aux scénarios associés, aux itinéraires cognitifs proposés aux élèves ; une composante médiative relative au discours du professeur et aux modes d'interaction ; une composante personnelle relative notamment aux représentations du professeur sur les mathématiques et leur enseignement, à son épistémologie personnelle ; une composante institutionnelle ; et enfin, une composante sociale. Les deux premières composantes leur permettent de définir les mathématiques proposées à la fréquentation des élèves, celles-ci renvoyant à de grands choix didactiques et pédagogiques. Les trois dernières composantes permettent de mieux cerner la façon dont sont construits ces grands choix. Chacun des i-genres témoigne d'une manière de gérer les contradictions qui pèsent sur les pratiques des enseignants.

Deux i-genres (les i-genres 1 et 2) se caractérisent par des scénarios ne présentant pas (ou très rarement) de problèmes consistants aux élèves, par des temps de recherche très réduits, par une baisse quasi systématique des exigences de la part du professeur, par une individualisation de l'enseignement souvent excessive car non pensée et mise en œuvre dans l'action, par la mise en œuvre d'une certaine forme de pédagogie différenciée rendant le plus souvent impossible l'existence de phases de synthèse et d'institutionnalisation. Ces pratiques se caractérisent aussi du côté du professeur par une difficulté à gérer l'avancée du temps didactique. Parmi ces professeurs, on a pu distinguer ceux (en nombre majoritaire, i-genre 2), qui éprouvent des difficultés à négocier une certaine paix sociale[3], des autres (i-genre 1) qui y réussissent, mais sans pour autant obtenir l'adhésion des élèves à leur projet d'enseignement.

Un i-genre très minoritaire[4] (l'i-genre 3) se caractérise par des scénarios proches de ceux privilégiés en formation (problèmes consistants, phase de recherche des élèves, synthèse et institutionnalisation suivies d'activités de réinvestissement, etc.), une gestion collective des apprentissages et des comportements, et un maintien des exigences en termes d'apprentissages.

---

3.   Cette dernière sera précisée dans la suite du texte.
4.   Il est « minoritaire » parce que peu observé : 1 enseignant sur 10.

2

Deux questions du métier à investiguer : comment installer et maintenir la paix scolaire et comment exercer une vigilance didactique

2.1. Les éléments de la problématique

Dans l'approche décrite précédemment, centrant notre regard sur les mathématiques proposées à la fréquentation des élèves et sur la manière dont les enseignants gèrent cette fréquentation, nous essayons de cerner l'activité du professeur d'un point de vue global (grands choix effectués en termes d'itinéraire cognitif) et d'un point de vue local et micro (gestes et routines mobilisés pour mettre en œuvre ces choix au quotidien).

Pour analyser les effets du social sur les processus de dévolution, de régulation et d'institutionnalisation dans le contexte d'un enseignement de mathématiques, nous avons été amenés à considérer, en analysant leurs pratiques, la manière dont les enseignants répondaient à deux grandes questions du métier de professeur des écoles : comment installer et maintenir la paix scolaire, comment exercer une vigilance didactique. Ces deux questions sont particulièrement vives en ZEP ; les réponses apportées conditionnent à la fois les apprentissages des élèves et l'exercice du métier. Notons que ces deux questions et la manière d'y répondre ne sont pas indépendantes. Les réponses apportées à l'une marquent les réponses apportées à l'autre. Nous verrons dans la suite de ce texte que la manière dont le professeur négocie la paix scolaire n'est pas sans effet sur son exercice d'une certaine vigilance didactique et réciproquement.

La détermination des réponses apportées à ces deux questions nécessite d'analyser les grands choix pédagogiques et didactiques du professeur et la manière dont ils se réalisent au quotidien. Nos recherches actuelles nous permettent ainsi d'affiner la classification des pratiques en i-genres et d'enrichir les premiers indicateurs retenus en considérant les gestes et les routines professionnels. Le découpage de l'activité du professeur en gestes et routines considérés comme des schèmes professionnels (Butlen, 2004) se révèle pertinent pour décrire une suite d'actions finalisées par un but ainsi que les connaissances mobilisées à cette occasion, et pour les mettre en relation avec l'activité correspondante de l'élève. Pour être efficaces[5],

---

5.   Nous considérons qu'un geste peut être qualifié d'« efficace » quand il permet à l'enseignant de réaliser les tâches qu'il a à réaliser en cohérence avec ses grands choix didactiques et pédagogiques. L'efficacité ne constitue pas un jugement de valeur sur les choix et les apprentissages provoqués, mais concerne la cohérence entre les gestes et le degré de réalisation de la tâche.

les gestes et routines doivent pouvoir s'adapter à des conditions locales, de surface, non déterminantes pour le fonctionnement du professeur et des élèves. Cette adaptabilité témoigne, pour une grande part, de la maîtrise des gestes et renforce leur stabilité. La maîtrise d'un geste ou d'une routine implique la mise en œuvre d'une ou de plusieurs techniques qui pourraient être qualifiées de naturalisées en se référant à la théorie anthropologique (Chevallard, 1999). Si l'installation de la paix scolaire et l'exercice d'une plus ou moins grande vigilance didactique participent de la stratégie globale de l'enseignant, leur mise en œuvre au quotidien dans la classe est associée à des gestes et routines professionnels de différents types.

2.2. Les éléments de la méthodologie

2.2.1. Les conditions des observations

Nous avons travaillé, pendant leurs deux premières années d'exercice, avec dix professeurs des écoles[6] débutants affectés dans trois écoles très proches géographiquement et socialement, situées dans un quartier très défavorisé. Ces professeurs volontaires se répartissent entre le cycle 2 et le cycle 3 de l'école primaire.

Les différentes situations de formation du dispositif d'accompagnement sont systématiquement enregistrées afin de pouvoir en analyser la mise en œuvre *a posteriori*. Les séances de mathématiques conduites par les professeurs accompagnés sont observées (enregistrées ou filmées) afin de mesurer l'influence sur les pratiques de la formation dispensée. De même, les moments d'échanges organisés entre pairs, en présence des chercheurs, sont enregistrés, ainsi que des entretiens menés en fin d'année scolaire avec les enseignants débutants répartis en groupes de deux.

2.2.2. La référence à l'i-genre 3

D'un point de vue méthodologique, prendre une référence nous a paru indispensable pour situer les différentes pratiques observées et les comparer. Notre choix pour cette référence, des pratiques relevant de l'i-genre 3, se justifie essentiellement par deux critères. D'une part, un enseignant dont la pratique relève de cet i-genre propose à la fréquentation de ses élèves des problèmes plus consistants, donnant davantage de sens aux notions, et sont donc *a priori* de meilleurs vecteurs d'apprentissage. D'autre part, ces pratiques existent, nous les avons observées, même dans des ZEP très difficiles ; elles sont donc viables dans ces classes.

---

6.   Il s'agit de professeurs différents de ceux observés au cours de la recherche précédente.

2.3. Les définitions des deux questions : installer la paix scolaire et exercer une vigilance didactique

2.3.1. Installer la paix scolaire

Nous définissons la paix scolaire comme le couple « paix sociale » et « adhésion (des élèves) au projet d'enseignement du professeur ».

La paix sociale, premier élément du couple, se caractérise notamment par la mise en place de règles de fonctionnement de la classe acceptées par les élèves et indispensables à la relation didactique. Ces règles visent à instaurer un certain calme, une absence de violence entre les élèves, un respect des personnes, des prises de parole contrôlées, etc. L'adhésion des élèves au projet d'enseignement du professeur se manifeste par un climat de confiance, voire de complicité, entre les élèves et le professeur ; par un enrôlement rapide, sans trop de résistance, des élèves dans les tâches. Cette adhésion est globale, mais se trouve réinitialisée au niveau local dans le quotidien de la classe.

Nous distinguons la paix scolaire de la paix sociale, qui ne constitue qu'une partie de la première. D'un point de vue didactique, l'obtention de la paix scolaire n'est pas une fin en soi, mais un moyen. Observant l'activité du professeur en lien avec celle de l'élève, nous nous intéressons au couple « confort de l'enseignant[7]/efficacité » en termes d'apprentissage des élèves.

L'installation de la paix scolaire, si elle participe au processus de dévolution, relève aussi de l'ensemble de l'acte d'enseignement et de tous les processus qui s'y intègrent.

2.3.2. Exercer une vigilance didactique

La maîtrise des contenus mathématiques, bien qu'indispensable, n'assure pas à elle seule leur transmission, le professeur pouvant rester dans un rapport au savoir mathématique soit de type élève, soit de type expert. D'autres connaissances, en particulier didactiques, sont nécessaires à l'enseignement des mathématiques à l'école élémentaire. Cela nous amène à définir ce que nous appelons la « vigilance didactique » comme un ajustement didactique permanent de la part du professeur, faisant appel aux deux composantes cognitive et médiative des pratiques et s'exerçant dans les trois niveaux global, local et micro.

Pour exercer une certaine vigilance didactique, des connaissances mathématiques et didactiques sont à mobiliser. Les connaissances mathématiques ne sont pas seulement académiques, elles doivent être finalisées

---

7.   L'expression *confort de l'enseignant* désigne ici les conditions matérielles d'exercice du métier.

pour l'enseignement. Les connaissances didactiques contribuent à une bonne perception des enjeux d'apprentissage des situations et de leur organisation en vue de l'enseignement de savoirs mathématiques. Elles sont constituées des résultats ou des faits didactiques mis en évidence par la recherche, qui sont reconnus, notamment par les chercheurs et par les formateurs, comme utiles pour le professeur des écoles et qui ne sont plus contestés à un moment donné dans la communauté des chercheurs. Citons, par exemple, l'incidence de conceptions erronées des nombres décimaux sur le rangement de tels nombres. Ces connaissances didactiques comprennent des outils permettant de lire le réel, issus de résultats de la didactique des mathématiques, mais transformés en vue de l'action d'enseigner[8]. Ces outils consistent, par exemple, en la mise en œuvre d'un minimum d'analyse *a priori* pour identifier le savoir mathématique en jeu dans la situation, les variables didactiques et l'incidence des choix de leurs valeurs sur les procédures et les résultats des élèves, pour mieux anticiper la mise en actes du projet. Pendant la classe, ces outils aident l'enseignant à repérer les procédures effectives, à les analyser et à identifier, parmi la diversité des productions des élèves, celles sur lesquelles s'appuyer pour les faire évoluer vers une procédure de réussite. Les différentes tâches du professeur telles que l'exploitation des procédures des élèves, leur hiérarchisation et la mise en œuvre d'une institutionnalisation s'appuyant sur le travail effectif des élèves, mobilisent de telles connaissances, finalisées par l'action d'enseigner et liées aux grandes étapes du cheminement cognitif des élèves.

Ces différentes connaissances mathématiques et didactiques s'opérationnalisent dans l'action du professeur pour réaliser les tâches qui lui incombent. La vigilance didactique est liée aux différentes tâches d'enseignement de contenus mathématiques situées en amont, pendant ou après la classe, ainsi qu'aux différentes manières de les réaliser qui, elles, relèvent de la composante médiative et des niveaux local et micro des pratiques. Elles concernent en particulier les routines de type 3 selon la classification établie par Butlen et Masselot (2001), qui sont en relation avec les contenus mathématiques enseignés, révélatrices de la cohérence des pratiques et de la stratégie du professeur. Rappelons que les routines de type 1 sont plutôt associées à l'installation et au respect d'attitudes de travail ou d'attitudes générales et davantage liées à la stratégie générale d'enseignement pluridisciplinaire du professeur, mais qu'elles sont appelées et contextualisées lors d'un enseignement disciplinaire particulier. Les routines de type 2 sont, quant à elles, plutôt liées à l'utilisation des documents ou supports pédagogiques, aux matériaux utilisés, aux « décors » mis en place à moyen

---

8. Cette transformation s'inscrit dans un processus de transposition des connaissances didactiques en savoirs d'action, puis en savoirs pour le professeur.

terme. Il s'agit alors d'installer et de développer des répertoires de langage communs, des gestes ou images mentales pouvant être appelés facilement par l'enseignant et par les élèves. Cet aspect semble très présent à l'école élémentaire (surtout aux cycles 1 et 2) ; cela est sans doute lié au fait que les élèves y abordent leur « métier d'élève ».

La vigilance didactique est donc à la fois du côté du savoir mathématique, des connaissances didactiques et de leur mise en fonctionnement dans l'acte d'enseigner, son mode d'exercice étant propre à l'enseignant. Elle se distingue de la vigilance épistémologique[9], car elle n'est pas uniquement centrée sur le contenu, mais aussi sur l'action du professeur, notamment en classe. L'exercice d'une vigilance didactique suffisante assure un déroulement de classe piloté prioritairement par les mathématiques, « au plus près » des apprentissages visés.

Comme la paix scolaire, la vigilance didactique ne concerne pas uniquement l'enseignement en ZEP. La notion s'étend aux classes ordinaires. Toutefois, il semble qu'en ZEP, son insuffisance peut être plus grave, notamment parce qu'elle est source de différenciation[10].

Nous avons identifié, en lien avec les i-genres, différents modes d'installation de la paix scolaire : des professeurs peuvent obtenir la paix scolaire grâce à un environnement mathématique de qualité, d'autres en instaurant un climat de confiance et de communication, d'autres encore sur la base d'une certaine complicité avec les élèves… Dans la section suivante, nous expliquons comment une méthodologie d'analyse en quatre niveaux nous permet de cerner dans les pratiques la manière dont peut être réalisé l'exercice de la vigilance didactique.

2.4. L'exercice d'une vigilance didactique : quatre niveaux pour analyser les réponses apportées par les enseignants

En référence à l'i-genre 3, nous avons défini une échelle comportant quatre niveaux qui, s'ils sont atteints, pourraient favoriser les apprentissages mathématiques des élèves. Pour chaque niveau, nous apprécions la plus ou moins grande proximité entre la pratique étudiée et celle choisie comme référence (i-genre 3).

---

9. La vigilance épistémologique se rapporte à la distance entre les savoirs enseignés et leur origine du côté des savoirs savants.
10. En effet, selon le degré de vigilance didactique exercée, nous avons remarqué que les activités mathématiques proposées peuvent être plus ou moins riches et donc sources de différenciation.

- **Premier niveau : la proposition de problèmes consistants et aménagement de temps de recherche.** Ce niveau est atteint lorsque le professeur propose aux élèves fréquemment, voire systématiquement pour certains professeurs, des problèmes mathématiques consistants, porteurs de sens, les engageant dans une réelle recherche. Des situations issues de manuels sont adaptées sans remettre en cause les enjeux en termes de savoir et d'apprentissage. Un autre indicateur de ce premier niveau concerne l'existence et la gestion du temps de recherche accordé aux élèves : d'une part, ce dernier est relativement significatif, d'autre part, les aides éventuelles apportées ne s'accompagnent pas d'une réduction des exigences.

- **Deuxième niveau : l'explicitation des procédures.** Ce niveau concerne la place donnée aux élèves et à leurs productions effectives dans les moments de mise en commun des réponses, de validation de celles-ci et d'explicitation des procédures (menant ou non à la réussite). Le professeur atteint ce niveau lorsqu'il permet aux élèves d'exposer leurs procédures au cours d'une phase collective. Ce travail d'explicitation se fait d'autant plus facilement que le professeur a instauré un climat de communication dans la classe.

- **Troisième niveau : la hiérarchisation des procédures et la synthèse.** Ce niveau est atteint lorsque le professeur procède à la hiérarchisation des productions des élèves et ménage des phases de synthèse contextualisées. Selon la situation proposée, cette hiérarchisation peut prendre en compte différents facteurs : l'efficacité et la validité de la procédure, son économie en termes de temps de résolution, de coût cognitif, la nature et le degré d'expertise des savoirs mobilisés. Plusieurs élèves peuvent s'être engagés dans la même procédure sans être tous parvenus au résultat correct. L'enseignant ayant atteint ce niveau est capable de distinguer procédure, manière de la mettre en œuvre et réponse.

- **Quatrième niveau : l'institutionnalisation.** Ce niveau se caractérise par le fait de proposer une institutionnalisation des savoirs ou méthodes en jeu dans la situation par une décontextualisation et une dépersonnalisation, mais aussi par une réorganisation des savoirs visités, notamment en termes d'ancrage du nouveau dans l'ancien.

Nous utilisons le terme « niveau » sans pour autant proposer de modèle totalement ordonné. Certaines caractéristiques d'un niveau peuvent être présentes sans que le niveau qui le précède soit totalement atteint.

Comment la vigilance didactique s'exerce-t-elle par rapport à ces différents niveaux ? Pour estimer le degré de vigilance didactique du professeur des écoles, nous définissons des indicateurs correspondant à son activité avant, pendant et après la classe, indicateurs liés à ces quatre niveaux.

En amont de la classe, ils concernent la consistance des problèmes proposés ainsi que la qualité de l'analyse *a priori* menée par le professeur, qualité appréciée de plusieurs points de vue : l'adéquation du problème avec la ou les connaissances visées, de même que la gestion *a priori* de la séance mettant en relation les choix au niveau de chacune des variables didactiques, l'anticipation des procédures et des performances des élèves, et la prévision des aides en cas de difficultés. Nous regardons aussi comment le professeur situe les connaissances nouvelles par rapport aux anciennes et comment il situe sa séance (niveau local) dans un projet global sur le thème mathématique travaillé. En amont de la classe, la vigilance didactique intervient dans la qualité des anticipations de chacun des niveaux.

Pendant la classe, outre un maintien de ses exigences, le professeur des écoles exerce une certaine vigilance didactique par sa capacité à décoder les cheminements cognitifs des élèves par rapport à son projet initial. Cela suppose de savoir lire et interpréter leurs productions et d'ajuster en conséquence ses décisions d'enseignant. La vigilance didactique est aussi liée aux gestes visant à faire expliciter les procédures, à les hiérarchiser, à identifier celles sur lesquelles s'appuyer et à en faire une synthèse. Les indicateurs se situent dans le temps de recherche qui correspond au niveau 1, et également dans les niveaux 2 et 3.

La capacité du professeur à institutionnaliser à partir de la synthèse et à dérouler le « bon » texte du savoir, conforme à la fois au projet d'enseignement, aux exigences institutionnelles et aux cheminements cognitifs effectifs des élèves, relève de la vigilance didactique. Une institutionnalisation utilisant le vocabulaire adéquat, assurant l'ancrage du nouveau dans l'ancien et apportant une certaine décontextualisation nécessite de mobiliser des connaissances relevant de la vigilance didactique.

Après la classe, cette vigilance s'exerce dans la régulation des activités proposées et dans les adaptations de la progression aux réussites ou aux difficultés des élèves, en particulier dans le choix des exercices de réinvestissement, voire d'évaluation.

③
Un retour sur les pratiques des professeurs des écoles, vues comme des réponses apportées par les enseignants à ces deux questions

Avec notre dernière recherche, nous avons identifié des niveaux et des indicateurs qui permettent d'expliciter les réponses des professeurs aux deux questions portant sur l'installation de la paix scolaire et l'exercice d'une vigilance didactique.

Que nous apprennent les pratiques des professeurs des écoles sur les deux questions investiguées ? Pour un professeur des écoles enseignant en ZEP, installer la paix scolaire constitue aussi une réponse à des contraintes sociales et institutionnelles, toutefois pas indépendante des trois autres composantes (personnelle, cognitive et médiative). Les gestes professionnels permettant d'installer un minimum de paix scolaire ne sont pas indépendants du contenu disciplinaire (Charles-Pézard, Butlen et Masselot, 2012). Par ailleurs, l'installation de la paix scolaire est liée à la prise de risque mathématique[11] que s'autorise l'enseignant dans sa classe à différents moments de son enseignement. Considérant l'incertitude générale qu'un enseignant doit gérer en classe, la réduction de celle-ci concernant les comportements des élèves va lui permettre, par une sorte de compensation, d'en accepter davantage du point de vue des mathématiques et donc de prendre plus de risques dans ce domaine.

Ces deux questions, celle de l'installation de la paix scolaire et celle de l'exercice de la vigilance didactique, présentent un point commun dans la mesure où elles sont posées de façon permanente, particulièrement pendant la classe. Les réponses apportées sont complémentaires. La vigilance didactique est plutôt du côté des connaissances mathématiques et didactiques et des tâches liées à l'enseignement de contenus. Toutefois, en garantissant un enseignement au plus près des notions mathématiques visées, elle contribue à installer la paix scolaire.

Mais ce n'est pas forcément suffisant et il n'y a pas de lien mécanique entre les réponses qui aident à « installer la paix scolaire » et celles qui contribuent à « exercer une vigilance didactique ». Ces réponses peuvent entrer en contradiction. L'i-genre 1 témoigne d'une installation de la paix scolaire qui se fait au détriment de la vigilance didactique. Les enseignants obtiennent la paix sociale grâce au respect rigoureux d'une certaine discipline, sans pour autant obtenir vraiment l'adhésion des élèves à leur projet

---

11. Ainsi, le professeur s'autorisera davantage à faire confiance aux élèves et pourra donc leur proposer des situations plus susceptibles de provoquer des apprentissages.

d'enseignement. Si, apparemment, le professeur semble maîtriser l'avancée du temps didactique, c'est parce qu'il anticipe la lassitude des élèves en réduisant ses exigences ou en réduisant le temps des activités qu'il leur propose.

A contrario, l'i-genre 3 apparaît comme une réponse optimale observée, prenant en compte simultanément et de manière complémentaire les deux grandes questions du métier auxquelles nous nous intéressons.

Conclusion et perspectives pour la formation

Des questions fondamentales du métier de professeur des écoles

Les réponses apportées aux deux questions du métier (installer la paix scolaire, exercer une vigilance didactique) conditionnent des déroulements de classe « les plus proches possible » des apprentissages visés. Ces questions apparaissent fondamentales pour les apprentissages des élèves, notamment ceux issus de milieux socialement défavorisés, et l'analyse des réponses qui y sont apportées constitue une entrée pour analyser l'activité du professeur des écoles. Elles peuvent être qualifiées de grandes questions posées à la profession dans la mesure où elles ne sont pas liées à un individu mais à l'ensemble du collectif enseignant, notamment du premier degré.

Les perspectives pour la formation

Nos observations montrent que, les i-genres et les routines étant étroitement associés, on peut s'interroger sur le faible nombre d'enseignants dont les pratiques relèvent de l'i-genre 3. En effet, les pratiques relevant de cet i-genre apparaissent comme une réponse optimale à ces deux questions et nos recherches (Charles-Pézard, Butlen et Masselot, 2012) montrent qu'elles s'avèrent difficiles à acquérir par les professeurs des écoles débutants. Il semble incontournable que la formation s'en empare, mais comment peut-elle le faire ? Quelles ingénieries construire ?

Notre recherche a mis en évidence une routine d'installation de la paix scolaire. Elle est constituée d'un enchaînement de gestes professionnels qui visent à réaliser les tâches suivantes : maintenir un rythme de travail soutenu, exercer une « pression » constante sur les élèves, maintenir leur adhésion en cherchant à les valoriser, rester proche de leurs formulations pour « garder le contact ».

L'acquisition de certains gestes professionnels par les futurs professeurs des écoles devrait permettre de développer leur vigilance didactique en amont, pendant et après la classe. En amont, on peut faire l'hypothèse qu'il serait nécessaire de travailler davantage en formation l'analyse *a priori* des situations, en particulier pour en identifier les enjeux d'apprentissage, ainsi que le jeu sur les variables pour influer sur les procédures et les performances des élèves. Pendant la classe, il s'agit d'apprendre à bien choisir, au cours de la recherche des élèves, les procédures à expliciter et, par la suite, à les hiérarchiser pour construire une synthèse à partir des productions même très partielles des élèves, de façon à « accrocher » même ceux qui n'ont pas réussi. Intervenir en formation sur le plan des gestes et des routines devrait permettre d'amorcer un questionnement des pratiques en termes d'efficacité, tant du point de vue des apprentissages des élèves que de celui du confort du professeur.

La description des pratiques enseignantes en termes de routines et de gestes professionnels semble constituer un outil efficace pour analyser les pratiques existantes, comme le montrent nos recherches, mais aussi pour la formation. En effet, si la formation se fixe pour but d'enrichir les pratiques existantes en présentant des alternatives possibles, en élargissant les marges de manœuvre des enseignants, il est nécessaire pour l'atteindre, notamment en ZEP, que le discours dispensé par le formateur rencontre un écho chez le formé. Dans le cas contraire, compte tenu des conditions difficiles dans lesquelles le professeur exerce, le risque de déstabilisation est trop important pour un professeur enseignant dans ces écoles, ce qui peut le conduire à rejeter l'alternative proposée dans sa totalité.

Intervenir sur le plan de la routine permet au contraire au formateur de montrer des changements suffisamment limités pour ne pas trop déstabiliser les pratiques existantes, mais suffisamment importants pour les interroger en termes d'efficacité, tant pour le confort du professeur que pour les apprentissages des élèves.

CHAPITRE

4

La nature et les usages des rituels pour des professeurs d'enseignement spécialisé

Maryvonne Merri
Université du Québec à Montréal, Québec

Marie-Paule Vannier
École supérieure du professorat et de l'éducation (ESPE)
de l'Université de Nantes, France

Les sections d'enseignement général et professionnel adapté (SEGPA) mises en place dans l'enseignement spécialisé français accueillent des adolescents présentant des difficultés d'apprentissage durables. Bien que ces classes soient intégrées à des établissements secondaires ordinaires, leurs enseignants sont tous issus du corps des professeurs du primaire avant de suivre, pendant une année, une formation d'enseignants spécialisés. Dans ce cadre, ils restent en charge de l'enseignement de toutes les disciplines, même si certains peuvent se spécialiser dans deux ou trois disciplines, dont les mathématiques et le français. À l'instar de leurs collègues de maternelle, ces professeurs déclarent mettre en œuvre dans leur classe des rituels[1] (Rousseau, 2011) et ils y sont incités dans le cadre de leur formation professionnelle[2].

---

1. Les enseignants québécois utilisent plutôt le terme « routine » pour nommer les moments de regroupement des élèves, en particulier au début de la journée (la prise des présents et des absents, la date, la météo, la causerie ou « quoi de neuf ? », etc.). Les enseignants étudiés dans cette recherche exercent leur profession en France.
2. Les documents de formation professionnelle disponibles sur le Web incitent les enseignants de SEGPA à une ritualisation de l'enseignement et de la journée de classe, comme nous le verrons plus loin dans ce texte.

Les pratiques rituelles sont mises en avant dans des institutions scolaires particulières comme la maternelle, les écoles de la seconde chance, l'enseignement spécialisé, les institutions scolaires confessionnelles, les écoles de zone d'éducation prioritaire (ZEP), les « grandes écoles[3] ». Elles semblent symptomatiques, selon les âges et selon les publics, d'un souhait de contenir les élèves, comme dans les lieux de relégation scolaire, d'un souhait de distinction dans les « grandes écoles », ou encore de l'importance d'assurer ou de réassurer les élèves, en particulier dans les institutions d'accueil d'enfants handicapés. Ainsi, le rituel correspond à la fois à un instrument de contrainte (Vienne, 2003), de valorisation et d'assurance des élèves (Sennepin, 2010) dans des institutions scolaires d'exception.

Les élèves de l'enseignement général et professionnel adapté relèvent, sur le plan de la prescription d'orientation, de la « grande difficulté » scolaire et non du handicap. Pourtant, tant en raison de l'étiologie complexe de la difficulté scolaire que des lois sur la scolarisation des enfants handicapés, les élèves de SEGPA peuvent également être porteurs d'autres problématiques : difficultés sociales, troubles du comportement, déficience intellectuelle. Dès lors, à quelles définitions et fonctions des rituels se réfèrent les professionnels de cette institution ?

Cette étude se penche sur la coexistence des deux types de discours dans la formation professionnelle des maîtres : d'une part, le terme « rituel » appartient à différentes sciences humaines et, d'autre part, il fait référence à des pratiques prescrites ou communes aux enseignants de certains niveaux et institutions scolaires, tels la maternelle ou l'enseignement spécialisé. Aussi, comme dans le cas de nombreux autres termes appartenant à la fois au vocabulaire scientifique et professionnel, l'emploi du terme « rituel » en formation comporte des risques de malentendus. Cependant, ce terme permet également aux maîtres de l'enseignement spécialisé d'évoquer des pratiques courantes et d'en comparer les fonctions à celles dont la littérature multidisciplinaire sur les rituels fait l'hypothèse.

Cet article présentera les acceptions du terme « rituel » dans différentes sciences humaines avant de décrire ce qu'il recouvre pour ces professeurs ainsi que les raisons de leur mise en œuvre au regard des besoins particuliers de leurs élèves.

---

3.   Dans le système scolaire français, les « grandes écoles » sont des établissements d'enseignement supérieur qui recrutent leurs élèves par concours, à l'issue de deux ans de « classes préparatoires ». Elles sont réputées former l'élite scolaire.

1

Le concept de rituel dans différentes sciences humaines

1.1. Le rituel comme mise en œuvre des fonctions sociales de l'école

La formation des enseignants au Québec et en France accorde actuellement une place importante aux questions de gestion de la classe et de motivation des élèves (Lieury et Fenouillet, 2006 ; Viau, 2005). C'est à l'enseignant d'obtenir que les élèves travaillent, c'est également à lui de maintenir la discipline dans une tension entre son système de règles et la conduite des élèves. La perspective la plus courante est ainsi devenue celle d'un face-à-face entre les enseignants et leurs élèves, face-à-face que Bernstein, Elvin et Peters (1966) désignent comme « interaction thérapeutique ». En effet, la relation entre enseignant et élèves est axée sur les relations interpersonnelles et la coopération. Le contrôle social y est verbalement élaboré, individualisé, et repose plus sur des « techniques partagées » par les partenaires que sur des « valeurs partagées » (Bernstein, Elvin et Peters, 1966).

À l'opposé de cette approche, l'anthropologie de l'école considère que les rituels sont à la fois des mises en scène des valeurs de la société globale et de l'institution scolaire (Bernstein, Elvin et Peters, 1966), des situations sociales permettant de développer une communication respectant la face publique des différents acteurs (Goffman, 1974) ou encore des situations instituant les participants comme membres d'un groupe en leur imposant de se comporter « comme il se doit » (Bourdieu, 1982). En effet, comme l'énonce l'anthropologie :

> L'école remplit les fonctions sociales qui lui sont assignées (intégration, qualification, sélection) à travers des procédures de ritualisation, c'est-à-dire à travers des dispositifs scéniques qui ont pour particularité d'accomplir, dans le geste même de leur représentation, les actes d'instruction et d'éducation qui constituent l'objet spécifique de l'institution scolaire (Delory-Momberger, 2005, p. 79).

Si la société contemporaine accorde moins de place aux rituels, ceux-ci n'en demeurent pas moins importants pour générer un ordre social ou pour le transformer. Les travaux anthropologiques et sociologiques sur les rituels sont nombreux et anciens dans des institutions telles les institutions confessionnelles, mais on assiste depuis quelques années à un regain de travaux des anthropologues et sociologues de l'école (McLaren, 1999 ; Vienne, 2003 ; Wulf, 2005).

1.2. Les six critères de description du rituel selon Christoph Wulf

Christoph Wulf, anthropologue allemand, réalise une synthèse des travaux sur les rituels. Un rapprochement avec le drame théâtral lui permet de définir six critères (Delory-Momberger, 2005 ; Wulf, 2005) pour que la scène observée puisse être reconnue comme un rituel. Nous les illustrerons en prenant l'exemple de l'appel du matin à la maternelle (Garcion-Vautor, 2003) :

- *Le rituel met en relief l'action en présentant un déroulement convenu et formalisé que l'on désigne comme un « protocole »*. Ainsi, les enfants présents à la maternelle placent tout d'abord leur photo sur le tableau, disposent les photos des absents le long de la bande numérique, puis comptent collectivement les absents avec leur enseignante, une fois assis sur le tapis.

- *Le rituel se répète tout en restant ouvert aux changements*. Le rituel n'est donc pas une routine. Les enfants de la maternelle comptent chaque jour les absents, mais c'est un élève qui peut se charger, en fin d'année, d'inscrire le nombre d'absents.

- *Le rituel est une manifestation publique et sociale*. Le dénombrement collectif des absents s'oppose à l'utilisation privée du cahier d'appel par l'enseignante.

- *Le rituel est un seuil entre différentes situations et différents espaces*. Le dénombrement des élèves est placé au début de chaque journée sur le tapis de la classe.

- *Le rituel est performatif, c'est-à-dire qu'il conduit les participants à transformer leurs conduites*. Le rituel de début de journée modifie la posture des élèves, caractérisée par un comportement de calme et d'attention. Le rituel permet de solliciter quotidiennement les compétences de dénombrement.

- *Le rituel a une nature symbolique : l'expérience concrète des participants passe à un autre niveau de signification*. Le rituel de l'appel recrée le groupe chaque matin et l'enseignante va remettre le cahier d'appel à l'administration de son école, ce cahier signifiant l'obligation scolaire de tout élève.

Cet ensemble de critères de reconnaissance d'un rituel est général, car il ne concerne pas que les rituels scolaires.

1.3. La reprise du concept de rituel en didactique

C'est en s'appuyant en grande partie sur l'approche anthropologique et sociologique que des didacticiens ont élaboré des recherches sur la nature et les fonctions des rituels à des moments précis de la scolarité : à l'école maternelle (Garcion-Vautor, 2000, 2003) ou encore au primaire (Marchive, 2007).

Les travaux sur les rituels à l'école distinguent couramment les macrorituels, comme la rentrée scolaire ou la mise en rang, des microrituels comportant souvent une fonction d'apprentissage (McLaren, 1999). À propos de ces derniers, Garcion-Vautor (2003) décrit précisément le rituel du dénombrement des absents dans une classe de maternelle. Ce rituel permet à la fois d'instaurer un ordre social en organisant une dissymétrie entre l'enseignante ou l'enseignant et les élèves, tant spatialement que dans les dialogues, une domestication du corps et de l'attention des élèves, mais aussi la mise en œuvre des exigences langagières et cognitives de l'école puisqu'il s'agit d'utiliser un système d'instruments comportant les doigts, la bande numérique, la comptine. Les rituels de l'école maternelle apparaissent ainsi multifonctionnels : ils assurent simultanément plusieurs fonctions tout en rendant chacune d'entre elles dépendante des autres et, de ce fait, favorisent chez les enfants l'adoption de leur rôle d'élève. En effet, c'est parce que l'on est attentif que l'on parvient à dénombrer les camarades absents. C'est parce que l'on saisit la dissymétrie de la situation que l'on envisage une intention didactique de l'enseignant. On le voit, les travaux en didactique permettent de comprendre l'articulation, dans un même rituel, des enjeux sociaux et des enjeux d'apprentissage.

Des didacticiens des mathématiques, dans le cadre de l'accompagnement de jeunes professeurs des écoles débutants en ZEP (Butlen, Pézard et Masselot, 2006), mettent en évidence la pertinence d'une pratique ritualisée de calcul mental selon ce double enjeu de prise en main de la classe et de mise au travail des élèves (enjeu social), et d'émergence et de partage de procédures variées au sein du groupe-classe en amont d'une systématisation de procédures expertes (enjeu d'apprentissage). Le rituel du calcul mental offrirait ainsi les conditions de l'activité attendue dans une optique constructiviste, en invitant les acteurs à endosser leurs rôles respectifs : les élèves comme producteurs de réponses originales et le professeur comme garant d'une reconnaissance bienveillante, chez les élèves, d'un certain génie du calcul.

1.4. Les rituels en psychologie

Enfin, si le rituel est souvent invoqué en anthropologie et en didactique comme créateur d'un ordre social, *a contrario* d'une approche psychologique de l'élève, un objet du même nom est pourtant présent en psychologie du développement affectif et en psychopathologie. Le rituel se répétant, tout en variant[4], la ritualisation permet à l'enfant de disposer de suffisamment de connu pour affronter le nouveau (Doly, 2004), le rituel le dotant d'un bagage symbolique langagier et imagé dans une alternance entre présence et absence de la figure protectrice (Winnicott, 1975). Dans le domaine psychopathologique, et plus particulièrement dans les troubles obsessionnels compulsifs, les rituels permettent une réassurance de la personne et l'évitement d'un événement néfaste. Tout en étant sources de progrès affectif et cognitif lorsque l'adulte les met en place pour que l'enfant s'en détache, les rituels peuvent être symptômes de trouble lorsqu'ils deviennent des organisations idiosyncrasiques invariantes.

On le voit, les disciplines des sciences humaines associent différentes fonctions aux rituels. Ces fonctions permettront, dans la suite de ce texte, d'analyser les propos des enseignants de l'éducation spécialisée. Le terme « rituel » fait-il plutôt référence pour ces enseignants à son intérêt dans l'apprentissage, à la création et au maintien des groupes, au besoin de réconfort psychologique des élèves, à leur besoin de sécurité dans l'acte d'enseignement ?

La méthodologie

Le verbatim d'un échange de deux heures entre huit professeurs des écoles et leur formatrice dans le cadre d'un stage de spécialisation[5] constitue le matériau principal de l'analyse proposée. Il s'agissait de saisir l'occasion de cette formation pour réaliser un recueil de données, à visée exploratoire. Le contrat passé avec les enseignants stagiaires était le suivant :

> Nous sollicitons votre contribution à un travail exploratoire sur les représentations des enseignants spécialisés à propos des rituels scolaires. Nous souhaitons profiter d'une séance d'analyse de pratique programmée dans la formation pour organiser un débat sur la définition et les pratiques relatives aux rituels dans vos classes. Les échanges seront enregistrés et retranscrits en garantissant l'anonymat.

---

4.   Voir le deuxième critère de Wulf.
5.   Les prénoms de ces personnes ont été modifiés.

Ces huit enseignants ont tous exercé à l'école maternelle ou élémentaire et, tout en étant actuellement responsables d'une classe de SEGPA, ils poursuivent une formation en alternance afin de valider leur entrée dans le corps de l'enseignement spécialisé[6].

Le débat était animé par l'une des auteures du présent chapitre, laquelle avait pour consigne de n'intervenir que pour requérir une explicitation des propos tenus. Deux questions ont été posées successivement aux professionnels : « Qu'est-ce qu'un rituel ? » et « Quelles sont les fonctions d'un rituel, selon vous ? », que les enseignants reformuleront, nous le verrons, en : « À quels besoins de vos élèves répondent les rituels que vous mettez en place ? »

Ce débat a été intégralement retranscrit, et découpé selon les tours de parole. La partie relative aux critères de définition d'un rituel selon les enseignants est analysée par mise en correspondance avec les critères définis par Wulf (2005). La partie relative à la seconde question est découpée thématiquement selon les différentes fonctions énoncées par les enseignants.

Un rituel, qu'est-ce que c'est ?

Dans la situation d'échange organisée, les enseignants proposent chacun leur définition d'un rituel. En voici quelques exemples :

C'est une activité que l'on retrouve systématiquement dans/avec une classe (Nadège).

C'est une action ou un mode de fonctionnement habituel, répété de façon systématique (Rémi).

C'est un moment institué et qui se répète (Yves).

Les propriétés énoncées par les enseignants de SEGPA concernent, en premier lieu, le « caractère performatif » du rituel (Wulf, 2005). En effet, un rituel est, pour la moitié des enseignants, une « activité » permettant la réalisation d'une intention professorale dans un dispositif d'enseignement. Ces enseignants proposent des définitions telles que « c'est une activité dans un lieu », « dans un temps ». Le terme « rituel » signifie, pour eux, un artefact d'enseignement contenant une tâche et les conditions matérielles et sociales de réalisation de celle-ci. Deux enseignants adoptent, par contre, le point de vue de l'élève. Ils définissent un rituel comme « une posture », « une attitude ». Ces deux enseignants se réfèrent à une motivation inscrite corporellement. Cette dernière signifie la disponibilité de la personne par

---

6.   En effet, les enseignants de l'enseignement spécialisé sont issus, en France, du corps des enseignants de l'école maternelle et élémentaire.

une posture détendue, posée, caractérisée davantage par la possibilité d'anticiper que par la nouveauté. Ils expriment l'idée que le rituel « pose la classe », qu'« il est attendu des élèves ».

Les termes suivants peuvent être mis en correspondance, quant à eux, avec les critères de Wulf (2005) relatifs au protocole, à la répétition et à la variation du rituel. En effet, dans la perspective objective qui serait celle de l'observateur du comportement, le rituel est une « action », un « mode de fonctionnement ». Les enseignants utilisent également le mot « habitude », qui inclut dans un même terme un mode de fonctionnement et sa répétition. Ils emploient les qualificatifs suivants : « récurrent », « régulier », « habituel », « répétitif », « non figé ».

Quant au caractère de seuil établi par Wulf (2005), il n'est mis en avant que par un enseignant qui insiste sur le rituel comme « moment », c'est-à-dire comme intervalle de temps. Le rituel est caractérisé par cet enseignant comme « limité dans le temps », « court dans le temps ».

Enfin, les critères de « nature symbolique » et de « manifestation publique et sociale » (Wulf, 2005) sont absents du discours des enseignants dans cette première définition des rituels. Les enseignants ne font pas référence à l'adoption de rôle des personnes dans une institution particulière par l'entremise du rituel. Ils se réfèrent à des individus particuliers et à leurs besoins et non à un collectif. Ce fait est d'ailleurs corroboré par la reformulation de la seconde question soumise au débat. En effet, la question initiale posée par l'animatrice du débat était : « Quelles sont les fonctions d'un rituel, selon vous ? », souhaitant que les enseignants expriment le rôle des rituels pour les différents acteurs de la classe et les enjeux de l'institution scolaire. Les enseignants choisissent de reformuler la question en : « À quels besoins des élèves répond un rituel ? » C'est donc seulement en termes relatifs à leurs élèves que les enseignants préfèrent s'exprimer.

Des rituels pour répondre aux besoins des élèves

4.1. La structuration du temps et de la pensée

Le premier besoin des élèves de SEGPA exprimé par les enseignants concerne la structuration du temps et peut être rapproché de celui des enfants de l'école maternelle. En maternelle, il s'agit de construire le caractère cyclique des phénomènes, les marques temporelles, les durées, l'ordre des événements. Ces bénéfices des rituels, tant développementaux que scolaires, sont obtenus non seulement par leur emplacement à des moments précis de la journée, mais aussi par l'introduction, dans des rituels particuliers, des instruments culturels du temps (calendrier, horloge…). Simultanément, les rituels, par le cadre rassurant et répété qu'ils procurent, favorisent la vigilance, l'attention sélective et la mémorisation des connaissances. Nous allons voir que les enseignants de SEGPA insistent surtout sur ce second aspect.

4.1.1. Des rituels pour pallier un rapport inquiet à l'inconnu

Les enseignants de SEGPA évoquent un rapport inquiet à l'inconnu et au vide de leurs élèves dans des descriptions se rapprochant de celles de la « phobie du temps de suspension » (Boimare, 2004). À ce propos, Louis emploie les termes « avides », « remplies » : « *D'ailleurs, ils sont avides de l'emploi du temps. Moi j'ai tendance à le bousculer de temps en temps et il leur faut le papier avec les cases remplies et ils veulent l'avoir avec eux tout le temps !* »

Afin de répondre à cette inquiétude – et les prescriptions reçues en formation vont d'ailleurs clairement dans ce sens[7] –, les rituels de structuration du temps concernent ici les différentes disciplines scolaires qui se succèdent au cours de la journée. Les enseignants de SEGPA attendent de l'affichage de l'emploi du temps un effet sur la mobilisation des bonnes connaissances au bon moment :

> *Ben, les nôtres, ils ont beaucoup de mal à mobiliser les connaissances au bon moment par exemple. Le fait que les moments soient explicites, qu'ils sachent qu'à tel moment on va faire ça, ça permet peut-être de mobiliser les connaissances-là à ce moment-là… du moins de préparer le terrain !* (Louis)

4.1.2. Les rituels temporels comme supports d'un enseignement explicite

Des rituels interviennent également en cours d'enseignement, surtout pour marquer le début et la fin de la séance. Ainsi, Jérôme a coutume de clore la séance en demandant à ses élèves de donner trois mots-clés :

> *[…] moi j'ajouterais* **clore une action** *et puis un peu dans le même genre,* **figer en mémoire**, *tu vois, pour finaliser, par l'action de clore histoire de… ça peut être un rituel… qu'est-ce qu'on a appris, tu vois, par trois mots, rien que le redire…, mais ça permet de clore déjà ! […] C'est un peu se retourner en arrière quoi. On a marché pendant trois heures. On regarde le paysage, c'est tout ! En gros, c'est ça !*

Le rituel des trois mots-clés permet alors de définir l'enseignement comme une série d'étapes dont les objets sont bien délimités. Jérôme y voit un endiguement de l'attention souvent dispersée de ses élèves et la satisfaction du travail accompli.

---

7. « Il faut organiser des rituels qui jalonnent la séance, ils rassurent les élèves et les aident en structurant l'espace et le temps » (Brassac, 2010).

Plus encore, l'enseignement spécialisé apparaît alors être le lieu de prise de conscience de la nécessité d'un changement des pratiques de l'enseignement ordinaire. Comme d'autres enseignants, Jérôme souligne l'« *émiettement du temps au primaire et au collège* », et le risque pour les élèves d'errer dans une telle organisation, au cours de son échange avec Nadège :

> **Nadège**   *Mais c'est pas propre à nos élèves. C'est l'enseignement qui... c'est ta façon de fonctionner.*
>
> **Jérôme**   *Si tu réfléchis, tu sais, ce qu'on fait en SEGPA, si on pouvait l'appliquer dans toutes les classes de la scolarité primaire, ce serait nickel[8] ! Mais ce que je veux dire, c'est que nous on est obligé parce qu'on est acculé à ça !*

Cet emploi des rituels est sous-tendu par un modèle d'enseignement partagé par de nombreux enseignants de SEGPA : l'enseignement explicite. Gauthier, Bissonnette et Richard (2007) le définissent comme « la formalisation d'une stratégie d'enseignement structurée en étapes séquencées et fortement intégrées » (p. 108).

Nous retrouvons, en effet, deux étapes prévues dans le modèle d'enseignement explicite : le rituel d'entrée permet la « mise en situation » et le rituel de clôture correspond à l'« objectivation », qui aide à « identifier formellement et extraire, parmi ce qui a été vu, entendu et réalisé dans une situation d'apprentissage, les concepts, les connaissances, les stratégies ou les attitudes qui sont essentiels à retenir et à placer en mémoire » (Gauthier, Bissonnette et Richard, 2007, p. 111).

Remarquons également que cette pratique est en accord avec de nombreuses prescriptions données en formation professionnelle disponibles sur Internet[9], telle celle-ci :

> Si le cadrage est bien pensé et ritualisé, si l'horizon tracé est sans cesse reprécisé, l'enseignement sera facilité et l'apprentissage pourra redémarrer. Les élèves reconnus en grande difficulté scolaire ne peuvent élaborer seuls des stratégies opérantes pour construire un savoir mobilisable sur la durée (Sennepin, 2010).

L'enseignement explicite appelle donc les enseignants à développer des gestes d'étayage de l'attention sélective et de la mémorisation des connaissances. Ces gestes sont systématiques et attendus des élèves, ce qui amène

---

8.   « Nickel », employé ainsi, signifie « impeccable », « parfait ».

9.   Les prescriptions officielles sur les SEGPA sont relativement imprécises quant aux pratiques pédagogiques. Les sites académiques mettent cependant en ligne de nombreux documents de formation à l'intention des enseignants.

alors les enseignants de SEGPA à utiliser le terme « rituel ». Le rituel semble ici réduit aux seuls caractères de systématicité et d'habitude, et peut être confondu avec une routine comportementale.

4.2. Le rituel pour revaloriser les élèves

Le caractère symbolique du rituel[10], absent de la première définition des rituels, apparaît au cours du débat par la prise en compte des déficits des milieux défavorisés auxquels appartiennent les élèves. Ainsi, Louis énonce que le rituel permet une revalorisation des élèves de milieux défavorisés, milieux peu enclins, selon lui, à un discours sur l'apprentissage scolaire :

> *Oui, moi je voulais dire que la plupart des élèves qu'on a sont des élèves qui sont issus de familles plutôt défavorisées et le retour sur ce qu'ils ont fait à l'école, ça ne se fait pas chez eux. Personne ne va leur demander : « Qu'est-ce que tu as appris à l'école aujourd'hui ? » Alors que nous, nos gamins systématiquement ils y ont droit ! Donc, ce moment-là, c'est peut-être aussi ça. C'est ce retour-là, si nous on ne le fait pas, ils ne l'auront jamais ces élèves-là !*

Le discours de Louis peut être rapproché de celui de Bonnéry (2007), qui montre que ces enfants seraient privés de la mise en exergue, dans leur famille, de ce qu'ils ont appris et compris à l'école. Bonnéry (2007) insiste sur l'importance de la visibilité pour les enfants de milieux défavorisés des enjeux cognitifs de l'école, la famille s'inquiétant surtout des aspects formels de l'école : « Tout a bien marché aujourd'hui pour toi ? Tu as bien écouté et fait ce qu'on te demandait ? » Les enseignants de SEGPA associent plutôt à la reconnaissance des compétences le rétablissement d'une image positive du « soi scolaire ».

4.3. Le rituel pour rompre avec l'individualisation de l'enseignement

Tandis que la première partie des échanges porte sur la recherche des bénéfices individuels pour les élèves – tant par la réassurance et la revalorisation que par la mise en œuvre de mécanismes d'attention et de mémorisation –, les enseignants relèvent ensuite l'importance des rituels pour le sentiment d'appartenance à un groupe et la cohésion autour d'objets communs. Yves rappelle que la réponse privilégiée de l'enseignement spécialisé est l'individualisation. Le rituel apparaît comme le seul moment institué « *où il y a du groupe* » :

---

10.   Voir le sixième critère de Wulf.

> [...] *il y a beaucoup de travail individualisé qui est proposé aux élèves et ça fait des moments importants où... euh... ils sont en groupe* [...] *Et que c'est important qu'ils se sentent aussi faire partie du groupe-classe et ces activités-là, je trouve, c'est bien pour ça.*

Yves reprend ici une critique émise par Boimare (2004) qui considère que l'éducation spécialisée fonde, à tort, sa démarche sur une logique du « manque » (manque de compétences, de méthodes, de motivation...), logique conduisant à l'isolement des élèves et à l'individualisation de l'apprentissage. Une discussion s'engage entre Jérôme et Yves sur le « passage au statut d'*élève* ». Être élève, « *c'est pouvoir s'intéresser au même objet d'apprentissage* », selon Jérôme. Yves appuie, à l'inverse, l'idée qu'être élève est une attitude individuelle qui permet ensuite de s'intégrer au groupe.

Yves	*Oui mais c'est individuel, le statut d'élève, c'est individuel.*
Jérôme	*Ben pas forcément parce que le statut d'élève, c'est pouvoir en groupe s'intéresser au même objet d'apprentissage... donc euh... oui... cela [le rituel] permet le « passage au statut d'élève », c'est dans ce sens-là quoi...*
Yves	*Oui, mais pour moi, c'est souvent dissocié ça. Je suis ado, je deviens élève et après, je m'intègre au groupe et je m'intéresse...*
Jérôme	*Ah non ! Tu deviens élève si tu t'intéresses à l'objet commun d'apprentissage. Pour moi... c'est personnel... si tu l'es pas... enfin, tu es élève à partir du moment où tu as... un objet commun...*

Les deux enseignants tombent enfin d'accord. C'est l'expérience des rituels qui crée le statut d'élève, statut qui est ensuite mobilisable sans enrôlement. Devenir un élève est une construction qui peut prendre du temps (« *tu as cette habitude* »).

À aucun moment, le rituel n'est évoqué comme un cadre qui provoquerait une démarcation par autorité, comme le défend Marchive (2007), qui préfère, à la suite de Bourdieu (1982), une interprétation des rituels comme démarcation à une interprétation en termes de passage progressif. Par ailleurs, rien n'est dit du contenu de l'habitude : de quoi les adolescents doivent-ils prendre l'habitude pour devenir des élèves ?

5
_____

Une discussion

Les deux questions – « Qu'est-ce qu'un rituel ? » et « À quels besoins des élèves répond un rituel ? » – ont permis aux enseignants de débattre de leurs pratiques quotidiennes des rituels. Les enseignants mettent en avant les besoins de leurs élèves en termes psychologiques et individuels : la mise en place des rituels est justifiée par l'inquiétude des élèves face à l'inconnu ainsi que par leur besoin de revalorisation. Pourtant, si les besoins affectifs des élèves justifient les rituels, ces derniers comportent également, selon les enseignants, des bénéfices sociaux, cognitifs et langagiers. En effet, les besoins affectifs des élèves sont « recyclés » dans des procédures pédagogiques répétitives que les enseignants jugent à la fois rassurantes et efficaces tel l'enseignement explicite (Rousseau, 2011). De plus, les rituels contrebalancent des pratiques d'individualisation très répandues dans le secteur de l'enseignement spécialisé et s'inscrivent dans une démarche de partage d'objets de connaissance. Ces constats nous invitent à distinguer au moins cinq plans d'étude des rituels de SEGPA.

Le premier plan concerne la reformulation, par les enseignants, de la question initiale : « Quelles sont les fonctions d'un rituel ? » en : « À quels besoins des élèves répond un rituel ? » Un tel glissement sémantique indique une centration sur les élèves et une attribution à ceux-ci de caractéristiques psychologiques précises. Cette attribution fait écho à la mise en évidence d'une « psychologisation » de l'éducation spécialisée comprise comme une lecture quasi exclusive de la grande difficulté scolaire en termes de troubles intellectuels, comportementaux, attentionnels et affectifs (Roiné, 2007), par opposition à des lectures plus didactiques ou sociologiques (Bonnéry, 2007). Dès lors, des phénomènes de suradaptation des enseignants aux caractéristiques supposées de leurs élèves peuvent apparaître (Bautier et Goigoux, 2004 ; Cèbe et Goigoux, 1999).

Sur un deuxième plan, les rituels scolaires réalisent deux orientations contrastées de l'enseignement spécialisé. Dans une perspective tournée vers l'avenir, le rituel constitue une nouvelle occasion de « devenir élève » (Rousseau, 2011). Il s'agit alors de considérer que l'institution a besoin de renégocier sa bienveillance auprès de ces enfants et adolescents ayant vécu l'échec et le « désenrôlement[11] ». Dans une perspective tournée vers le maintien d'un ordre institutionnel, les rituels seraient instaurés pour contenir d'éventuels débordements des publics jugés difficiles. Le statut d'élève semble alors réduit à un ensemble de comportements appropriés. Dès lors, les rituels peuvent comporter un risque de stigmatisation (Vienne, 2003).

Sur un troisième plan, à l'instar des typologies des rituels disponibles pour la maternelle (Briquet-Duhazé et Quibel-Périnelle, 2007), une typologie des rituels de l'enseignement spécialisé est à établir en les caractérisant par leur contenu, leur structure et leurs fonctions. Les références des enseignants spécialisés sont variées : elles concernent l'enseignement

---

11. Nous utilisons ce néologisme en référence à l'enrôlement des premières années de la scolarité.

explicite (Gauthier, Bissonnette et Richard, 2007) comme la psychanalyse (Boimare, 2004). Ainsi, les enseignants nous présentent différents rituels tel celui des « trois mots » ayant une valeur mnémonique et symbolique. Ils empruntent également à Boimare (2004) la mise en place de la lecture régulière d'œuvres littéraires : les récits permettent à la fois d'objectiver des conflits psychiques, d'offrir des solutions à ces conflits et de fonder des compétences argumentatives.

Sur un quatrième plan, les professionnels interrogés ne se focalisent que sur les besoins des élèves, ignorant le double point de vue des enseignants et des élèves. Or, le rituel peut être tout autant tourné vers l'enseignant que vers l'élève ou le groupe d'élèves (Clot et Faïta, 2000). Ainsi, pour l'enseignant de classe spécialisée, le rituel peut être un instrument de gestion de la classe, de réduction de l'incertitude et d'assurance de sa propre activité. De plus, « activité conjointe ne signifie pas significations partagées », thèse importante dans l'étiologie de la difficulté scolaire (Bautier et Rochex, 2004). Aussi, que comprennent les élèves des attentes de l'enseignant et de la situation ? Comment les rituels répondent-ils à leurs besoins ? Si des méthodologies de confrontation d'enseignants à leur propre activité ou à celle d'un collègue sont aujourd'hui bien éprouvées (Clot et Faïta, 2000), l'interrogation des élèves sur les pratiques scolaires, encore peu fréquente, serait à développer.

Enfin, sur un cinquième plan, on ne trouve pas dans le discours des enseignants interrogés l'évocation de fonctions des rituels se rapprochant de celles mises en évidence par ailleurs dans les travaux didactiques sur la maternelle (Garcion-Vautor, 2000, 2003) et l'école élémentaire (Butlen, Pézard et Masselot, 2006). En particulier, le statut du savoir est passé sous silence, et rien ne transparaît des leviers de l'évolution des rituels ni de la prise en compte du collectif pour le partage de procédures variées.

Conclusion

Cette étude, fondée sur les seuls discours d'enseignants de SEGPA, avait pour objectif le recueil des fonctions des rituels. Les rituels sont déclarés être mis en place au bénéfice des élèves pour structurer le temps et la mémoire, revaloriser les élèves et rompre avec l'individualisation de l'enseignement. Les discours des enseignants privilégient donc les caractéristiques psychologiques et les besoins des élèves. Ils omettent, en particulier, les fonctions didactiques des rituels, tout en privilégiant certaines méthodes telles que l'enseignement explicite ou la lecture collective. Ces mises en œuvre, si elles paraissent adaptées aux élèves, voire aux enseignants, se limitent-elles pour autant à l'adaptation ou permettent-elles également le développement affectif, social et cognitif des élèves ? Pour en juger, les recherches à venir devront non seulement observer les rituels, mais aussi les faire commenter par les acteurs eux-mêmes, enseignants et élèves.

Des capsules virtuelles comme support au développement de stratégies d'enseignement des mathématiques du secondaire auprès d'élèves en difficulté d'adaptation ou d'apprentissage

Diane Gauthier
Université du Québec à Chicoutimi, Québec

Sandra Larouche
Commission scolaire du Lac-Saint-Jean, Québec

Une école secondaire, située dans une partie rurale de la région du Lac-Saint-Jean au Québec (Canada), compte 30 % d'élèves handicapés ou en difficulté d'adaptation ou d'apprentissage (EHDAA). La direction de cet établissement, en collaboration avec l'équipe-école, travaille à intégrer tous ces élèves dans des classes régulières dès la première année du secondaire. Ces réalités ont évidemment des incidences sur la pratique des enseignants. Le projet dont il est question dans ce texte a pour but de les aider à mieux outiller leurs élèves dans le développement de leurs raisonnements mathématiques par l'identification et l'analyse des conditions pédagogiques ou didactiques essentielles à l'intégration de capsules virtuelles[1] à leur pratique d'enseignement.

---

1. Selon l'expression utilisée par les enseignants. Il s'agit de capsules vidéo conçues par les enseignants et mises à la disposition des élèves sur le site de l'école.

⺮

L'état de la situation de l'école secondaire et les éléments de la problématique

L'école est située dans une partie rurale de la région du Lac-Saint-Jean, au Québec (Canada). Parmi les élèves qui la fréquentent, 30 % ont été qualifiés par le service d'orthopédagogie de la commission scolaire d'élèves à risque, handicapés ou en difficulté d'adaptation ou d'apprentissage. La direction de l'établissement et les enseignants essaient de fournir les conditions matérielles et pédagogiques nécessaires pour répondre aux besoins de ces élèves de sorte qu'ils puissent évoluer en classe régulière dès la première année du secondaire. Pour aider les élèves, les enseignants veulent différencier et adapter les situations d'enseignement-apprentissage aux besoins des élèves en difficulté, tel que le prescrit le ministère de l'Éducation (ministère de l'Éducation du Québec – MEQ, 2001, 2003, 2004 ; ministère de l'Éducation, du Loisir et du Sport – MELS, 2007). Pour ce faire, ils ont fait appel à l'expertise de spécialistes en orthopédagogie. Toutefois, la présence d'orthopédagogues en salle de classe pour assister les enseignants de mathématiques du secondaire n'a pas influencé d'une manière significative la réussite des EHDAA.

Les résultats aux évaluations ministérielles des cohortes des cinq dernières années en sont la preuve et deviennent une source de préoccupation pour les enseignants et la direction. Ces résultats ont été obtenus dans le cadre du Plan d'évaluation des apprentissages de la Commission scolaire du Lac-Saint-Jean[2]. Ils montrent en moyenne, entre la deuxième et la troisième année du secondaire, une baisse de 22 % du score de l'évaluation sommative pour la compétence « Résoudre une situation-problème » et une baisse de 25 % de celui de la compétence « Déployer un raisonnement mathématique » (tableau 5.1). Certes, il s'agit des résultats de tous les élèves, y compris ceux en difficulté, mais tout nous porte à croire que les résultats des élèves en difficulté suivent la même tendance.

Plusieurs raisons peuvent expliquer ces résultats. Les enseignants consultés dans le cadre de l'étude présentée mentionnent qu'ils doivent fréquemment revenir sur des notions mathématiques qu'ils jugent de base au secondaire comme isoler une variable d'une équation du premier degré, tracer le graphique d'une fonction linéaire, calculer les rapports de proportion et autres. Les enseignants éprouvent également de la difficulté à réaliser tous les enseignements dans le temps prévu par le programme. De plus, à la

---

2.   Le Plan d'évaluation des apprentissages de la Commission scolaire du Lac-Saint-Jean est une vaste étude annuelle visant à obtenir un portrait des résultats scolaires des écoles secondaires et de la commission scolaire.

suite de l'application de ce programme (MEQ, 2001, 2004 ; MELS, 2007), les évaluations ministérielles sont majoritairement constituées de résolutions de problèmes complexes exigeant une solution en plusieurs étapes et la mobilisation de contenus de divers domaines mathématiques. Ce type de situations amène les élèves à démontrer leur capacité à effectuer des liens entre les différents contenus notionnels mathématiques afin de poser adéquatement les différentes opérations qui conduiront à la résolution (Nesher, Hershkovitz et Novotna, 2003). Les résultats pourraient alors témoigner des difficultés des enseignants à appliquer certaines prescriptions du programme. Dans un nouveau programme où plusieurs changements sont dictés aux enseignants, il faut plus que de la conviction de la part des formateurs mandatés par les commissions scolaires ou des représentants du ministère de l'Éducation pour qu'un enseignant s'inscrive dans la philosophie d'un tel programme.

Tableau 5.1.
LE TAUX DE RÉUSSITE DES ÉLÈVES À DEUX DES TROIS COMPÉTENCES DU PROGRAMME DE MATHÉMATIQUES AU SECONDAIRE

	Résoudre une situation-problème	Déployer un raisonnement mathématique
Deuxième année du premier cycle du secondaire	67,4 %	54,8 %
Première année du deuxième cycle du secondaire	45,9 %	29,7 %

Par ailleurs, les travaux de Bandura (2007) sur la perception de l'efficacité professionnelle des enseignants indiquent que plusieurs enseignants, parmi ceux intervenant auprès des élèves en difficulté, perdent confiance en leur capacité de les faire évoluer au fil du temps et auraient tendance à se voir comme des enseignants peu performants. Cette perception les conduit à être moins à la recherche de nouvelles stratégies d'enseignement ou d'apprentissage susceptibles d'être fonctionnelles et de générer de la motivation auprès des élèves qui leur sont confiés. Sur le plan des apprentissages, Hord (2003) et Schleicher (2007) soulignent également que les élèves recevant des enseignements auprès d'un enseignant démontrant de la motivation ont tendance à réaliser rapidement des progrès. Considérant ces différents constats, comment alors développer auprès des enseignants un perfectionnement des pratiques susceptible de favoriser les apprentissages souhaités ?

Cette question nous a menées à explorer la piste de l'utilisation des technologies de l'information et de la communication (TIC), identifiées par plusieurs enseignants de l'école concernée comme favorables à l'apprentissage, et à réfléchir sur la manière de soutenir une pratique réflexive auprès de ces enseignants. Des recherches conduites par Keengwe, Onchwari et Wachira (2008) et par Sivin-Kachala et Bialo (2000) rapportent que les élèves ayant des troubles d'apprentissage bénéficient de l'utilisation en classe d'un ordinateur dans lequel les explications de l'enseignant sont enregistrées et qu'ils peuvent consulter au besoin individuellement ou en équipe. L'accès aux ordinateurs leur permet de développer une responsabilité envers la validation de leurs propres solutions. Ces éléments contribuent à rehausser leur estime de soi. Une autre étude réalisée par Russell (1999) fait aussi état de résultats avantageux de l'usage de l'ordinateur sur les apprentissages en mathématiques. Dans ces travaux, les technologies utilisées ont donné aux élèves l'occasion d'échanger et de confronter leurs perceptions avec leurs pairs. De plus, Jonassen (2003) soutient que les technologies ont la possibilité de générer des apprentissages interactifs, car elles permettent des actions réciproques en mode dialogué avec les utilisateurs. Elles constituent ainsi un moyen efficace de placer des élèves en contexte de situation de résolution de problèmes.

Des études effectuées par Balanskat, Blamire et Kefala (2006) de même qu'un rapport provenant de l'Organisation de coopération et de développement économiques (OCDE, 2004a, 2004b) au sujet de l'évaluation des apprentissages en mathématiques par le Programme international pour le suivi des acquis (PISA) soulignent que les élèves du secondaire ayant commencé tôt dans leur scolarité à faire usage d'un ordinateur ont de meilleures performances en mathématiques que ceux qui n'en ont pas fait usage dans ce contexte. Des recherches se poursuivent auprès de cette population d'élèves afin de déterminer avec exactitude la nature du lien entre l'usage d'un ordinateur tôt dans la scolarité et les performances en mathématiques. Tous ces résultats de recherche viennent appuyer les propos de Karsenti *et al.* (2005) selon lesquels l'intégration pédagogique des technologies favorise la réussite éducative des élèves. Ils ajoutent également qu'elle encourage le leadership des gestionnaires et rehausse le professionnalisme des enseignants.

Par ailleurs, pour bien adapter les contenus notionnels à l'usage des technologies, les enseignants doivent être formés à leur utilisation (Bitter et Pierson, 2002). Plusieurs enseignants les utilisent pour préparer leurs notes de cours ou pour compiler les résultats d'évaluation, mais peu en font usage comme moyen d'apprentissage (Cuban, 1997 ; Larose, Grenon et Lafrance, 2002 ; OCDE, 2004b). Les usages pédagogiques des technologies dépendent en grande partie des représentations des enseignants et de l'adéquation avec leur identité professionnelle (Bétrancourt, 2007). Certains enseignants se sentiraient menacés par leur utilisation (Bitter et Pierson,

2002). La technologie ne se substitue pas à un bon enseignement ; elle fournit un espace riche à l'apprentissage sans toutefois amoindrir la portée de la pratique enseignante (Anderson et Becker, 2001). Selon Puimatto (2007), une transformation du regard que les enseignants portent à l'essentielle modification de la pratique enseignante à la suite de l'introduction des technologies dans leur pratique exige du temps et requiert inévitablement un environnement institutionnel favorable à l'émergence d'un nouveau modèle pédagogique et à une nouvelle relation au savoir. Il faut alors savoir développer auprès des enseignants un processus de réflexion et de partage sur leur agir professionnel afin qu'ils intègrent les changements prescrits à leurs pratiques (Bourassa, Serre et Ross, 1999 ; Darling-Hammond, 1996, 2009 ; Hord, 2003).

À ce sujet, Couchouron, Viennot et Courdille (1996) et Hirn (1995) soulignent que les enseignants s'approprient un nouveau programme en ayant en mémoire les contenus et les stratégies pédagogiques qu'ils ont élaborés pour l'ancien. Ces auteurs mentionnent également que les enseignants ont tendance à associer, pour un objet d'enseignement donné, des stratégies pédagogiques qu'ils jugent immuables de par leur degré d'efficacité sur les apprentissages de leurs élèves. Cette situation contribue ainsi à expliquer (Gauthier et Poulin, 2006 ; Bernadou, 1996) une certaine résistance au changement provenant du personnel enseignant.

Nous voulions à la fois soutenir les enseignants dans le désir de modifier leur pratique enseignante et favoriser une pratique réflexive sur l'introduction des TIC dans leur enseignement. Pour ce faire, nous avons choisi, en collaboration avec la direction de l'école, de mettre en place une formation continue visant la construction d'une communauté de pratique (Wenger, 2005).

Les différents constats mentionnés ci-dessus ont contribué à la définition de la question de la recherche : Quelles sont les conditions pédagogiques ou didactiques qui sont déployées dans une classe de mathématiques du premier cycle du secondaire et qui sont jugées favorables par les enseignants à l'utilisation optimale de capsules virtuelles au sein d'un groupe-classe intégrant plusieurs EHDAA ?

Il s'agit pour nous de décrire le choix des enseignants et leurs réflexions à propos de l'utilisation des capsules virtuelles, choix et réflexions qui sont le résultat du travail en communauté de pratique. Nous voulions examiner et qualifier le potentiel de la communauté de pratique sur les éventuelles remises en question des pratiques professionnelles auprès des enseignants impliqués. Le présent chapitre décrit les résultats issus de la première année de cette formation continue qui se déroule sur une période de deux ans.

2

Le cadre conceptuel

2.1. La présence de la technologie en salle de classe

Les conditions pédagogiques représentent l'ensemble des circonstances de lieu, de temps, d'espace ainsi que toutes autres circonstances, comme le nombre d'élèves, la composition des groupes, l'équipement, le matériel et les facteurs environnementaux, dans lesquelles se trouvent les enseignants et les apprenants dans une école ou dans une classe. Chacun de ces éléments intervient dans une action pédagogique ou plus strictement didactique et en influence les résultats (définition inspirée de Legendre, 2005). Dans le cadre de la présente recherche, les conditions didactiques déterminent l'ensemble des circonstances particulières qui sont relatives à l'enseignement d'un contenu précis, telles les caractéristiques mathématiques et contextuelles d'un problème ou d'une intervention visant à aider l'élève sur le plan conceptuel.

Dans notre étude, nous nous intéressons aux conditions pédagogiques ou didactiques qui sont déployées en classe de mathématiques en ce qui concerne plus particulièrement l'utilisation de capsules virtuelles. Nous voulons identifier les conditions qui, selon les enseignants, apparaissent favorables à cette utilisation, après expérimentation en classe.

Selon Karsenti (2002), dans les situations d'apprentissage, les technologies comme l'utilisation de l'ordinateur par les élèves peuvent occuper quatre fonctions : ce sont des outils de production, de communication, d'accès à l'information et aux savoirs et d'archivage. Les technologies contribuent à l'amélioration du rapport pragmatique au savoir par le fait de relier le savoir à une action explicative en contexte, adaptée à un groupe d'élèves cible. De plus, les connaissances visées par l'usage des technologies en salle de classe sont souvent enrichies d'images, de sons et d'animation et semblent plus accessibles aux yeux de l'apprenant. Un des principaux avantages pédagogiques de l'usage des technologies repose sur la possibilité de les programmer afin que les élèves soient en mesure de faire des choix sur les contenus, de prendre le temps essentiel à la compréhension du sujet et d'avoir une rétroaction immédiate sur ce qu'ils ont produit (Viau, 2004 ; Astleitner et Keller, 1995). De plus, Karsenti, Peraya et Viens (2002) ajoutent que les technologies permettent de repenser et de délocaliser dans le temps et dans l'espace les échanges entre les enseignants et les élèves, et qu'elles facilitent ainsi l'émergence de nouvelles stratégies d'apprentissage et de formation. Dans la présente étude sont prises en compte les modifications des pratiques enseignantes à la suite de la conception et de l'utilisation en classe de capsules virtuelles sous la forme de petites vidéos comme élément d'appui aux explications non comprises par des élèves d'un même groupe.

2.2. Une formation continue en communauté de pratique

Désautels et Larochelle (1998) nomment la « posture épistémologique » l'ensemble des éléments qui expriment la façon dont les enseignants abordent la discipline, la modélisent, l'enseignent et l'évaluent. De plus, Schön (1996) affirme qu'il devient pertinent de tenir compte des particularités du monde concret de la pratique pour que le praticien puisse bien cerner le problème à résoudre. Pour définir un problème issu de son vécu professionnel, l'enseignant doit arriver à en dégager le sens, à nommer les choses et à reconstruire à partir des caractéristiques de sa pratique. L'enseignant devient lui-même un chercheur réflexif, particulièrement dans des situations d'incertitude, d'instabilité et de conflit (Bourassa, Serre et Ross, 1999 ; Schön, 1996). Pour Darling-Hammond (1996, 2009), Schleicher (2007) et Bourassa, Serre et Ross (1999), il est important de considérer la portée d'une approche complémentaire à la formation initiale des enseignants afin de les soutenir dans leur pratique. Cela consiste à faire de la formation continue permanente sur le terrain une sorte de levier d'amélioration de l'enseignement.

La communauté de pratique, également nommée « communauté d'apprentissage professionnelle » par Leclerc (2012) et Wenger (2005), représente une forme d'apprentissage collectif au sein d'un groupe de personnes qui, en complémentarité et en synergie, mettent en œuvre un processus commun contextuellement significatif et pertinent de développement de compétences, de formation, de résolution de problèmes ou de développement local (Legendre, 2005 ; Grégoire, 1998). Par son processus d'apprentissage collectif et la qualité des stratégies pédagogiques, la communauté de pratique offre les conditions optimales au déploiement d'une formation continue où l'apprentissage des élèves est au centre des préoccupations des participants (Dufour et Eaker, 1998 ; Roy et Hord, 2006).

Plusieurs formalités sont cependant essentielles au bon fonctionnement d'une communauté de pratique (Wenger, 2005). Celle-ci doit se fonder sur un engagement mutuel entre les participants, un répertoire professionnel partagé et où l'implication de chacun est orientée vers une entreprise commune. Toutefois, pour que les enseignants s'y engagent (Charlier et Charlier, 1998), il faut que ce regroupement ait des intentions signifiantes à leurs yeux. Un engagement individuel est nécessaire afin que le questionnement souhaité par les enseignants conduise à la volonté de modifier leurs représentations de certains éléments de leur pratique professionnelle. Il faut, dès lors, prévoir une stratégie capable de constituer cette communauté et générer cette dynamique d'échanges et d'ouverture (Lafortune et Martin, 2004).

Blank et De Las Alas (2010) proposent cinq paramètres à considérer pour une formation continue de qualité :

1. Le contenu visé doit être jugé pertinent par les participants et répondre à leurs besoins ; à ce niveau, ces auteurs rejoignent les principes de la communauté de pratique de Wenger (2005).

2. Les participants doivent s'impliquer d'une façon active dans la formation comme la conception de matériel didactique ou la recherche documentaire.

3. La formation continue proposée doit présenter une certaine cohérence avec ce qui se fait en salle de classe.

4. La durée et la fréquence des rencontres doivent être discutées et adaptées aux besoins et aux disponibilités des enseignants.

5. La collaboration et la participation doivent se manifester dans un contexte où l'on favorise un encadrement et une rétroaction par les pairs. Cet élément est d'ailleurs en conformité avec les énoncés de Lafortune et Martin (2004).

Bourassa, Serre et Ross (1999), Charlier (2010), Leclerc (2012) et Schön (1996) affirment que des enseignants réunis en petits groupes, sur une base volontaire, acceptent de partager leur confusion sur des contenus notionnels provenant de leur pratique enseignante. Le partage de leur confusion dans un cadre où ils se sentent confiants les conduit à considérer l'apprentissage et l'enseignement sous un angle nouveau et réduit ainsi leur résistance au développement de pratiques innovantes. Newmann et Wehlage (1995) et McLaughlin et Talbert (1993) ajoutent que les enseignants qui adaptent facilement leur pratique aux besoins des élèves qui leur sont confiés, et ce, en accord avec le programme en vigueur, appartiennent souvent à une communauté de professionnels qui se soutient par le partage des efforts et des expertises.

Par ailleurs, Bandura (2007) affirme que les enseignants ayant un sentiment d'efficacité professionnelle ont tendance à penser qu'il est possible d'enseigner aux élèves en difficulté et estiment que les problèmes d'apprentissage sont surmontables par de l'ingéniosité et par un effort supplémentaire. Cette perception est également exprimée par Bourassa, Serre et Ross (1999) et elle peut avoir un effet d'entraînement dans un groupe d'enseignants.

Hord (2003) et Kleine-Kracht (1993) soulignent que le directeur d'un établissement scolaire doit également s'impliquer dans le processus de formation continue de son personnel et participer à la recherche de solutions.

La méthodologie

Il s'agit d'une recherche-action dont la méthodologie est liée à l'interprétation et à l'analyse des pratiques enseignantes. Cette recherche est qualifiée de pragmatico-interprétative par Karsenti et Savoie-Zajc (2004). Elle résulte du besoin qu'ont des enseignants de mathématiques du secondaire d'identifier et de décrire les conditions optimales de l'utilisation de capsules virtuelles en salle de classe. Dans ce contexte, la recherche se situe au cœur de leur activité professionnelle. Elle est constituée de réflexions et d'interprétations sur leur agir professionnel. Elle se déploie dans un environnement qui a le potentiel de les conduire à des modifications de leur pratique professionnelle enseignante (Bourassa, Serre et Ross, 1999). Notons que la formation n'avait pas l'objectif d'orienter les approches d'enseignement dans un sens prédéterminé par les formatrices. Celles-ci avaient comme rôle d'accompagner les enseignants dans la conception des capsules en validant les contenus notionnels choisis par eux en fonction du programme ainsi que les verbalisations et les exemples choisis par eux d'un point de vue mathématique.

Quatre enseignants du premier cycle du secondaire, dont deux de la première année et deux de la deuxième année du secondaire, ont participé à cette recherche. Un cinquième enseignant de l'école s'est porté volontaire pour assurer l'enregistrement des capsules, valider leur contenu auprès des enseignants participants et les déposer ensuite en ligne sur le site Web de l'école.

Des entrevues semi-dirigées ont été réalisées auprès de chacun d'eux, avant et après l'utilisation des capsules virtuelles auprès de leurs groupes d'élèves. À la suite de l'accord des enseignants participants, un enregistrement vidéo portant sur un contenu notionnel de leur choix a été réalisé en classe. Cet enregistrement a été transcrit et analysé par l'équipe de recherche. Les résultats de l'analyse des vidéos (celles dont l'analyse est terminée en ce moment) ont ensuite été présentés individuellement aux enseignants pour validation. Des rencontres en communauté de pratique ont suivi sous la forme de groupes de discussion afin de décrire les modalités optimales à l'utilisation des capsules virtuelles en classe.

Une fois l'analyse de contenus terminée, nous prévoyons croiser (Paillé et Mucchielli, 2008 ; Bardin, 2007) les différents éléments constitutifs de la collecte de données : réponses aux entrevues semi-dirigées avant et après l'utilisation de capsules en classe, transcription des vidéos réalisées en classe et des rencontres avec les enseignants en tête à tête et en communauté de pratique. Nous misions aussi sur la possibilité qu'offrait aux enseignants la conception des capsules pour effectuer un questionnement sur la verbalisation de leurs explications, sur le choix des exemples présentés aux élèves en situation d'explication de nouveaux contenus notionnels et sur leur enseignement de façon générale.

La conception des capsules virtuelles

Les enseignants, dans le cadre de la communauté de pratique, se sont consultés et ont effectué des choix à l'égard des contenus notionnels traités, des conditions de scénarisation et d'utilisation des capsules virtuelles de mathématiques.

Les sections 4 et 5 font état des principaux constats issus de l'analyse d'une partie des données recueillies au cours de la première année de la réalisation du projet.

4.1. Les contenus notionnels développés dans les capsules virtuelles

Les enseignants ont orienté le contenu mathématique exploité dans les capsules virtuelles vers la résolution de problèmes liés aux différents contenus notionnels du programme du premier cycle du secondaire. Plus particulièrement, ils ont composé eux-mêmes des problèmes à partir d'éléments du programme qui exigent selon eux la reprise fréquente des explications avant de devenir fonctionnels chez leurs élèves. Nous donnons plus loin deux exemples de problèmes. Ces problèmes présentent des conditions concrètes tirées du quotidien des élèves. Les enseignants les ont qualifiés de problèmes « unidirectionnels », car pour être résolu, chacun d'eux nécessite l'emploi d'une seule des notions de mathématique au programme. Les explications produites dans les capsules virtuelles conduisent d'une façon linéaire à l'émergence de la solution. Il n'y a pas de pause prévue dans le déroulement des capsules pour que l'élève puisse répondre à une question ou effectuer un calcul. Les enseignants ont également décidé, afin de maintenir l'attention et la motivation de tous les élèves, que la durée de chacune des capsules ne dépasserait pas 10 minutes.

Les enseignants n'ont pas fait appel à la résolution de problèmes complexes tels ceux utilisés lors de l'examen de fin d'année. L'élaboration de la solution de problèmes de ce type, qui intègrent plusieurs contenus notionnels mathématiques, implique la capacité à établir des liens entre ces contenus et à hiérarchiser les opérations essentielles (Nesher, Hershkovitz et Novotna, 2003). Cette option a préalablement fait l'objet de discussions et les enseignants ont convenu que chaque capsule aborderait un seul contenu notionnel. Concernant le besoin d'améliorer les habiletés de leurs élèves dans la résolution de problèmes complexes, les enseignants ont manifesté le désir de continuer à travailler ces problèmes en étroite collaboration avec leurs élèves afin de bien participer à l'hésitante évolution de leurs compétences. Ils ont alors préféré conserver la même pratique enseignante afin d'assister leurs élèves dans l'élaboration et la validation de leurs stratégies de résolution. Ainsi, lors de périodes consacrées aux problèmes complexes, les enseignants ont affirmé exiger de leurs élèves la verbalisation de leur raisonnement afin de vérifier comment s'établit chez ces derniers le lien entre le contenu textuel du problème et les différents choix d'opérations mathématiques susceptibles de mener à l'émergence de la solution. Selon eux, certains élèves ont grandement besoin d'être guidés et verraient difficilement, par l'usage des capsules, le lien entre le contenu du texte du problème et les différentes étapes menant à sa solution. La réalisation de problèmes complexes génère chez leurs élèves plusieurs éléments de questionnement qui, selon les propos des enseignants, ne seraient pas traités d'une façon aussi adéquate par le visionnement de capsules virtuelles. L'usage des capsules virtuelles est alors réservé à la révision d'une seule notion mathématique à la fois et, lorsque cela est possible, celle-ci est traitée dans un contexte de résolution de problèmes.

4.2. Les paramètres de l'enregistrement des capsules virtuelles par les enseignants

En dyade et en fonction de leur niveau d'enseignement, les enseignants ont élaboré et scénarisé 54 capsules virtuelles au total. Ils ont validé entre pairs et avec l'assistance des formatrices les contenus et la formulation des explications et ont ajusté au besoin le vocabulaire employé afin de ne retenir que les mots les plus pertinents à l'égard de l'objet d'enseignement ciblé.

Pour l'enregistrement, les enseignants d'un même niveau du secondaire se sont réparti à leur convenance les différents contenus notionnels pour lesquels chacun d'eux est devenu l'acteur désigné. Chacune des capsules était animée par un seul enseignant et le contenu touché par la capsule correspondait au niveau d'enseignement de l'enseignant-acteur.

En fonction de leur disponibilité, les autres enseignants impliqués dans le projet ont assisté aux différentes périodes d'enregistrement. Pour ce qui est des conditions d'enregistrement des capsules, les enseignants ont décidé d'un commun accord qu'elles ne permettraient pas de voir leur visage. Les élèves qui en font usage ne voient donc que les mains des enseignants et un tableau blanc où sont écrits en noir les exemples associés à la verbalisation des explications du contenu notionnel mathématique ciblé.

4.2.1. Des exemples du contenu de capsules virtuelles

Lors des réunions regroupant les quatre enseignants auteurs des capsules, l'enseignant qui les a filmées, la direction de l'école et l'équipe de recherche, il a été possible de visionner et de commenter en groupe quelques capsules produites. Dans cette section, deux capsules ont été retenues pour des fins de description. La première capsule porte sur le calcul du rapport de proportions (2e secondaire). L'enseignant lit un court texte qu'il a préalablement écrit au tableau portant sur une recette de pizza-santé pour 4 personnes. Il mentionne en terminant sa lecture : « Si on devait maintenant effectuer cette même recette pour 7 personnes et ensuite 3 personnes, quelles seraient les quantités de poivrons verts dans chacun des cas ? » L'enseignant a amorcé la résolution du problème en inscrivant au tableau la quantité de poivrons verts pour la recette de 4 personnes. Il a ensuite verbalisé sa réflexion sur le résultat anticipé et effectué, en expliquant sa démarche, les calculs conduisant à l'identification de la quantité de poivrons dans le cas où le nombre de convives aurait augmenté. Puis, il a repris les explications en se servant des traces des calculs qu'il venait de faire. Finalement, il a démontré, toujours en verbalisant ses explications, le calcul à réaliser pour le cas où il y aurait une diminution du nombre de convives en effectuant un retour à l'unité, réservant l'utilisation du calcul du coefficient de proportionnalité pour une deuxième capsule portant sur ce même sujet. Il a terminé ses explications en comparant les calculs pour les deux résultats produits.

Dans une autre capsule, il est question de calculer le périmètre d'un couvre-plancher rectangulaire où les unités de mesure utilisées diffèrent (mètres et kilomètres). L'enseignante a fait le dessin d'un rectangle au tableau, elle a verbalisé sa réflexion sur le nombre de mètres dans un kilomètre. Elle a ensuite transformé les kilomètres en mètres, inscrit les nouvelles mesures autour du rectangle et effectué le calcul du périmètre. Une fois le calcul terminé, elle a repris toute la démarche à partir des traces présentes au tableau. Certaines autres capsules comportent uniquement des aspects techniques comme le calcul du plus petit commun multiple utilisé pour identifier le dénominateur commun dans l'addition de fractions sous la forme a/b ou encore la façon d'isoler une variable dans une équation du premier degré.

4.2.2. Les commentaires à la suite du visionnement de capsules en communauté de pratique

À la suite du visionnement d'une dizaine de capsules, des enseignants suggèrent des améliorations à la scénarisation de certaines d'entre elles. Ils soulignent que des contenus mathématiques y sont trop souvent présentés d'une façon magistrale et suivent le même scénario. La présentation de la solution du problème est élaborée selon une formule technique et sans questionnement. Les enseignants proposent alors de les refaire afin de rendre l'élève plus actif en cours de visionnement des capsules. Ainsi l'ajout de pauses permettrait aux élèves de formuler des réponses écrites ou de prendre des notes. Certains enseignants se questionnent également sur leur rôle auprès des élèves au cours du visionnement d'une capsule virtuelle. D'autres enseignants affirment que l'usage des capsules doit se faire en fonction des besoins manifestés par leurs élèves.

L'utilisation des capsules virtuelles en classe

5.1. Les informations préalables fournies aux élèves

Les enseignants ont préalablement informé les élèves de la présence de capsules virtuelles de mathématiques disponibles sur le site de l'école ainsi que des sujets traités dans chacune d'elles. Ils ont également fait le visionnement de deux capsules avec chacun de leurs groupes et les ont commentées. Puis, ils ont mis en évidence leur potentiel sur le plan des contenus et des explications qu'elles contiennent. Ils se sont faits rassurants auprès de leurs élèves en mentionnant que le but de l'utilisation des capsules virtuelles en classe n'était surtout pas de remplacer leurs enseignements. Les capsules ont pour but de leur fournir des explications disponibles en tout temps, de les rendre plus autonomes et plus performants dans leur apprentissage en mathématiques.

5.2. Le contexte de l'utilisation en classe

À la suite de l'enregistrement et de l'analyse de deux périodes d'enseignement en contexte d'utilisation de capsules virtuelles, et d'une validation des intentions et des choix auprès des enseignants engagés dans cette expérimentation, une description des conditions pédagogiques ou didactiques qui prévalaient au moment de l'utilisation filmée des capsules dans les deux classes est exposée ci-dessous, de même qu'une comparaison des points les plus importants aux yeux de la communauté de pratique.

Chacun des deux enseignants de la première secondaire participant au projet a pris possession d'un chariot sur lequel étaient placés six ordinateurs portables et les a mis à la disposition des élèves dans ses groupes-classes respectifs. Avant d'entrer en classe, les enseignants ont affirmé vouloir conserver le scénario habituel pour le déroulement de leur cours.

Au début, il y a eu la correction du devoir et un questionnement sur les connaissances visées au cours précédent. Cela a été suivi d'une partie magistrale où le contenu notionnel, l'addition de fractions ayant des dénominateurs différents, a été expliqué par l'enseignant au tableau et repris dans un exercice d'application. L'enseignant a ensuite demandé aux élèves s'ils avaient des questions avant de passer à la période d'exercisation individuelle. Au cours de la réalisation des exercices, des élèves ont levé la main afin de poser des questions sur la procédure de l'addition de fractions. L'enseignant leur a alors suggéré de prendre un ordinateur et de visionner la capsule intitulée *Le calcul du dénominateur commun* placée sur le site Web de l'école. Comme plusieurs élèves ont manifesté le besoin de faire usage d'un ordinateur, ils ont eu à travailler en dyades formées par l'enseignant. Certaines équipes ont dû attendre qu'un ordinateur soit disponible. Jusqu'à ce point, les deux cours se déroulent sensiblement de la même façon. La différence principale réside dans le rôle des enseignants en cours d'utilisation des capsules. Un enseignant a circulé dans la classe et a accompagné des dyades d'élèves au cours du visionnement de la capsule sur le dénominateur commun. À quelques reprises, il a arrêté le déroulement, posé des questions sur la procédure expliquée et demandé à ses élèves de dire dans leurs mots la façon de faire. L'autre enseignant a répondu aux questions des élèves qui ne pouvaient pas visionner la capsule dans l'immédiat afin de leur permettre de continuer l'exercice, mais n'a accompagné aucun de ses élèves par des questions ou des réflexions au cours du visionnement de la capsule. Différentes pratiques enseignantes ont donc émergé au cours de l'utilisation des capsules. Des enseignants s'étaient précédemment interrogés quant à leur rôle au cours du visionnement des capsules par les élèves, mais la communauté de pratique ne leur a pas proposé de ligne de conduite. Les deux enseignants concernés ont toutefois affirmé qu'ils étaient à l'aise durant cette première utilisation des capsules. Ils ont par ailleurs senti une certaine fébrilité de la part de leurs élèves et ont voulu éviter à leur façon que la classe se désorganise au cours de l'utilisation des capsules. Dans ces circonstances, chaque enseignant a adapté son agir professionnel en fonction de ses priorités.

Les constatations exprimées au sujet du comportement des élèves semblent dégager un climat positif à l'utilisation des capsules. Tous les élèves ont eu le temps de terminer l'exercice et ont affirmé bien comprendre la procédure. Ils ont eu un devoir à réaliser à la maison sur le même contenu notionnel, et certains élèves ont manifesté l'intérêt de retourner voir la capsule s'y rapportant.

Ce que nous retenons de l'expérience de formation

6.1. La formation continue offerte

La réflexion conjointe sur le contenu et le rôle à attribuer aux capsules virtuelles afin d'améliorer les performances des élèves a créé un élément de préoccupation commune entre les enseignants. Cette préoccupation se manifeste par le souci de bien expliquer les contenus notionnels enregistrés et le besoin de recevoir l'approbation des collègues sur le choix des exemples retenus dans la conception des capsules virtuelles. Selon leurs propos, les enseignants ont pris conscience de la portée du partage de leurs réflexions sur des éléments de leur pratique professionnelle et du potentiel pédagogique de leurs réalisations conjointes. Ils ont collectivement manifesté le besoin d'approfondir leurs connaissances sur les conditions d'utilisation des capsules virtuelles. Ces résultats appuient les études conduites par Schön (1996), qui soutiennent que par la verbalisation des éléments constitutifs de sa pratique professionnelle, l'enseignant devient un chercheur réflexif dans l'identification des problèmes et l'expression des solutions. De plus, comme cela a été mentionné dans la problématique, les auteurs Newmann et Wehlage (1995) et McLaughlin et Talbert (1993) ont souligné que les enseignants, qui adaptent facilement leur pratique aux besoins des élèves qui leur sont confiés, et ce, en accord avec le programme en vigueur, appartiennent souvent à une communauté de professionnels qui se soutient par le partage des efforts et des expertises. Des indices du bon fonctionnement de la communauté de pratique qui s'est construite lors de la formation semblent émerger des premières analyses.

Les observations réalisées jusqu'à maintenant confirment que les exercices de conceptualisation et de scénarisation des capsules virtuelles mathématiques se sont avérés signifiants aux yeux des enseignants. Ces derniers se sont engagés professionnellement et ont pris le temps nécessaire pour que le produit final corresponde à leurs attentes. Ces constats sont en accord avec les propos de Charlier et Charlier (1998) et de Bourassa, Serre et Ross (1999), qui affirment que pour réussir une formation auprès des enseignants, il est essentiel que leur participation soit volontaire et qu'il y ait un engagement professionnel de leur part.

Comme cela a été décrit dans le cadre conceptuel, Blank et De Las Alas (2010) ont proposé cinq paramètres à considérer pour une formation continue de qualité. 1) Le contenu ciblé par la formation doit être compris par tous les participants : Pour le présent projet, avant de réaliser des capsules virtuelles, les enseignants participants ont échangé et identifié dans le contexte de la communauté de pratique les éléments du programme de mathématiques plus difficilement acquis par leurs élèves. 2) L'apprentissage doit être actif : Les enseignants ont eux-mêmes scénarisé les capsules autour des contenus notionnels choisis, les exemples employés, le vocabulaire, l'enregistrement et la mise en ligne. Tous les enseignants se sont impliqués dans l'enregistrement des capsules et ont porté un regard critique sur le produit final. 3) La cohérence entre la réalité de leurs classes et la formation continue présentée : Les enseignants ont porté une attention particulière lors de la conception des capsules virtuelles pour que les situations exploitées soient liées au quotidien des élèves et que les notions traitées concernent des éléments pour lesquels ils éprouvent de la difficulté. 4) La durée et la fréquence ont été discutées et établies en accord avec leurs demandes. 5) La collaboration et la participation ont été démontrées à un niveau qui dépassait nos attentes. La formation continue mise de l'avant dans le cadre du présent projet de recherche, de par sa fonction et son fonctionnement, était de qualité selon les critères de Blank et De Las Alas.

6.2. Le potentiel de l'utilisation des capsules virtuelles

Les enseignants semblent très fiers de leurs réalisations et le manifestent lors des rencontres en communauté de pratique. Plusieurs perçoivent maintenant l'usage de la technologie dans leurs cours de mathématiques comme un support explicatif, une façon différente d'exprimer les explications liées à un même objet d'apprentissage, plutôt que comme un élément qui se substituera à leur fonction de pédagogue. Ces propos rejoignent ceux qu'expriment Viau (2004), Karsenti, Peraya et Viens (2002), et Astleitner et Keller (1995). De plus, ces éléments sont en conformité avec les résultats des recherches menées par Puimatto (2007) sur l'utilisation de technologies en classe et sur les modifications des perceptions des enseignants impliqués.

L'analyse des réponses aux entrevues semi-dirigées auprès des enseignants participants, concernant les conditions d'utilisation des capsules, révèle *a priori* qu'ils prévoient continuer à questionner leurs élèves sur les contenus notionnels antérieurs ou sur ceux qu'ils viennent tout juste de leur présenter afin d'en vérifier leur niveau de compréhension. De plus, il sera recommandé aux élèves éprouvant des difficultés ou incapables de répondre aux questions de visionner les capsules virtuelles. Une approche favorisant la verbalisation des explications et la prise de notes par les élèves sera aussi privilégiée. Le temps consacré au visionnement des capsules sera suivi d'un moment de verbalisation et possiblement de discussions sur la compréhension de notions mathématiques entre les élèves et l'enseignant concerné. En circulant auprès des élèves concernés, l'enseignant pourra les questionner et les assister dans l'appropriation des explications données dans les capsules. Les autres élèves pourront passer à une période d'exercisation et s'approprier les savoirs.

L'utilisation des capsules virtuelles auprès des élèves les plus faibles fait cependant émerger un questionnement sur leur utilisation à long terme. Il ne faudrait pas associer le visionnement et l'utilisation des capsules pour acquérir des compétences en mathématiques au fait d'être un élève moins performant. La réalisation du projet de recherche en salle de classe et les discussions en communauté de pratique ont le potentiel de permettre aux enseignants de faire certains constats et de réaliser l'importance d'éviter l'apparition de cette perception chez leurs élèves.

La participation de deux membres de la direction à toutes les rencontres en communauté de pratique, ainsi que leur soutien matériel à l'enregistrement et à l'éventuelle mise en ligne des capsules virtuelles sur le site Web de l'école, stimulent la participation active des enseignants. Ces derniers affirment apprécier la présence et les encouragements des gestionnaires de l'école. Comme le mentionnent les écrits de Bandura (2007), Newmann et Wehlage (1995), McLaughlin et Talbert (1993) et Kleine-Kracht (1993), lorsque des enseignants se sentent épaulés dans l'effort à déployer pour améliorer la performance de leurs élèves, il en émerge un rehaussement de leur estime de soi et une ouverture au changement.

Conclusion

L'intégration en classe régulière de plusieurs élèves présentant des difficultés d'apprentissage a éveillé, chez les enseignants et la direction de l'établissement concerné, le besoin d'avoir recours à une formation continue en mathématiques afin d'améliorer les performances de leurs groupes d'élèves aux examens de fin d'année. Une formation continue construite selon les principes d'une communauté de pratique (Wenger, 2005) a été mise en place et a permis aux enseignants de verbaliser des éléments de leur pratique professionnelle où ils percevaient que certaines modifications devenaient essentielles. Sur une base volontaire et pour répondre aux difficultés de leurs élèves, ils ont développé des capsules virtuelles de mathématiques centrées sur des éléments du programme de mathématiques du premier cycle du secondaire où leurs élèves étaient moins performants. Ces capsules virtuelles ont été mises en ligne sur le site Web de l'école et peuvent être utilisées à l'école comme à la maison.

Lors du visionnement de ces capsules en communauté de pratique, les enseignants ont réalisé que la scénarisation des contenus se situait dans une perspective d'enseignement magistral traditionnel suivant toujours le même modèle pédagogique. Des enseignants ont déploré cet état de fait et ont alors décidé d'intervenir personnellement auprès des élèves, pendant le visionnement des capsules en classe, par des pauses durant lesquelles ils questionnent leurs élèves ou leur demandent de s'exprimer sur les notions mathématiques qui leur sont démontrées. D'autres enseignants ont manifesté le désir que des capsules soient reprises afin d'y intégrer des pauses qui laissent aux élèves le temps d'effectuer des opérations mathématiques et leur permettent éventuellement de valider leur démarche avec un pair ou l'enseignant. Ces constats laissent entrevoir la possibilité que des problèmes complexes soient également traités dans le contenu des capsules virtuelles sans que les enseignants aient peur de perdre de vue l'évolution de leurs élèves dans l'expression de leur raisonnement. On assiste à un changement de perception (Bandura, 2007) concernant le potentiel de l'utilisation des capsules virtuelles chez des enseignants impliqués dans cette formation continue. La communauté de pratique, par ses moments de discussion et de partage manifestés principalement lors de la conception et du visionnement de capsules virtuelles de mathématiques, a contribué à déclencher cette ouverture au changement de perceptions à l'égard des scénarios d'apprentissage développés au moyen de capsules virtuelles.

La première année de la réalisation de ce projet de recherche a vu la mise en place des balises d'une formation continue conduisant à la conscientisation de l'importance de la participation active de l'élève dans ses apprentissages, et ce, lors de l'utilisation de capsules virtuelles en classe. Cette conscientisation peut conduire à la modification des pratiques des enseignants de mathématiques participants. La deuxième année saura, nous l'espérons, confirmer la présence de ces changements.

Au bout du compte, on peut s'interroger sur l'influence de l'utilisation des capsules sur l'apprentissage des élèves et leurs effets en contexte de réalisation de problèmes complexes lors des évaluations ministérielles. Ces éléments feront l'objet d'une prochaine publication.

CHAPITRE

L'accroissement de la pertinence institutionnelle de dispositifs didactiques d'enseignement des mathématiques afin de s'extirper des mécanismes de réduction des exigences auprès des « élèves en difficulté »

Geneviève Lessard
Université du Québec en Outaouais, Québec

La prégnance de l'idéologie mentaliste, comme en fait état Roiné dans cet ouvrage, teinte de façon importante les décisions des acteurs œuvrant auprès d'élèves en difficulté d'apprentissage. En effet, elle entraîne des conséquences pour l'enseignement qui se traduisent trop souvent par une réduction des exigences auprès de cette population et témoignent du peu d'importance accordée aux conditions didactiques intervenant dans la dynamique des difficultés d'enseignement/apprentissage. De plus, lorsqu'il est question des difficultés d'apprentissage, la surreprésentation des difficultés en français (Fontaine, 2008 ; Lusignan, 2011) tend à masquer l'importance d'un travail axé sur les difficultés d'enseignement/apprentissage en mathématiques.

Faire valoir la pertinence institutionnelle de dispositifs didactiques d'enseignement/apprentissage des mathématiques exigeants auprès de cette population : voilà le défi que nous tenterons de relever dans ce texte.

Nous présenterons, dans un premier temps, trois concepts (rapport au savoir, habitus, hétérogénéité didactique) permettant de repenser et de modifier la dynamique des difficultés d'enseignement/apprentissage. Dans un deuxième temps, nous exposerons la nécessité[1] du processus d'acculturation entre enseignant, élèves et chercheur dont est tributaire la modulation de leurs pratiques et de leurs conduites. Nous en illustrerons d'ailleurs les effets en présentant deux situations ainsi que les actions didactiques conjointes des élèves, de l'enseignante et des chercheuses qui en découlent. Enfin, nous conclurons par le besoin d'édifier une mémoire didactique collective sur la pertinence de proposer des dispositifs didactiques exigeants auprès d'élèves en difficulté d'apprentissage.

1

Le recours aux concepts de rapport au savoir, d'habitus et d'hétérogénéité didactique pour faire valoir l'histoire scolaire dans la dynamique des difficultés d'enseignement/apprentissage

Avant d'aborder les concepts fondamentaux, il nous semble important de faire un bref rappel de l'évolution idéologique sous-tendue derrière l'expression *difficultés d'apprentissage*, ce qui nous amène à affirmer le besoin de recourir à une vision systémique en termes de dynamique. En effet, encore de nos jours, la perception des « difficultés d'apprentissage » reste fortement ancrée dans l'immuabilité et le déficit propre à l'élève et, en conséquence, nous préférons recourir à l'expression *difficultés d'enseignement/apprentissage*.

Bien que dans la culture générale de l'éducation, la représentation des difficultés d'apprentissage (Goupil, 1997) ait franchi un pas de géant lors des passages du modèle médical au modèle prescriptif, puis au modèle explicatif et, enfin, au modèle systémique, la durée et la notoriété des premiers modèles persistent toujours. L'élève en difficulté d'apprentissage semble voué à demeurer l'unité d'analyse (Dudley-Marling, 2004), sujet créateur et porteur de ses difficultés dont la situation s'explique en termes de manque et de déficit. Cependant, comme le rapporte fort à propos Brousseau (1980, p. 181) :

---

1. Nous aurons l'occasion de montrer, notamment à la figure 6.2, le caractère inévitable de ce processus d'acculturation à l'accroissement de la complicité, de la liberté d'action et de la participation partagée à l'enseignement des acteurs.

Mettre en cause l'élève, uniquement l'élève, me paraît une attitude analogue (aussi vaine) que celle qui chercherait à expliquer pourquoi l'eau fuit d'un seau percé en analysant les différences de qualité entre l'eau qui est sortie et celle qui est restée, comme si les raisons de la fuite résidaient dans des qualités propres à l'eau.

Malgré la portée fondamentale du « cas de Gaël » en ce qui concerne l'apport du concept de contrat didactique (Brousseau, 1980), la perspective didactique peine toujours à se tailler une place dans le milieu de l'adaptation scolaire. Pourtant, la progression de la recherche en didactique des mathématiques auprès d'élèves en difficulté d'apprentissage a sensiblement suivi celle, plus générale, de la recherche en didactique des mathématiques, notamment au Québec et en France (Artigue, 2008 ; Lemoyne et Lessard, 2003). La période antérieure à 1980 est marquée par une centration sur l'élève, et nous assistons, dans les années suivantes, à un déplacement de cette centration pour accorder une importance particulière aux situations (Brousseau, 1980) et, enfin, aux institutions dans lesquelles ces situations s'inscrivent (Chevallard, 2007 ; Sarrazy, 2002 ; Sensevy, 1998). DeBlois et Giroux (1998) soulignent bien l'importance d'une telle évolution : « En cherchant à identifier les caractéristiques de l'élève en difficulté d'apprentissage, on fait l'économie de l'étude du système dans lequel se manifestent ces difficultés » (p. 7). Ces propos corroborent ceux de l'approche systémique. Ils portent à notre attention toute la complexité des situations et des événements qui peuvent façonner les rapports d'un individu à une institution. Il faut donc trouver un moyen de faire valoir cette évolution, et le recours à l'expression *difficultés d'enseignement/apprentissage* est un premier pas.

La perspective de la dynamique des difficultés d'enseignement/apprentissage à laquelle nous adhérons est empreinte de notre expérience auprès d'une population d'élèves de l'enseignement secondaire, population pour laquelle l'histoire scolaire est conséquente et dont les manifestations des difficultés sont davantage exacerbées. Il devient, d'ailleurs, de plus en plus difficile de départager « qui est » l'élève en difficulté d'apprentissage de « ce que l'institution scolaire en a fait ». D'ailleurs, diverses recherches ayant comparé les conduites d'élèves en difficulté à celles d'élèves dits « réguliers ou tout-venant » ont :

- imputé, en partie, leurs divergences de conduite à la différence de contenu et de richesse des manuels d'enseignement auxquels ils sont exposés (Moseley et Okamoto, 2008) ;

- admis une distinction davantage axée sur la durée que sur la nature des difficultés (Mazzocco et Devlin, 2008).

D'autres ont montré et fait valoir :

- la pertinence de soumettre aux élèves en difficulté des tâches comparables à celles qui sont proposées aux autres élèves (Theis et Martin, 2009 ; Lessard, 2011) ;

- la nécessité de considérer les élèves en difficulté mathématiquement compétents (Houssart, 2002 ; Squalli, Mary et Theis, 2011).

Ces résultats semblent refléter davantage la complexité de la dynamique des difficultés d'enseignement/apprentissage : « Les difficultés d'apprentissage ne résident pas dans la tête de l'individu mais plutôt dans la complexité des interactions sociales attendues par le système scolaire, lui-même situé dans un contexte social, politique et culturel particulier » (Dudley-Marling, 2004, p. 483, traduction libre). Ils font valoir l'influence de l'histoire scolaire sur la dynamique des difficultés d'enseignement/apprentissage. Il nous semble ainsi opportun de recourir au concept de rapport au savoir (Chevallard, 2007), qui revêt un intérêt particulier dans l'appréhension de la dynamique des difficultés d'enseignement/apprentissage.

Considérer le rapport au savoir[2] de l'apprenant permet de souligner qu'il s'agit d'une relation qu'entretient un sujet avec le savoir, qui dépend non seulement des situations, mais également des institutions[3]. Il met en exergue l'idée selon laquelle « la personne est un émergent de ses assujettissements passés et présents, auxquels on ne saurait donc jamais la réduire » (Chevallard, 2007, p. 3). Le concept du « rapport au savoir » occulte l'idée de l'élève porteur et créateur de ses difficultés et rend compte des effets d'un parcours scolaire différent sur l'évaluation que l'on peut faire de ces élèves. La définition de Chevallard (2007) permet notamment d'apporter des nuances quant à l'évaluation des difficultés d'apprentissage : le fait, par exemple, qu'il s'agisse d'une construction effectuée par un évaluateur à partir de ce que le sujet a bien « voulu », a bien « pu » rendre public dans un contexte précis. Elle permet de relever l'importance du cadre de référence

---

2. « La notion de rapport au savoir permet de formuler aisément divers problèmes : elle fournit un langage qui donne une grande précision à certaines descriptions. Ainsi en va-t-il, entre autres choses, s'agissant de l'évaluation : dans l'institution I, le rapport R(x, o) d'un sujet x en position p à un objet o pour lequel existe un rapport RI(p, o) non vide (les personnes assujetties à I en position p doivent avoir une certaine connaissance de o, celle-là même que décrit le rapport RI(p, o)), est évalué par un sujet z occupant dans I une position pv spécialisée, celle d'évaluateur, z étant censé apprécier le degré de conformité de R(x, o) à RI(p, o), ce qui suppose en principe chez lui certains rapports aux rapports R(x, o) et RI(p, o), et plus précisément des rapports R(z, R(x, o)) et R(z, RI(p, o)) à peu près conformes à de supposés rapports R(pv, R(x, o)) et R(pv, RI(p, o)), dont la formation et la diffusion dans la culture de I est en soi un problème » (Chevallard, 2007, p. 5).
3. D'ailleurs, l'école est bien le seul lieu où celui qui sait questionne !

de l'évaluateur et de ne pas confondre les conduites de l'élève avec ce qu'il connaît et ce qu'il sait. D'autant plus, ce que l'élève en difficulté expose dépend d'un ensemble de corrélats, dont ses habitus (Bourdieu, 1980).

L'habitus fait référence aux schèmes producteurs de pratiques ; les actes qu'un élève pose et leurs résultats exercent une influence non négligeable sur sa perception des choses et sur ses dispositions à agir et à interpréter les événements qu'il rencontre. Il importe toutefois de souligner que si l'habitus détermine la pratique, il est aussi déterminé par elle. Nous pourrions dire que les conditions d'existence de ces élèves, par exemple les élèves inscrits dans des classes spéciales regroupant des élèves présentant des difficultés, ont produit des habitus qui entravent leurs démarches d'apprentissage et influent également sur les pratiques des enseignants. Comme le souligne Bourdieu (1980), « les expériences qui sédimentent l'habitus en font "la matérialisation de la mémoire", mémoire qui oriente les pratiques et se nourrit de ses pratiques » (p. 91). Pour sa part, Courtebras (2008) spécifie que c'est « dans la mesure où, écartant toute stratégie leur paraissant trop risquée du fait de leurs expériences antérieures, les individus finissent généralement par ne vouloir que ce qu'ils ont la chance de réussir, compte tenu de leur passé » (p. 68). L'engagement minimal face à la tâche – souvent décrié chez les élèves présentant des « difficultés d'apprentissage » – témoigne d'un facteur protecteur contre l'exhibition de leurs difficultés, d'un engagement cognitif qui s'étiole, étant par ailleurs de moins en moins sollicité. Si l'institution scolaire a sournoisement fait croire aux élèves qu'il est « normal » qu'ils échouent, ils doivent réapprivoiser, expérimenter et nourrir les effets d'un réel engagement cognitif.

Afin de faire accepter à l'élève sa part de responsabilité dans l'acte d'apprendre tout en extirpant les intervenants du cercle vicieux de la réduction des exigences, il faut convaincre les acteurs (y compris les élèves) de la pertinence de leur soumettre des situations qu'ils doivent investir, dans lesquelles ils doivent prendre des risques. En ce sens, l'apport du concept d'hétérogénéité didactique[4] (Sarrazy, 2002) s'avère également précieux. Ce type d'hétérogénéité réfère à l'appropriation du savoir et caractérise la situation d'échec en termes de position de l'élève dans une tâche particulière. D'une part, il permet de rendre compte de la fluctuation des difficultés au regard de la situation. D'autre part, il relativise la fameuse anticipation de l'échec (voir le chapitre 2 du présent ouvrage).

---

4. Il se distingue du concept majoritairement exploité dans le milieu scolaire, l'hétérogénéité péridideictique, défini comme un « ensemble de caractéristiques repérables en liaison avec les acquisitions réalisées dans une discipline donnée » (Sarrazy, 2002, p. 95), et, de façon générale, octroie à l'apprenant le statut d'élève « faible », « moyen » ou « fort ».

Ces trois concepts (rapport au savoir, habitus, hétérogénéité didactique) invitent à la mise en œuvre d'un contact continu et direct des acteurs (enseignant, élèves et chercheur) pour saisir et espérer une cotransformation de la dynamique des difficultés d'enseignement/apprentissage.

2

L'acculturation pour s'extirper des mécanismes de reproduction de réduction des exigences : s'informer, se convaincre et se former

Il apparaît potentiellement fécond de soumettre aux élèves des situations riches, originales et présentant un défi pour modifier les habitus et les rapports problématiques des élèves aux savoirs. La richesse permet à l'élève de revisiter des savoirs anciens problématiques tout en avançant ; l'originalité évite que l'élève reçoive conjointement avec la tâche « son » image d'échec ; enfin, le défi favorise son engagement cognitif. Toutefois, la conception et la gestion de telles situations ne vont pas de soi et, pour qu'elles aient les effets escomptés, l'engagement de l'élève est incontournable. Comment mettre en place de telles conditions ?

> Il faut rentrer dans l'intimité du fonctionnement des systèmes didactiques, il faut en comprendre l'économie, il faut comprendre ce qui se joue en classe entre mathématiques, enseignants et élèves, comment se partagent et évoluent les responsabilités mathématiques respectives, comprendre ce qui contraint les dynamiques observées (Artigue, 2008, p. 8).

Pour ce faire, il nous paraît nécessaire de convier les acteurs de différentes cultures – élèves, enseignant, chercheurs – à cohabiter afin de s'informer, de se convaincre et de se former. Cela peut se traduire, chez les élèves, notamment, par la possibilité de prendre acte de pratiques mathématiques différentes, de se convaincre qu'ils peuvent réussir des situations exigeantes malgré les nombreux échecs subis, de surprendre les acteurs, de construire des rapports aux savoirs et des habitus prometteurs. Chez le chercheur, cela offre la possibilité de s'imprégner, entre autres, des rapports aux savoirs des élèves et des habitus inculqués dans l'institution-classe, de même que de comprendre les contraintes institutionnelles et les conditions mises en place par l'enseignant pour favoriser la dévolution (Brousseau, 1990) des situations. Ce dernier peut profiter de cette cohabitation pour s'emparer des nouvelles situations et des conduites inusitées d'élèves et les partager, pour poser un regard différent sur ses élèves, pour relever la mobilité de la « position » des élèves en difficulté, etc. L'exposition de sa propre culture et une meilleure compréhension de celle des autres acteurs modulent les pratiques et conduites de chacun, ses actions devenant alors le produit d'un processus d'acculturation, c'est-à-dire « l'ensemble des phénomènes qui résultent d'un contact continu et direct entre des groupes d'individus de cultures différentes et qui entraînent des changements » (Redfield, Linton et Herskovits, 1936, p. 150, traduction libre). Il faut par ailleurs considérer que ces changements d'emprunts, d'échanges et de réinterprétations agissent et réagissent l'un sur l'autre, qu'il ne s'agit pas d'un phénomène unidirectionnel auquel une culture dominante s'imposerait.

Cette définition met par ailleurs en lumière l'aspect longitudinal de ce processus sans lequel les dispositifs et leurs effets différeraient. Avant de présenter deux exemples particuliers (en gras dans la figure 6.1), il nous semble indispensable de les situer dans le temps (figure 6.1) et sur un continuum de modulation des conduites des chercheurs, de l'enseignante et des élèves (figure 6.2), car, pris isolément, ces dispositifs didactiques ne sauraient expliquer les conduites des élèves. À cet effet, notre recherche s'est déroulée sur une période de six mois à raison de 46 périodes en classe. Notre intégration progressive nous a d'abord conduites à assister à l'enseignement par l'entremise d'observations pendant le premier mois, puis à participer à l'enseignement en alternant observations, observations participatives ainsi que coplanification, coenseignement et coévaluation. La recherche a été menée dans une école spéciale auprès de 17 élèves de 1re secondaire en difficulté grave d'apprentissage.

La figure 6.1 présente, de façon globale, les objets de savoir qui ont été traités dans le cadre de notre recherche de même que les conceptrices des activités (chercheuses ou enseignante). Elle permet de souligner que la période du 30 avril, présentée ici, a été précédée de 19 périodes au cours desquelles différents objets ont été travaillés (p. ex. technique d'opérations sur les fractions, résolution de problèmes additifs impliquant des nombres rationnels, résolution de problèmes multiplicatifs impliquant des nombres rationnels, représentation des nombres rationnels, sériation et comparaison) et pendant lesquelles nous avons assisté à des modifications conjointes des pratiques de l'enseignante et des élèves. À titre d'exemples, les représentations soumises aux élèves se sont complexifiées (2/3 + 3/8 ; 1/2 + 3/4 versus 252/504 + 342/684 ; 7/14 – 77/143), les différentes représentations (pourcentage, décimale, fraction) des nombres rationnels ont été travaillées conjointement ; la valorisation d'une procédure unique « infaillible » a cédé sa place à la prise en compte de diverses procédures et la formulation d'une « procédure plus efficiente ». De leur côté, les élèves commencent à se préoccuper des nombres avec lesquels ils travaillent, à recourir à des représentations symboliques variées, à coordonner différents registres sémiotiques (numérique, alphanumérique, graphique) et diverses connaissances (composition additive, multiplicative, sens rapport et partie-tout, quotient).

Figure 6.1.

LA CHRONOLOGIE DES OBJETS DE SAVOIR TRAITÉS DANS L'ÉTUDE
ET LE PARTAGE DES TÂCHES DE CONCEPTION

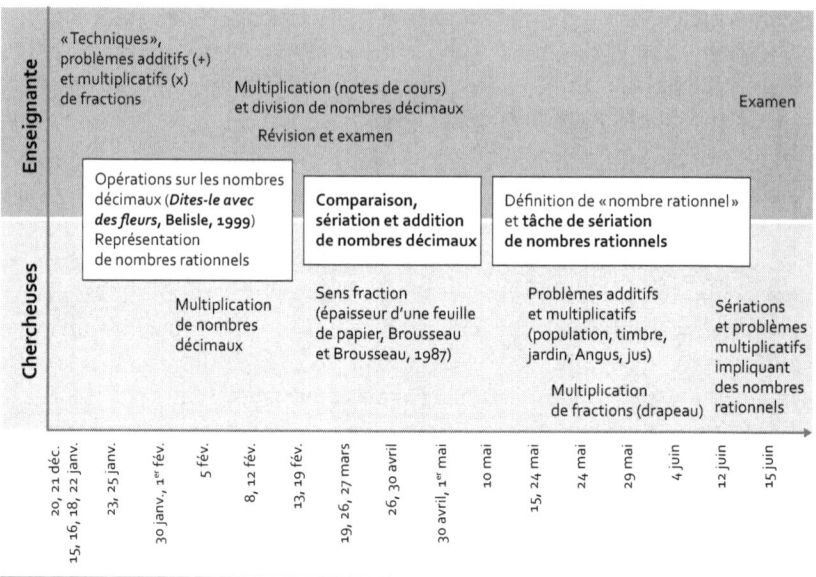

Comme l'illustre la figure 6.2, les différentes modifications se révèlent d'importants témoins de l'accroissement de la prise de risque, de la liberté d'action des acteurs et de leur participation partagée à l'avancement du temps didactique. Cela a notamment permis d'effectuer, d'une part, un maillage profitable de situations issues des recherches, des manuels scolaires, de l'enseignant et, d'autre part, de situations coconstruites entre chercheuses, enseignante et élèves eu égard aux conduites des élèves, aux besoins des enseignants et à la curiosité du chercheur.

Cette compréhension du système global nous permet maintenant de présenter deux exemples de dispositifs, d'entrer ainsi dans l'intimité du système didactique et de constater les effets du processus d'acculturation sur la modulation des conduites des acteurs impliqués.

Figure 6.2.
L'EFFET DU PROCESSUS D'ACCULTURATION
SUR LES DIFFÉRENTS ACTEURS
Accumulation réciproque des acteurs

Élèves
Modification des habitus
• Engagement dans une situation complexe
• Refus de l'aide enseignante/chercheuses
• Recherche de démarches efficientes
  et économiques
• Recherche du sens des gestes
• Analyse des nombres et de leurs relations

Modification des rapports problématiques/
construction de connaissances
• Fractions équivalentes, en tant que nombre
• Sens de la fraction : rapport, quotient,
  partie-tout
• Registre des nombres rationnels
• Composition additive et multiplicative
  pour représenter un nombre
• Sens des gestes impliqués dans les
  opérations

Enseignante
Modification des habitus
• Engagement dans des «tâches risquées»
• Diversité des raisonnements «enseignés»
• Enseignement qui favorise la construction
  de différents processus de calculs via
  diverses entrées
• Demande de situations isomorphes
• Accroissement des exigences envers les
  élèves (construction de leurs notes de cours,
  traitement simultané de différentes
  représentations des nombres rationnels,
  faire parler les nombres)

Accroissement
de la complicité,
de la liberté d'action;
Participation partagée
à l'enseignement

Chercheuses
Modifications des rapports à l'enseignement/apprentissage des mathématiques
auprès des élèves en 1re secondaire en difficulté d'apprentissage

• Meilleure connaissance du système classe : tension/compensation vécues ; intervention/réaction ;
  pratiques conjointes des élèves et de l'enseignante ; conduites inusitées des élèves/conditions didactiques
• Opportunité de rendre compte de la pertinence institutionnelle de la vigilance didactique (traitement
  simultané de nombres rationnels...), d'offrir des situations riches, originales et présentant un défi, dont
  certaines sont issues de la recherche en didactique des mathématiques (épaisseur d'une feuille de papier,
  dites-le avec des fleurs) ; du manuel, de l'enseignante

3

Un dispositif didactique, issu du processus d'acculturation, montrant une modification des pratiques d'enseignement et des habitus des élèves

Dans les exemples qui suivent, nous nous intéressons à deux situations coconstruites par l'enseignante et les chercheuses. Nous présentons le retour sur la situation de comparaison, sériation et addition de nombres rationnels (30 avril), qui montre une modification des habitus des élèves, et la tâche de sériation de nombres rationnels (10 mai), qui expose la modification de leurs rapports aux nombres rationnels.

3.1. L'illustration d'une situation montrant une modification des habitus des élèves

La première situation est extraite de la période du 30 avril, au cours de laquelle les élèves doivent effectuer la représentation de deux différentes partitions de tablettes de chocolat et la comparaison des parts données. Nous reproduisons ci-dessous la tâche donnée.

Problème

LE PARTAGE DE TABLETTES DE CHOCOLAT

Christine et Geneviève ont reçu chacune une tablette identique de chocolat noir Lindt très très mince qui présente l'allure d'une feuille quadrillée. Elles conviennent de donner une partie de leur tablette à 4 de leurs amies, mais elles ont des préférences.

Voici ce que chacune recevra :

Christine a partagé ainsi sa tablette :
- 0,125 de sa tablette à Chantale
- 31/124 de sa tablette à Elisa
- 9/48 de sa tablette à Yéran
- 100/320 de sa tablette à Karine
- et le reste... pour elle !

Geneviève a donné :
- 3/16 de sa tablette à Dan
- 3/24 de sa tablette à Judith
- 50/160 de sa tablette à Amélie
- 25 % de sa tablette à Carole
- et le reste... pour elle !

     Pour effectuer cette tâche, il est absolument indispensable que vous utilisiez le papier quadrillé et que vous soyez très très précis dans vos mesures, de telle sorte qu'il soit facile de comparer la part de chacune.

    1. Qui est la plus généreuse ?

    2. Quelle amie Christine préfère-t-elle ?

    3. Quelle amie Geneviève préfère-t-elle ?

Il importe de mentionner que le choix des nombres, de leur quantité et de leur diversité a prodigieusement évolué au cours de notre processus d'acculturation et s'éloigne de ce qui était prévu et prescrit (p. ex. comparer *a*) 3/5 ; 3/4 ; 3/2 ; 3/6 ; *b*) 5/7 ; 3/7 ; 4/7... ; *c*) 1/2 ; 2/3 ; 4/7 ; 2/9 ; 10/11 ; 3/6 ; 3/8). Nous, enseignante et chercheuses, serions d'ailleurs étonnées de retrouver les représentations que nous avons choisies dans les manuels scolaires, même ceux qui sont destinés aux élèves « du régulier ». En effet, plusieurs chercheurs révèlent que le rapport problématique des élèves aux tâches de comparaison dépend : *a*) de la quantité de nombres à comparer (Mazzocco et Devlin, 2008) ; *b*) de la présence de différentes représentations (fraction, pourcentage, décimale) (Bednarz, 2009) ; *c*) de la présence de nombres à virgule dont la partie décimale ne comporte pas le même nombre de chiffres (Grisvard et Léonard, 1981). Cependant, comme nous souhaitions soumettre aux élèves des situations riches et originales, nous avons osé les immerger dans de telles conditions. Il faut cependant comprendre qu'une proposition de la sorte n'aurait pas été faite dès notre entrée dans le milieu, car une acculturation des acteurs était nécessaire, et que ces choix ont judicieusement été effectués : *a*) favorisant le recours à divers sens de la fraction ; *b*) rendant coûteuse et peu pertinente la recherche du dénominateur commun par « multiplication des dénominateurs », demandant le recours à une coordination de connaissances variées sur les représentations, favorisant l'examen des nombres et des relations qu'ils entretiennent ; *c*) permettant l'entrée vers de « nouveaux raccourcis » pour 0,125.

Lors du retour en grand groupe sur cette tâche, nous avons remarqué que les élèves qui prenaient spontanément la parole et qui semblaient, entre autres, bien se représenter les relations entre les écritures fractionnaires et décimales (1/4, 1/8, 0,25 et 0,125), étaient les élèves qui avaient réclamé le plus d'aide lors de l'interprétation de ces relations. Puisque ces élèves nous semblaient répéter presque textuellement les propos des chercheuses, l'une d'entre elles a jugé bon d'intervenir en recourant à un segment de droite et en les invitant à trouver une représentation décimale de la fraction 3/8. Ces conduites ne seraient habituellement associées à des élèves « en difficulté » : proposer différentes solutions, faire preuve d'un rapport non techniciste dans le sens où ils ne tentent pas de reproduire une technique apprise (figure 6.3), s'interroger et se répondre même lorsque la question est adressée à l'enseignante (figure 6.3). Parallèlement, le discours tenu par l'enseignante différait : il n'était plus celui tenu auprès de ses élèves en difficulté pour qui la présentation et le recours à une seule démarche étaient prônés de peur qu'ils « se mélangent ». D'ailleurs, comme le montrent notamment les interactions, la flexibilité dont les élèves ont fait preuve au cours de cette activité nous a également permis de traiter les fractions en tant que nombres. En exploitant la droite numérique, les élèves ont coordonné, de façon très habile, leurs connaissances sur les nombres rationnels dans la recherche de l'écriture décimale d'une fraction ; ils ont profité de l'écriture décimale connue de certaines fractions dont la composition additive leur permettait d'obtenir le résultat escompté.

Les conduites des élèves en difficulté de notre recherche sont fort similaires, voire supérieures à celles des élèves du régulier de l'étude de Moss et Case (1999). En effet, alors que les élèves participant à l'étude de ces derniers devaient se prononcer sur la correspondance de différentes écritures, dans la nôtre, les élèves ont su produire dans un contrat plus responsabilisant des réponses de même type « pour le plaisir ». La référence à cette étude n'est pas anodine. En fait, les élèves en difficulté avaient été exclus de la recherche par l'enseignante pour un travail de remédiation à prédominance « retour sur les préalables ». Cette adaptation de l'enseignement auprès de cette population relève d'une vision mentaliste fort réductrice de la dynamique des difficultés d'enseignement/apprentissage. Cette comparaison nous permet de constater, d'une part, qu'en tant qu'intervenants, nous pouvons être un frein au processus d'apprentissage des élèves en difficulté et, d'autre part, que l'inscription écologique de dispositifs didactiques exigeants leur permet de mettre à jour leur potentiel, d'occuper les rangs de « bon élève » en modifiant leurs habitus et leur rapport au savoir. L'exemple qui suit expose avec encore plus de netteté l'influence du dispositif qui permet aux élèves de s'extraire du caractère « immuable et déficitaire » qu'on leur accorde.

Figure 6.3.
UN EXTRAIT DE LA TRANSCRIPTION D'UN DIALOGUE PORTANT SUR LA REPRÉSENTATION DE LA FRACTION 3/8

	0,250 0,500
	|-----|-----|----------|----------|------|-->
	⅛ ¼ ½

CHERCHEUR	Alors est-ce que quelqu'un peut expliquer 0,375 ?
PRINCE	0,250 + 0,125
GAEL	Moi j'ai fait un autre calcul….1/8…3/8…fois 3
MARCEL	Moi la soustraction!
SAMUEL	500 -125
ENSEIGNANT	Vous voyez un peu… on prend des raccourcis avec ce que l'on connaît, t'as pas besoin de les connaître tous, tu les retrouves, il y a plein de stratégies.
MARCEL	Est-ce que tu peux donner un exemple de raccourci?
SAMUEL	0,500 + 0,125 pour 5/8
ENSEIGNANT	Excellent!

Source : Lessard, 2011, p. 400.

3.2. L'illustration d'une situation exposant la modification du rapport des élèves aux nombres rationnels et de l'hétérogénéité didactique

La situation et les conduites présentées ci-dessous sont extraites de la période du 10 mai, durant laquelle les élèves étaient d'abord conviés à investiguer la définition de « nombre rationnel » et de « fraction » utilisée dans le glossaire du curriculum et proposée par De Champlain *et al.* (1996) :

> Un **nombre rationnel** est un nombre obtenu à partir du quotient de a et b où a et b sont des nombres entiers et b est différent de 0 (p. N16).

> Une **fraction** est un nombre rationnel exprimé sous la forme a/b où a et b sont des nombres entiers et b est différent de 0. Une fraction irréductible est une fraction dont le numérateur et le dénominateur sont relativement premiers entre eux (p. F68-69).

Ensuite, ils étaient invités à se prononcer sur certaines affirmations : Comment peut-on affirmer que : *a*) 1,0865/0,0000041 est un nombre rationnel ? ; *b*) 12,51 % est un nombre rationnel ? ; *c*) 12,51 %/3,004 % est un nombre rationnel ? Sans entrer dans le détail des conduites des élèves et du retour qui a été effectué, il nous semble pertinent de reproduire les propos tenus par l'enseignante, qui illustrent bien le concept d'hétérogénéité, et le fait que le choix de la tâche a permis d'exposer que les « faibles » peuvent rivaliser avec les plus « forts », ou plutôt qu'il ne devrait pas y avoir d'étiquette générale « faibles/forts » :

ENS[5]	*La définition, c'est intéressant et moi de voir Rémi là de même. […]*
Rémi	*Je sais pas ce que j'ai eu.*
ENS	*Rémi, tu m'as vraiment impressionnée.*
Rémi	*Ah moi aussi, je m'impressionne moi-même. […]*
ENS	*C'est drôle que les supposément plus brillants sont pas ceux qui ont parlé le plus.*
CH	*Non, ce ne sont pas ceux qui utilisent les meilleurs arguments.*
ENS	*Non, parce qu'ils sont peut-être tellement habitués que ce soit facile… peut-être qu'ils n'apprennent pas.*

Enfin, dans la dernière tâche, fruit d'une concertation entre l'enseignante et les chercheuses, les élèves ont été invités à former des équipes, à construire une question d'examen pour laquelle ils devaient proposer cinq nombres rationnels à sérier et produire le corrigé. Ils avaient aussi comme mandat de rendre la tâche complexe ; il leur était demandé de

---

5. ENS désigne l'enseignant et CH, les chercheuses.

trouver « 5 nombres rationnels assez embêtants à ordonner ». Pour ce faire, ils pouvaient utiliser diverses formes d'écriture pourvu qu'ils puissent montrer qu'il s'agissait bien de nombres rationnels. Il s'agissait en quelque sorte d'une situation d'institutionnalisation.

Soulignons que la présentation de la tâche a laissé place à différentes interprétations qui nous renseignaient sur ce qu'ils estimaient leur poser davantage problème. Ainsi, les propositions des différentes équipes exposent soit la complexité dans la transformation des nombres en nombres rationnels, soit la complexité par les connaissances devant être mises en jeu pour ordonner les nombres rationnels, soit la proximité des nombres. Quoi qu'il en soit, la situation représente un défi et invite à la mise en œuvre de connaissances et de procédés variés. Avant d'exposer le raisonnement de certains élèves et de porter notre attention sur les démarches leur permettant d'obtenir de tels résultats, de même que sur l'imprégnation des tâches précédentes et l'influence des interventions de l'enseignante et des chercheuses, nous rendons compte des productions de quelques équipes (tableau 6.1).

L'équipe composée des élèves Rémi et Gaël a grandement bénéficié des activités effectuées au cours de cette période. Les deux élèves ont exploité une présentation issue de leur manuel de classe en comparant des fractions impropres sous forme de nombres fractionnaires, soit 5 1/2 (11/2) et 5 7/12 (67/12). Le choix des nombres ne rend cependant pas la tâche très ardue dans la mesure où les relations entre les numérateurs et les dénominateurs des fractions choisies sont facilement comparables, égales à une demie ou juste un peu plus grandes qu'une demie. Ces élèves ont ensuite comparé les fractions 24563218/24563219 et 24463219/24563219, en regardant ce qu'il manque à chacune d'elles pour compléter l'entier, démarche que nous avions exploitée lors d'une activité précédente en début de période impliquant la comparaison des fractions 2/3 et 3/4. De plus, dans ce cas, ils ont intégré une écriture intermédiaire suffisante (1 − 1/245,63214 et 1 − 1/24563219) pour les ordonner aisément. Le dernier nombre, 0,420 %/32 %, qui était beaucoup plus petit qu'un entier, n'a pas nécessité de calcul précis pour l'ordonner. Son écriture est en lien avec l'écriture 12,51 %/3,004 % qui a été proposée lors de la tâche précédente sur la définition des nombres rationnels. Même si celle-ci leur a causé bien des soucis, ils sont parvenus à représenter par une fraction le nombre 0,420 %/32 %. On peut remarquer une attention particulière aux relations entre les nombres, les élèves ayant recours à une estimation légitime (21/1600 ≈ 20/1600). Les productions de ces élèves sont remarquables, particulièrement si l'on considère les nombres qui leur sont habituellement proposés : ils recourent à des écritures complexes et variées pour représenter les nombres, la sériation de ces nombres n'étant pas évidente, car elle exige une coordination importante de connaissances dans la comparaison.

Tableau 6.1.

LES PRODUCTIONS DES ÉQUIPES LORS DE LA CONSTRUCTION
D'UNE TÂCHE DE SÉRIATION ET DE SON CORRIGÉ

Équipe	Corrigé des rationnels choisis
Rémi et Gaël	1) $\frac{0,420\,\%}{32\,\%} = \frac{420}{32000} = \frac{42}{3200} \div 2 = \frac{21}{1600} \approx \frac{20}{1600} = \frac{10}{800}$ 2) $\frac{24463219}{24563219} = \frac{100000}{24563219} = 1 = \frac{1}{245,63214}$ 3) $\frac{24463218}{24563219} = 1 - \frac{1}{24563219}$ 4) $5\frac{1}{2} = \frac{11}{2}$ 5) $5\frac{7}{2} = \frac{67}{12}$
Rébecca et Réjean	1) $\frac{0,5}{2}$ 2) $\frac{2}{7}$ 3) $\frac{33333333}{99999999}$ 4) $\frac{6}{12}$ 5) $55,5\,\%$
Hélène	1) $37,2\,\%$ 2) $\frac{4}{10}$ 3) $\frac{170\,°}{360°}$ 4) $0,49$ 5) $\frac{11}{20}$
Noa et Samuel	1) $0,0125 = \frac{1}{80}$ 2) $\frac{1634\,\%}{4905\,\%} = \frac{1}{3} - \frac{1}{4905}$ 3) $33\frac{1}{3}\,\% = \frac{1}{3}$ 4) $4726938472635049821,429371625534907/4726938472635049821,429371626534907$ 5) $\frac{\pi}{3}$

Source : Lessard, 2011, p. 443-444.

Si l'on porte attention à la production de Rébecca et Réjean, nous pouvons penser que leurs choix de nombres ont été guidés par des fractions repères familières : *a)* les nombres 55,5 % et 6/12 sont des nombres près de la fraction 1/2 ; *b)* les nombres 33333333/99999999 et 2/7 sont choisis en référence à la fraction 1/3 ; *c)* le nombre 0,5/2 est enfin une représentation de la fraction 1/4. Ces élèves commentent ainsi leurs choix des fractions repères : « Si des fractions ont un numérateur identique, plus le dénominateur est grand, plus la fraction est petite. »

Quant à Hélène, elle a bénéficié d'une aide importante de la part de l'enseignante. Elle a d'abord été amenée à choisir une fraction repère, son choix s'arrêtant sur 1/2. Par la suite, elle a été invitée à trouver des écritures équivalentes avant de modifier certaines d'entre elles, plus petites et plus grandes que le nombre initial. Bien qu'elle ait reçu de l'aide, il est à noter que, malgré ses difficultés, elle a réussi à créer diverses représentations des nombres rationnels (notations décimale, fractionnaire, pourcentage), représentation exploitant les sens partie-tout et rapport de la fraction.

L'équipe de Noa et Samuel s'est prêtée, de façon exemplaire, au jeu de complexification et de sériation de nombres rationnels. En effet, cette équipe nous a bien montré la diversité des connaissances concourant à la réalisation d'une telle tâche. Par ailleurs, les élèves de cette équipe ont coordonné diverses connaissances : le premier nombre rationnel (0,0125) a été créé en référence au nombre 1/8, en prenant appui sur ce qui a été fait lors d'une activité antérieure de représentation de nombres rationnels (30 avril[6]). Comme ils connaissaient la représentation décimale de 1/8 (0,125), ils ont inscrit un nombre décimal 10 fois plus petit (0,0125) et la fraction correspondante (1/80). Cette exploitation des relations rend compte d'une bonne compréhension de la fraction comme nombre : si le dénominateur est 10 fois plus grand, alors le nombre rationnel sera 10 fois plus petit.

Le deuxième nombre rationnel (1634 %/4905 %) qu'ils ont choisi met de l'avant l'exploitation des pourcentages, ces élèves ayant compris que l'insertion du symbole de pourcentage au numérateur et au dénominateur n'avait aucune influence sur le nombre, celui-ci conservant le même rapport. Ils ont simplement fait cet ajout pour que le nombre semble plus complexe. Les relations entre les nombres choisis, soit 1634 et 4905, ne sont pas le fruit du hasard : ils ont ainsi multiplié le nombre 1635 par 3 afin d'obtenir un dénominateur permettant la représentation de la fraction 1/3, en s'appuyant sur le sens rapport de la fraction. Ils ont ensuite modifié le numérateur pour que la fraction soit plus petite que 1/3 en référence au troisième nombre rationnel qu'ils ont choisi, soit 33 1/3 %. La relation entre 1634 et 4905 a été notée de la façon suivante : 1/3 = 1/4905.

Quant au troisième nombre rationnel (33 1/3 %), il constitue une reprise de l'écriture produite par la chercheuse lors d'une activité précédente. Le quatrième nombre qu'ils ont choisi, soit 4726938472635049821, 429371625534907/4726938472635049821,429371626534907, constitue, selon eux, le nombre le plus inhabituel qu'ils ont créé, ce nombre comportant une quantité inusitée de chiffres. Notons qu'un seul chiffre diffère entre le numérateur et le dénominateur, et ce, dans la partie décimale. Ce choix permet d'obtenir une fraction tout près de 1, car le numérateur est légèrement plus petit que le dénominateur. Ainsi, contrairement aux

---

6. Rappelons qu'il s'agissait d'un travail sur 1/4 et sa représentation décimale, qui est connue des élèves, afin de trouver la correspondance décimale de 1/8.

autres équipes, ils n'ont pas ressenti le besoin de trouver une représentation fractionnaire en « éliminant » la partie décimale, d'autant plus que la différence avec le dernier nombre ($\pi/3$) est appréciable sans le recours à cette transformation. Soulignons que ce dernier nombre n'est pas un nombre rationnel ; lors d'un bref rappel historique sur la construction des rationnels, le nombre π avait été présenté en faisant référence aux relations entre le diamètre et la circonférence d'un cercle. Il est possible que ces élèves aient eu recours à ce nombre pour « impressionner » les membres de leur classe.

Si toutes les représentations évoquées précédemment parlent des nombres rationnels, elles témoignent également des rapports des élèves aux nombres rationnels. Ces productions s'appuient sur divers ancrages culturels, montrent une coordination importante de connaissances sur les nombres rationnels (sens de la fraction, registres, de rapports technicistes, etc.) et rendent compte d'une modification importance du contrat didactique. Ces élèves qui, en début d'année, refusaient de nous présenter leur travail, exposent fièrement le fruit de leur engagement cognitif. Cet engagement montre une sensibilité et une compréhension à l'égard des obstacles et des difficultés habituellement rencontrés dans les tâches de sériation des nombres rationnels. En effet, plusieurs des représentations choisies obligeraient l'évalué à être confronté à plusieurs obstacles non négligeables et inhérents au passage des nombres entiers aux nombres rationnels, dont l'extrapolation des règles implicites sur les nombres entiers lors de la comparaison et de la sériation des nombres rationnels, par exemple la règle à laquelle les élèves font référence pour juger de l'ordre de grandeur des nombres à sérier selon la quantité de chiffres que contient son écriture.

D'ailleurs, nombre de recherches ont montré le « pas de géant » qui attend l'élève essayant de conférer un sens aux nombres rationnels, notamment dans la construction des propriétés inhérentes à ces nombres. Plusieurs fractions peuvent traduire un même nombre rationnel (p. ex. 3/4, 6/8, 9/12, etc.) ; un nombre décimal, un pourcentage et un couple peuvent aussi désigner un même nombre rationnel (p. ex. 0,75, 75 %, (3,4), etc.). Cette puissance, il va sans dire, n'apparaît pas aisément chez l'élève habitué à désigner un nombre entier par un seul code digital. Plusieurs études (Mazzocco et Devlin, 2008 ; Stegen et Daro, 2007) soulignent les difficultés des élèves à traiter simultanément les notations sous forme décimale, fractionnaire et de pourcentage, précisément ce à quoi ont fait appel les élèves en difficulté de cette classe. En effet, dans leurs études, les élèves les ordonnent, en inscrivant d'abord les nombres décimaux, puis les fractions et enfin, les pourcentages, ceux-ci étant associés aux « plus grands nombres ». Moss et Case (1999) ont montré l'influence d'une conception limitée du sens partietout, dans l'interprétation des fractions 2/3 et 3/4, où ces dernières sont considérées comme égales, étant donné qu'il leur manque une partie pour compléter l'entier. Pour leur part, Cramer, Post et del Mas (2002) ont exposé les répercussions de la disponibilité d'une seule stratégie de comparaison (p. ex. des élèves recherchent le dénominateur commun même lors de la comparaison de 4/5 et 4/10 !). En considérant les résultats précédents, nous constatons que les élèves ont ici judicieusement choisi leurs nombres. Par ces résultats, nous pouvons facilement entrevoir la complexité, mais également la richesse de la réalisation de ces tâches. En effet, le choix des nombres oblige les élèves à exploiter et à construire diverses connaissances : fraction repère (1/2 et 1) ; exploitation de composition additive ; exploitation du sens rapport (p. ex. 251/504), etc.

Conclusion

Ce parcours à travers les situations et les conduites des élèves dits en difficulté nous montre l'influence de notre représentation de la dynamique des difficultés d'enseignement/apprentissage sur la conception et la gestion des dispositifs d'enseignement des mathématiques que nous leur proposons. De façon réciproque, nous avons été témoins, grâce à l'activité de partition des tablettes de chocolat, de « modifications des habitus » par la nature de leurs engagements : questionnements, propositions de diverses solutions et recherches de procédés efficients entre élèves même lorsque la question est adressée à l'enseignante. De même, par l'entremise de la tâche d'évaluation, nous avons assisté à une « modification des rapports des élèves aux nombres rationnels » dans le choix judicieux de leurs nombres s'appuyant sur une coordination importante de connaissances allant bien au-delà du recours au dénominateur commun. Enfin, par l'entremise (au moyen) du travail sur la définition, nous avons pris part à une « modification de position/hétérogénéité didactique » par les conduites des élèves « faibles » qui rivalisent avec les « forts ». Ces modulations dans la dynamique des difficultés d'enseignement/apprentissage invitent les intervenants à une plus grande vigilance didactique dans la conception et la gestion de dispositifs d'enseignement. Grâce au processus d'acculturation, ces transformations s'avèrent possibles et ainsi, comme nous avons pu le voir dans les exemples présentés, se révèlent être un tremplin non négligeable pour une modification des pratiques enseignantes, voire de certains habitus des enseignants travaillant avec des élèves en difficulté. Il importe donc de les partager afin de faire valoir la pertinence institutionnelle des situations et des connaissances mises en jeu et d'édifier « une » vigilance didactique en adaptation scolaire. La richesse des situations et des contrats didactiques que ces dernières sollicitent semble plus à même de rendre compte des variations individuelles que les seules caractéristiques psychogénétiques de l'élève (vision mentaliste). Il nous semble tout aussi important de ne pas occulter la pertinence que revêtent également, pour le chercheur, les défis que soulève une inscription écologique de situations d'enseignement (De Rosnay, 1994), ainsi que les apprentissages professionnels et scientifiques dont il peut bénéficier.

Les difficultés d'enseignement/apprentissage des mathématiques en classe d'accueil

Gisèle Lemoyne *et* **Flore Gervais**
Université de Montréal, Québec

Au cours des dernières décennies, on assiste dans plusieurs villes, notamment au Québec et en France, à l'ouverture de classes d'accueil pour les élèves primo-arrivants dont la langue maternelle n'est pas le français. Dans la Commission scolaire de Montréal (CSDM), on dénombre actuellement des classes d'accueil dans 89 écoles primaires et 12 écoles secondaires. À l'école primaire, on retrouve dans ces classes des élèves dont l'âge peut varier entre 6 et 12 ans. Lors de leur entrée en classe, plusieurs élèves ne peuvent communiquer facilement en français et interpréter les consignes orales et écrites qui leur sont proposées pour effectuer les activités. Si l'enseignement du français est une priorité fondamentale dans ces classes, l'enseignement en français d'autres disciplines ne peut être ignoré. Dans cette étude, l'enseignement des mathématiques a retenu plus particulièrement notre attention. Notre intention était d'accompagner les élèves dans la réalisation des tâches proposées par l'enseignante, et de prendre appui sur les conduites des élèves lors de la réalisation de ces tâches pour concevoir et mettre en œuvre des situations susceptibles de leur permettre de poursuivre leurs apprentissages en mathématiques, situations qui pourraient bénéficier de l'établissement d'un arrimage avec l'enseignement du français.

1
La problématique

Dans une recherche effectuée récemment, Armand (2011) s'est intéressée au Programme d'accueil et de soutien à l'apprentissage du français dans les commissions scolaires francophones de la région du Grand Montréal. Dans une première partie du rapport de recherche, elle présente le portrait de huit écoles de la région du Grand Montréal qui accueillent des élèves migrants.

Armand porte à notre attention la très grande diversité culturelle et linguistique des écoles montréalaises qui accueillent des élèves migrants. Pour dresser le portrait des écoles, de nombreuses entrevues ont été réalisées auprès des membres du personnel de direction, du personnel enseignant, des parents d'élèves et des élèves. Plusieurs enseignants des classes d'accueil ont fait mention de l'insuffisance des ressources didactiques dont ils disposaient pour l'enseignement du français et des mathématiques. Plusieurs se voyaient ainsi contraints à recourir à du matériel en usage dans les classes ordinaires. Quelques enseignants ont aussi fait part de leurs besoins de formation en mathématiques. Certains enseignants des classes ordinaires ont également déclaré que le matériel dont ils disposaient n'était pas adapté aux élèves allophones.

Les problèmes didactiques que soulève l'enseignement des mathématiques en classe d'accueil sont également mis en évidence par plusieurs chercheurs, notamment en France. Lors du Colloque international Efficacité et équité en éducation, colloque qui a eu lieu à l'Université de Rennes en 2008, un symposium a porté sur le thème *Culture d'enseignement, cultures d'apprentissage, observations comparées de l'action du professeur et des élèves dans quatre classes de français et mathématiques en CM2 et en sixième, dans des dispositifs d'intégration*. La présentation de ce symposium et des textes des chercheurs qui y ont participé a été publiée par Cuq (2008). Les textes qui concernent plus particulièrement l'enseignement des mathématiques sont ceux des chercheurs Matheron et Million-Fauré ainsi que Chnane-Davin et Félix. Ces dyades de chercheurs se sont intéressées, entre autres, à l'enseignement des critères de divisibilité par 2, 3, 5, 9 et 10, de différents nombres, enseignement effectué auprès de sept élèves d'une classe d'accueil de 6ᵉ année en zone d'éducation prioritaire (ZEP) (Matheron et Million-Fauré, 2008) et de 11 élèves de 6ᵉ année en dispositif d'accueil et d'intégration (DAI) (Chnane-Davin et Félix, 2008).

Dans ces classes, des pratiques ostensives d'enseignement sont observées, pratiques liées à un enseignement traditionnel (Salin, 1999). Le savoir visé par l'enseignement est d'abord présenté par le professeur (Matheron et Salin, 2002), puis mis en œuvre lors d'exercices soumis aux élèves. Dans la classe d'accueil de 6ᵉ année en ZEP, comme en font état Matheron et Million-Fauré (2008), l'enseignant demande aux élèves d'écrire quelques premiers multiples consécutifs de 2, 3, 5, 9 et 10. Il fait ensuite observer les régularités, dans les écritures des multiples des nombres 2, 5 et 10, des chiffres des unités. Il ajoute alors que si le nombre est un multiple de 2, son chiffre des unités est alors un multiple de 2. Il établit ensuite les propriétés correspondantes pour les multiples de 5 et de 10. Une démarche similaire est utilisée pour les multiples des nombres 3 et 9. L'enseignant poursuit ensuite en procédant à la construction de tableaux sur les critères de divisibilité de 138 par 2, 3, 5, 9 et 10. Puis il demande à chacun des élèves de procéder à la recherche de la divisibilité des nombres 4 012, 909, 3 000, 777, 2 013. Il effectue une correction individuelle des productions de chaque élève ; les interactions avec certains élèves montrent que l'enseignant se préoccupe non seulement du savoir mathématique, mais également de l'expression orale de ses élèves. Puis il procède à une correction publique des réponses des élèves. Cette correction est une autre occasion pour les élèves de poursuivre leur apprentissage.

Si l'on peut qualifier d'ostensif l'enseignement privilégié dans ces classes, il importe de prendre en compte la pénurie de dispositifs didactiques auxquels les enseignants peuvent faire référence. Dans la classe d'accueil de 6ᵉ année en ZEP (Matheron et Million-Fauré, 2008), l'enseignant se préoccupe plus particulièrement des modes d'expression des élèves que de la pertinence de leurs réponses. Il se prive alors de la participation de quelques élèves à l'enseignement. Dans l'autre classe de 6ᵉ année en DAI (Chnane-Davin et Félix, 2008), l'enseignant pose aussi des questions à des élèves qui maîtrisent davantage les critères de divisibilité, tout en les invitant à reformuler leurs réponses ; il invite ensuite d'autres élèves, généralement des élèves en difficulté, à répondre à leur tour aux questions posées aux premiers élèves. On assiste ainsi à des interactions entre les élèves ainsi qu'entre ceux-ci et l'enseignant, interactions qui permettent à certains élèves de s'inscrire dans une démarche d'apprentissage. On peut qualifier ces interactions de didactiques puisqu'elles sont orientées par un objectif de transformation des connaissances des élèves (Brousseau, 1998).

L'étude effectuée par Poirier (1997) auprès d'élèves d'une classe d'accueil du deuxième cycle du primaire, classe comportant 16 élèves de 9 à 12 ans provenant de divers pays, lors d'une leçon présentée au début de l'enseignement des fractions, traitant notamment du sens partie-tout de la fraction, fait également ressortir l'importance que revêtent les interactions entre pairs dans l'interprétation des consignes et dans l'explicitation des démarches, des stratégies, des techniques, des solutions. Les apprentissages résultant de ces interactions prennent appui sur les situations mises en place lors de cet enseignement, situations concrétisées par des pliages variés de bandes de papier de même longueur (21,5 cm sur 3 cm). Les élèves sont ainsi invités à plier en 2 parts égales, puis en 4, puis en 8, chacune des bandes de papier qui leur sont distribuées. Après chacun des pliages, une partie de la bande de papier est coloriée par l'enseignante, qui demande aux élèves d'indiquer la portion de la bande coloriée. Les élèves sont ensuite invités à exposer leurs démarches, puis à effectuer des pliages pour obtenir successivement 3, 6, 9 et 12 portions. Les apprentissages des élèves sont ensuite exploités par l'enseignante pour introduire les notions de numérateur et de dénominateur.

Se préoccuper des problèmes d'expression des élèves et prendre en compte leurs interactions pour enseigner les mathématiques sont des défis de taille pour les enseignants en classe d'accueil qui doivent recourir à des situations qui favorisent un investissement des élèves. Les ressources dont ils disposent étant souvent insuffisantes, il n'est pas étonnant que l'on assiste souvent à des pratiques ostensives d'enseignement des mathématiques et à des étayages réguliers des conduites des élèves (Cuq, 2008).

Le cadre conceptuel et les objectifs de notre recherche

La prise en compte des défis de l'enseignement en classe d'accueil a motivé notre entrée dans une classe d'accueil. Notre intention était de soutenir le travail d'une enseignante, en l'accompagnant dans la gestion des activités qu'elle proposait aux élèves, en partageant nos observations sur la conduite des élèves et en répondant à ses demandes pour un prolongement de certains enseignements. Nous l'avons ainsi soumise à diverses situations. Une inscription écologique de ces situations s'avérait importante (De Rosnay, 1994). Cette dernière commandait une démarche d'acculturation institutionnelle qui supposait une prise en compte des contraintes institutionnelles, des programmes d'enseignement, des manuels en usage et des rapports des élèves à l'enseignement/apprentissage (Roditi, 2005[1]). Nous référant à l'étude effectuée par Armand (2011), plusieurs

---

1. Voir la description d'une telle démarche effectuée par Geneviève Lessard, dans le présent ouvrage.

enseignants en classe d'accueil ont fait état de l'insuffisance des ressources didactiques dont ils disposaient, insuffisance qui se traduisait par des difficultés d'enseignement/apprentissage. La recherche collaborative, qui « prend forme autour de l'idée de faire de la recherche "avec" plutôt que "sur" les enseignants » (Desgagné *et al.*, 2001, p. 34), a ainsi été privilégiée.

Notre recherche est motivée par les questions suivantes : 1) « Quelles sont les difficultés d'enseignement/apprentissage des mathématiques en classe d'accueil, accueillant, entre autres, des élèves de 2e et de 3e cycle ? » 2) « Comment l'acculturation institutionnelle des chercheuses et la participation de l'enseignante et des élèves permettent-elles la création de situations pertinentes d'enseignement des mathématiques ? » 3) « Comment l'établissement d'un arrimage interdisciplinaire mathématiques/français peut-il contribuer à la conception et à la réalisation de situations originales et pertinentes d'enseignement des mathématiques ? »

Quelques précisions méthodologiques

Notre recherche a été effectuée au cours de l'année 2009-2010. La première chercheuse (Ch-1) a participé à l'enseignement des mathématiques au cours des deux semestres, tandis que la seconde (Ch-2) a participé à l'enseignement du français au second semestre. Notre présence en classe était en moyenne de 4 heures par semaine[2].

Durant les premières semaines, nous avons assisté à quelques périodes d'enseignement. Nous avons identifié les ressources documentaires retenues pour l'enseignement, ainsi que les ressources construites par l'enseignante. Nous avons pu également construire une première représentation des rapports de plusieurs élèves à l'enseignement/apprentissage des mathématiques et du français, ainsi que des interactions didactiques entre les élèves et l'enseignante. Nous avons ensuite soutenu le travail de plusieurs élèves réclamant notre aide pour effectuer les tâches en mathématiques proposées par l'enseignante, tâches provenant notamment des manuels en usage. Puis, à l'invitation de l'enseignante, nous avons proposé diverses situations d'enseignement des mathématiques et du français. Les situations d'enseignement du français ont été exploitées dans certaines situations en résolution de problèmes présentées au second semestre. Ces dernières situations ont notamment pris appui sur la typologie des problèmes additifs

---

2. Dans notre texte, pour simplifier la présentation, nous utilisons les abréviations suivantes : *a)* chercheuses : Ch-1 (première auteure, chercheuse en didactique des mathématiques) ; *b)* Ch-2 (seconde auteure, chercheuse en didactique du français) ; *c)* élèves : E1, E2, E3, E4, E5, E6 ; élèves de 9 à 11 ans.

(Vergnaud, 1981). Cette typologie était déjà exploitée par l'enseignante et la chercheuse en didactique des mathématiques au cours des situations en résolution de problèmes précédant celles qui ont été conçues par la suite par les deux chercheuses.

La classe d'accueil comportait 19 élèves, dont l'âge variait entre 6 et 11 ans. Au cours du premier semestre, la chercheuse Ch-1 a assisté l'enseignante dans la gestion des activités proposées aux élèves. Toutefois, tenant compte des apprentissages antérieurs en mathématiques des six élèves de 9 à 11 ans, de l'importance de permettre à ces élèves de poursuivre leurs apprentissages en mathématiques, des possibilités de recourir à leurs connaissances antérieures pour leur permettre d'interpréter et de réaliser des tâches en mathématiques, elle a jugé fort important de répondre à la demande de l'enseignante et de s'investir en priorité dans l'enseignement auprès de ces élèves. Ainsi, à partir de la mi-octobre, la Ch-1 a accompagné ces six élèves dans la réalisation des tâches proposées par l'enseignante.

Les données de notre recherche sont multiples : *a*) traces écrites des démarches de chacun des élèves lors de la réalisation de chacune des activités ; *b*) enregistrements des échanges entre les élèves ainsi qu'entre les élèves et les chercheuses lors de la réalisation de chacune des activités ; *c*) enregistrements des échanges entre les élèves et les chercheuses à la suite de la réalisation de chacune des activités ; *d*) après chacune des séances d'enseignement, partage avec l'enseignante des informations que nous avons pu recueillir sur les conduites des élèves et leurs interactions. Il importe de préciser que nous avons respecté la demande des élèves et de l'enseignante, c'est-à-dire que nous avons procédé à l'enregistrement des échanges entre les élèves, entre les élèves et les chercheuses et entre les élèves et l'enseignante uniquement lorsque cet enregistrement recevait l'approbation des élèves.

L'analyse des données de notre recherche est structurée en fonction des objectifs de ladite recherche, objectifs associés aux questions qui ont motivé notre engagement dans une recherche collaborative. Nous faisons d'abord état des observations que nous avons pu recueillir au cours des premières semaines, durant lesquelles la chercheuse Ch-1 a pu assister à l'enseignement des mathématiques (première phase). Nous effectuons ensuite une analyse des données recueillies lors de la participation de la chercheuse Ch-1 aux situations d'enseignement des mathématiques proposées par l'enseignante (deuxième phase). Nous procédons ensuite à une analyse des données recueillies lors des situations d'enseignement des mathématiques proposées par la chercheuse Ch-1 (troisième phase). Nous montrons enfin comment l'établissement d'un arrimage interdisciplinaire mathématiques/français a pu contribuer à la conception et à la réalisation de situations originales et pertinentes en résolution de problèmes mathématiques, situations conçues par les chercheuses Ch-1 et Ch-2 (quatrième phase).

La présentation des résultats

L'analyse des données de notre recherche pour chacune des phases permet d'apporter des réponses aux questions formulées lors de la présentation des objectifs de ladite recherche.

4.1. Les défis de l'enseignement mis en évidence lors de la première phase de notre recherche

Durant la première phase de notre recherche, la chercheuse Ch-1 a pu apprécier la diversité des informations mises à la disposition des élèves. Cette appréciation a également été partagée par la chercheuse Ch-2, lors de son entrée dans la classe au second semestre. Sur les murs de la classe, plusieurs affiches présentaient une diversité de mots, d'expressions et de conjugaisons consacrés à une entrée importante en français ; l'enseignante se référait à ces affiches pour aborder son enseignement et invitait les élèves à s'y référer pour répondre à des questions, pour effectuer des tâches, pour s'exprimer. Sur ces murs étaient aussi affichés la suite des nombres entiers inférieurs à 100, les noms et les chiffres des unités et des dizaines de ces nombres, ainsi que des procédés d'addition et de soustraction de nombres inférieurs à 100. Nous avons pu également apprécier la diversité des manuels et des cahiers d'exercice mis à la disposition des élèves, diversité qui nous est apparue non négligeable, compte tenu de l'absence de ressources didactiques pour l'enseignement en classes d'accueil.

Les défis de l'enseignement auprès de cette population d'élèves nous sont rapidement apparus majeurs. Comment organiser un enseignement et prévoir des situations, notamment en mathématiques, qui soient propres aux élèves de chacun des cycles d'enseignement et qui puissent permettre aux élèves de 6 à 11 ans d'effectuer des apprentissages importants ? Comment répondre aux différentes questions de ces élèves ? Comment faire en sorte que les élèves s'investissent dans les tâches qui leur sont proposées ? Comment favoriser les interactions entre les élèves ? Comment réagir à la conduite atypique de certains élèves qui, comme l'a montré Giroux (2008), témoigne de difficultés d'apprentissage, difficultés amplifiées par une maîtrise insuffisante de la langue d'enseignement ?

4.2. Les difficultés d'enseignement/apprentissage des mathématiques mises en évidence lors de la deuxième phase de notre recherche

Au cours de la deuxième phase de notre recherche (de la mi-octobre 2009 à la fin du mois de janvier 2010), la chercheuse en didactique des mathématiques (Ch-1) a participé à l'enseignement en répondant aux questions formulées par les six élèves de 9 à 11 ans (élèves E1 à E6), lors de la réalisation de tâches sur la numération, les opérations et la résolution de problèmes provenant des manuels de 2ᵉ cycle mis à leur disposition (Baillargeon, 2003a, 2003b). De prime abord, le choix de ces manuels était étonnant, ceux-ci privilégiant un rapport plutôt « techniciste » aux mathématiques. Nous avons toutefois rapidement apprécié ce choix. Puisque les élèves avaient eu l'occasion de bénéficier d'un enseignement sur plusieurs des objets de savoir que comportaient ces manuels, ils pouvaient ainsi se référer à leurs connaissances, aux techniques et aux représentations de ces manuels, pour « donner un sens » aux consignes liées à chacune des activités et pour interpréter les réponses à leurs demandes produites par la chercheuse. Nous donnons un très bref aperçu de quelques-unes des tâches provenant du manuel de 3ᵉ année pour lesquelles plusieurs élèves ont demandé l'aide de la chercheuse.

PREMIÈRE TÂCHE
Écriture d'un nombre connaissant le chiffre dans la position des unités, le chiffre dans la position des dizaines et le chiffre dans la position des centaines

Forme les nombres à partir des indices suivants. Écris-les dans les ovales. 4 est dans la position des centaines ; 2 est à la position des unités ; 6 est à la position des dizaines.

Source : Baillargeon, 2003a, p. 4.

Aide apportée

Ch-1 : « *Si vous avez le nombre 37, quel est le chiffre en position des unités et le chiffre en position des dizaines ?* » ; « *Quel est le nombre qui a 7 en position des dizaines et 3 en position des unités ?* »

Résultat

Tous les élèves, sauf E4, peuvent par la suite effectuer correctement la tâche initiale.

DEUXIÈME TÂCHE
Connaissant le nombre d'unités, de dizaines et de centaines
que comporte un nombre, trouver le nombre et associer ce nombre
à un des nombres présentés dans la seconde colonne

Reforme ces nombres décomposés et associe chacun d'eux à un des nombres de la colonne de droite.

3 centaines, 1 unité et 4 dizaines	134
4 unités, 3 dizaines et 1 centaine	143
1 dizaine, 4 unités et 3 centaines	341
1 centaine, 4 dizaines et 3 unités	314
1 dizaine, 4 centaines et 3 unités	431
1 unité, 3 dizaines et 4 centaines	413

Source : Baillargeon, 2003a, p. 10.

Aide apportée

Réactions de plusieurs élèves qui disent ne pas comprendre ce qu'il faut faire avec les nombres écrits. E2 et E3 : « *On les additionne ?* »
Ch-1 : « *Pouvez-vous faire quelque chose avec : 3 centaines, 1 unité et 4 dizaines ?* »

Résultat

À l'exception des élèves E4 et E5, tous les élèves produisent le nombre suivant : 341. L'élève E1 dit alors : « *On donne les réponses* [montrant la colonne] *comme avant* [faisant référence à d'autres tâches] *on met une ligne.* » L'élève E3 ajoute : « *Drôle, on a 6 nombres avec les mêmes chiffres.* » Ch-1 : « *Bien vu !* »

À la suite de la résolution de ces problèmes, nous avions prévu de demander aux élèves qui avaient utilisé des procédés différents de partager leurs solutions, de les justifier. Faute de temps, il ne nous a pas été possible de le faire.

Les difficultés d'enseignement/apprentissage des mathématiques en classe d'accueil, comme le montrent les situations exploitées au cours de cette deuxième phase de notre recherche, sont loin d'être négligeables. Notre participation à l'enseignement de la numération, des opérations et de la résolution de problèmes nous a rapidement permis d'en saisir l'importance. Ainsi, bien que la majorité des élèves soient en mesure d'identifier des

TROISIÈME TÂCHE

Estimations de sommes et de différences ; transformations des sommes et des différences ainsi produites pour retrouver les sommes et les différences obtenues par l'application de procédés usuels de calcul

Durant le premier semestre, à l'exception de l'élève E4, tous les élèves peuvent effectuer les calculs présentés, selon une forme conventionnelle. Si plusieurs élèves savent appliquer correctement les règles qui leur sont proposées pour estimer à la dizaine près, à la centaine près, voire à l'unité de mille près les nombres proposés et recourir à de tels procédés pour estimer des sommes et des différences (p. ex. Baillargeon, 2003a, p. 28 et 46), ils ne peuvent, à partir de ces estimations, retrouver les sommes et les différences obtenues par l'application de procédés usuels de calcul. À la page 67 du manuel, il leur est proposé

> d'apprendre à estimer des réponses pour vérifier si les calculs sont plausibles. Pour estimer une réponse, il faut arrondir les nombres. Ensuite, on calcule les approximations.
>
> P. ex. : 388 + 237 = ?
>
> Estimation : (400 + 200) = 600
>
> Calcul réel : 388 + 237 = 625. Donc j'ai bien estimé.

Ch-1 a alors demandé à quelques élèves d'estimer, à la dizaine près, la somme des nombres 247 + 354, d'effectuer l'addition de ces nombres, puis d'indiquer ensuite les opérations à appliquer au nombre trouvé par estimation pour retrouver le nombre qu'ils devraient trouver s'ils effectuaient l'addition.

Aide apportée et résultat

Les élèves E1, E2, E3 effectuent une estimation juste des nombres 247 et 354, soit 250 et 350, obtenant alors 600. Ils veulent ensuite effectuer l'addition, ce que Ch-1 leur interdit. E1 dit : « *Il faut soustraire et ajouter.* » Ch-1 dit alors : « *Tu as une bonne idée.... Je veux que tous les autres essaient.* » E1, en aparté, dit à Ch-1 : « *J'enlève 3* [250... 3 de trop] *et j'ajoute 4* [350... 4 en moins]*... j'ajoute 1.* » E1 vérifie et dit : « *Je suis super.* » Malheureusement, ou heureusement, l'élève E3 a entendu ce que E1 a dit et s'exprime ainsi : « *On fait + 4 – 3... on fait + 1.* » Ces élèves expliquent ensuite aux autres élèves comment faire. Ces informations nous sont apparues fort importantes et nous ont incitées, comme nous le verrons ultérieurement, à concevoir une situation qui permettrait aux élèves de recourir à divers procédés pour effectuer des additions et des soustractions.

QUATRIÈME TÂCHE
Résolution de problèmes additifs

Orly a pondu 126 œufs. Sa sœur en a déjà pondu 34. Combien d'œufs les deux sœurs ont-elles pondus jusqu'à maintenant?

Durant la semaine, Orphée a vu Marcel jouer dehors pendant 215 minutes. Vanessa a joué pendant 235 minutes et Rosie a joué pendant autant de minutes que Marcel. Combien de minutes les 3 enfants ont-ils joué dehors?

Il y a environ 700 espèces différentes de papillons au Canada et aux États-Unis. Mon oncle connaît 237 espèces et mon cousin Paul en connaît 25. Combien Paul connaît-il d'espèces de moins que mon oncle?

Si mon oncle connaît 237 espèces de papillons, combien d'espèces nouvelles devra-t-il connaître pour arriver à 554 espèces?

Source : Baillargeon, 2003b, p. 61-62.

Aide apportée et résultat

Les deux premiers problèmes font suite à des additions et les deux autres, à des soustractions. Dans ce contexte, il allait de soi que les élèves seraient enclins à recourir aux opérations précédant ces problèmes. Les élèves E2, E4 et E6 ont notamment effectué une addition de tous les nombres inclus dans le deuxième problème. Ch-1 a répondu à leurs demandes et à celles des autres élèves en les invitant à inscrire sur une feuille ce qui leur semblait important de savoir pour résoudre chacun des problèmes, pour effectuer les calculs. Deux élèves seulement (E1 et E3) pouvaient montrer qu'ils avaient compris la relation «autant de minutes que» du deuxième problème ; leurs réponses ont permis à l'élève E2 de réviser sa première interprétation.

---

nombres en recourant aux valeurs de position des chiffres qui les composent, ils ne savent mettre en œuvre ces connaissances pour effectuer la deuxième tâche. La présentation de cette tâche ne leur était pas familière. Comme le montrent les analyses précédentes, mettre en place des interventions qui pouvaient permettre aux élèves de réviser leur interprétation et leur réalisation des tâches n'était pas chose facile. Heureusement, l'aide apportée par quelques élèves qui, à la suite de nos interventions, pouvaient réviser leurs démarches et intervenir auprès des élèves qui rencontraient des difficultés s'est avérée fort précieuse.

4.3. La conception et la mise à l'essai de situations : la troisième phase de notre recherche

Notre participation à l'enseignement, au cours de la phase précédente, nous a permis d'apprécier les implications des élèves dans la réalisation de plusieurs tâches provenant des manuels en usage et de faire ressortir les difficultés d'enseignement que la chercheuse Ch-1 a dû affronter pour répondre aux demandes des élèves, en évitant de recourir à un enseignement ostensif (Salin, 1999). Nous avons jugé important de répondre à la demande de l'enseignante et de poursuivre notre travail en recourant à des situations qui puissent permettre aux élèves d'effectuer des coordinations de connaissances et de poursuivre leurs apprentissages.

4.3.1. L'exploitation de connaissances sur la numération et les opérations lors de l'identification par la chercheuse d'un nombre choisi par l'élève E2

Pour introduire la situation d'identification d'un nombre, l'élève E2 est invité par la chercheuse Ch-1 et l'enseignante à choisir un nombre et à informer tous les autres élèves de son choix, en distribuant une petite feuille sur laquelle est inscrit ce nombre. La chercheuse, qui ne connaît pas le nombre choisi, formule des questions pour l'identifier. Elle inscrit au tableau les informations fournies par chacune des réponses des élèves. Le nombre choisi par l'élève E2 est alors 479. Voici certaines des questions formulées par Ch-1, ainsi que les notes inscrites au tableau à la suite de chacune des réponses des élèves. Ces informations sont représentées par les codes suivants : Qn = questions formulées par Ch-1 ; Rn = réponses d'un ou de plusieurs élèves ; Inf-n = informations inscrites au tableau par Ch-1 à la suite des réponses des élèves.

Les informations inscrites au tableau sont les suivantes :

- Q1 : Votre nombre est-il plus petit ou inférieur à 500 ? ; R1 : oui ; Inf-1 : $n < 500$ (n plus petit que 500).

- Q2 : Votre nombre comporte-t-il trois chiffres ? ; R2 : oui ; Inf-2 : $n > 100$.

- Q3 : Votre nombre est-il un nombre pair ? ; R3 : non ; Inf-3 : n est un nombre impair.

- Q4 : Le chiffre des dizaines est-il plus grand que 4 ? ; R4 : oui ; Inf-4 : $n > 449$ (n plus grand que 449).

- Q5 : Si j'ajoute 5 dizaines à votre nombre, est-il toujours plus petit que 500 ? ; R5 : non ; Inf-5 : $n > 451$ (n plus grand ou égal à 451).

- Q6 : Les chiffres des dizaines et des unités sont-ils plus grands que 6 ? ; R6 : oui ; Inf-6 : $n > 477$.

- Q7 : Le nombre est-il plus petit que 480 ? ; R7 : oui ; Inf-7 : $n = 479$ ou $n = 477$.

- Q8 : Le nombre est-il égal à 479 ? ; R8 : oui ; Inf-8 : $n = 479$.

Une fois cette tâche complétée, une feuille résumant les questions que l'on peut formuler est ensuite distribuée aux élèves. Ceux-ci peuvent utiliser cette feuille pour formuler des questions pour trouver le nombre 248 choisi par Ch-1. Voici quelques-unes des questions formulées :

E1   *Votre nombre est-il inférieur à 1000 ?*

E2   *Il est un nombre pair ?* [Il ajoute après la réponse.]
      Je savais… c'était différent de l'autre.

E7   [Un élève qui fait partie des plus jeunes élèves]
      Le premier chiffre [montrant avec un geste qu'il s'agit
      du chiffre à gauche] *est plus petit que 3 ?*

E6   [Sur invitation de Ch-1] *Les chiffres ils sont pas les mêmes.*
      [Après la réponse, il ajoute] *Faut 2 4 6 8…*

E3   *Je sais quoi poser : la différence est 2 entre les 3.*

E1   [Sourit et veut poser une question. Ch-1 lui demande
      d'attendre.]

E5   *Il y a des doubles…*

E1   [Sourit encore. Elle veut absolument poser une question. La
      parole est donnée à E5.]

E5   *On double… 248.*

Comme le montre la conduite de la majorité des élèves, les tâches d'identification de nombres ont permis à la plupart d'entre eux d'effectuer des coordinations importantes de connaissances sur la numération et les opérations, comme en témoignent notamment les réponses des élèves aux questions Q4, Q5 et Q6 formulées par Ch-1, lors de l'identification du nombre choisi par les élèves, ainsi que les questions formulées par les élèves, lors de l'identification du nombre choisi par Ch-1, ces dernières questions étant orientées par la réponse de Ch-1 à la question de l'élève E2.

4.3.2. L'exploitation/coordination de connaissances sur la numération et les opérations dans la mise en œuvre de procédés économiques d'addition

Durant la deuxième phase de notre recherche, nous avons pu observer que la majorité des élèves savaient recourir aux algorithmes usuels pour effectuer les additions et les soustractions provenant du manuel. Par ailleurs, nous avons observé que les élèves ne pouvaient mettre en œuvre des procédés économiques pour effectuer ces calculs. Au cours du premier semestre de l'année 2010, nous avons jugé pertinent de proposer d'autres procédés.

Cette proposition a été accueillie avec enthousiasme par l'enseignante, qui nous a suggéré de choisir des grands nombres. Le tableau 7.1 a ainsi été distribué aux élèves.

Tableau 7.1.
LES PROCÉDÉS PRÉSENTÉS AUX ÉLÈVES

ADDITIONS AVEC DES « GRANDS NOMBRES » : 3826 + 2496				
A) Première façon de faire « qui utilise la valeur de chacun des chiffres qui composent chacun des nombres »				
	Milliers	Centaines	Dizaines	Unités
Premier nombre	3	8	2	6
Deuxième nombre	2	4	9	6
Résultat de l'addition	5	12	11	12
Autre façon d'écrire le résultat de l'addition	5	12	12	2
Autre façon d'écrire le résultat de l'addition	5	13	2	2
Autre façon d'écrire le résultat de l'addition	6	3	2	2
B) Deuxième façon de faire « qui est celle que vous avez apprise »				
	Milliers	Centaines	Dizaines	Unités
Premier nombre	3	8	2	6
Deuxième nombre	2	4	9	6
Résultat de l'addition	5	12	11	12
Autre façon d'écrire le résultat... Puisqu'on a 12 unités, on retient 2 unités, puis on ajoute 1 dizaine au-dessus du nombre de dizaines du premier nombre. On a alors l'écriture suivante, soit :				
Première réécriture du résultat	Milliers	Centaines	Dizaines	Unités
			1	
Premier nombre	3	8	2	6
Deuxième nombre	2	4	9	6
Résultat	5	12	12	2
Autre façon d'écrire le résultat... Puisque on a 12 dizaines, on conserve le chiffre des unités de dizaines, soit le chiffre 2, et on ajoute alors 1 au-dessus du nombre de centaines du premier nombre. On a alors l'écriture suivante, soit :				

(suite)

Tableau 7.1. (*suite*)

Seconde réécriture du résultat	Milliers	Centaines	Dizaines	Unités
		1	1	
Premier nombre	3	8	2	6
Deuxième nombre	2	4	9	6
Résultat	5	13	2	2

Autre façon d'écrire le résultat… Puisqu'on a 13 centaines, on conserve le chiffre des unités de centaines, soit le chiffre 3, et on ajoute alors 1 au-dessus du nombre de milliers du premier nombre. On a alors l'écriture suivante, soit :

Troisième réécriture du résultat	Milliers	Centaines	Dizaines	Unités
	1	1	1	
Premier nombre	3	8	2	6
Deuxième nombre	2	4	9	6
Résultat	6	3	2	2

Dans les manuels, on représente en une seule étape cette façon de faire :

	Milliers	Centaines	Dizaines	Unités
	1	1	1	
Premier nombre	3	8	2	6
Deuxième nombre	2	4	9	6
Résultat	6	3	2	2

C) Troisième façon de faire : « si on regarde bien les nombres à additionner » – façon « brillante »

	Milliers	Centaines	Dizaines	Unités
Premier nombre	3	8	2	6
Deuxième nombre	2	4	9	6

Je remarque que 2496 est un nombre très près de 2500 ; je pourrais faire l'addition suivante :

(*suite*)

Tableau 7.1.

LES PROCÉDÉS PRÉSENTÉS AUX ÉLÈVES (*suite*)

	Milliers	Centaines	Dizaines	Unités
Premier nombre	3	8	2	6
Deuxième nombre	2	5	0	0
Résultat alors obtenu	5	13	2	6
Autre réécriture du résultat : *13 centaines est le même* *nombre que 1 millier* *et 3 centaines...*	6	3	2	6
Mais, je dois enlever 4 *à ce nombre, car j'ai pris 2500* *au lieu de 2496 ; j'obtiens :*	6	3	2	2

Les élèves sont regroupés pour examiner ce tableau. Tous les élèves, sauf l'élève E4, disent qu'ils comprennent bien ce qui est fait et écrit pour rendre compte des procédés. La chercheuse Ch-1 les invite à expliquer chacun des procédés à leur camarade E4 ; comme il fallait s'y attendre, cet élève ne semble pas comprendre ce que ses camarades lui disent. La chercheuse donne alors un coup de pouce à cet élève ; elle commente chacune des actions. L'élève E4 dit alors qu'il voit pourquoi, dans le premier procédé, on met 12 à la place de 11 dans la colonne des dizaines : « *parce que 12 unités, c'est 1 dizaine et l'autre chiffre 2* » ; cette réflexion ravit bien sûr la chercheuse. Cet élève pense qu'il sera capable de faire les calculs que nous lui proposons. Les élèves sont invités à faire les calculs suivants : 1098 + 2997 ; 1407 + 2594. Ces calculs sont présentés dans un tableau similaire au tableau 7.1 ; les élèves doivent recourir aux procédés exposés au tableau 7.1 et expliquer leurs démarches.

Avant de rendre compte des conduites des élèves, il importe de souligner que nous avons aussi présenté les démarches d'addition à d'autres élèves de la classe, recourant à des nombres inférieurs à ceux présentés au tableau 7.1. Les élèves E7, E8 et E9, qui ne faisaient pas partie du groupe d'élèves avec lequel nous avons travaillé au cours du premier semestre, nous ont demandé s'ils pouvaient aussi effectuer les additions présentées aux autres élèves. Nous avons répondu avec enthousiasme à leur demande.

Les conduites des élèves E1, E2 et E7 témoignent d'une excellente maîtrise des divers procédés d'addition ; leurs explications et leurs commentaires sont fort pertinents. Après avoir effectué correctement les deux premiers procédés d'addition, ces élèves déclarent que la première démarche est beaucoup plus intéressante que la deuxième qui est liée à l'algorithme usuel. Selon eux, dans cette première démarche, en effectuant le résultat de l'addition des chiffres des unités, des dizaines, des centaines et des milliers des nombres 1098 et 2997, on obtient alors un nombre fait avec 3 milliers, 9 centaines, 18 dizaines et 15 unités. Il suffit ensuite de prendre le chiffre des dizaines des 15 unités et de l'ajouter au chiffre des dizaines. On obtient alors 19 dizaines et on ajoute 1 au chiffre des centaines. On obtient ainsi 10 centaines parce que, comme le dit E1, 10 dizaines valent 1 centaine. E2 poursuit en disant que l'on a alors 10 centaines. E7 ajoute alors qu'il faut ajouter 1 au chiffre des milliers parce que 10 centaines font 1 millier. Enfin, ces élèves disent qu'ils obtiennent alors le nombre 4095. E1 déclare qu'il serait beaucoup plus simple d'enseigner la deuxième démarche que la première. Ces élèves avouent en outre, en examinant la troisième démarche, qu'on pourrait faire l'addition des nombres 1100 et 3000. Il faudrait enlever alors 3 + 2 au nombre 4100 et on obtiendrait alors le nombre 4095. Après avoir utilisé la troisième démarche, les élèves E1 et E2 disent qu'il est facile d'adopter cette façon de faire parce qu'il est simple de prendre des nombres qu'on peut additionner facilement. Ch-1 ose ensuite leur demander s'il pourrait aussi utiliser cette façon de faire avec des nombres tels que 1457 et 2775 ; ils répondent que oui. L'élève E1 explique alors qu'on peut prendre 2800 et 1450 pour ensuite enlever 25 et ajouter 7. L'élève E1 termine en plaisantant un peu : « *une vraie méthode brillante* ».

Les élèves E3, E5 et E6 ont initialement effectué une application de l'algorithme usuel. Invités par la chercheuse Ch-1 à regarder les démarches présentées au tableau 7.1, ils sont parvenus à réviser leurs démarches et, notamment, à recourir correctement à la troisième façon de procéder. Les élèves E8 et E9 ont également appliqué correctement l'algorithme usuel. Répondant à leur demande d'aide, demande liée à la troisième démarche proposée au tableau 7.1, la chercheuse Ch-1 les a invités à utiliser des nombres dans le voisinage de ces nombres qui pourraient permettre de les additionner facilement. En réponse à cette invitation, l'élève E8 a alors dit, en faisant référence à la seconde addition (1407 + 2594) : « *Si on fait 1410 + 2600, il faut ensuite ôter pas mal.* » En effet, E8 considère qu'il faut enlever 10, puis corrige sa réponse en disant qu'il faut enlever 9. Comme il fallait s'y attendre, l'élève E4 n'a su appliquer que l'algorithme usuel, application toutefois réussie.

Comme le montrent la conduite des élèves et les interactions entre les élèves et la chercheuse Ch-1, les situations présentées lors de cette troisième phase ont permis à la majorité des élèves d'exploiter leurs connaissances sur la numération et les opérations. Les situations présentées ont aussi permis de formuler des questions pertinentes lors de la situation d'identification d'un nombre. Enfin, elles ont contribué à mettre à profit ces connaissances pour interpréter les procédés d'addition présentés par la chercheuse et exploiter ces procédés pour mettre en place des procédés économiques d'addition.

4.4. La conception et la réalisation de situations originales sur la résolution de problèmes lors de la dernière phase de notre recherche : l'établissement d'un arrimage interdisciplinaire mathématiques/français

La résolution de problèmes est un des défis majeurs de l'enseignement en classe d'accueil. Cet enseignement a été effectué au premier semestre de l'an 2010. Durant ce semestre, la chercheuse en didactique du français (Ch-2) a participé à l'enseignement du français. L'établissement d'un arrimage interdisciplinaire mathématiques/français a permis la conception de situations originales sur la résolution de problèmes. Nous présentons d'abord les situations exploitées par la chercheuse Ch-1 et l'enseignante, situations visant la construction et l'exploitation de divers types de problèmes additifs. Nous précisons ensuite les objectifs poursuivis par la chercheuse Ch-2, les ressources exploitées et les situations conçues pour atteindre ces objectifs. Nous montrons enfin le maillage entre les situations exploitées par les chercheuses dans la conception de situations de résolution de problèmes.

4.4.1. Les situations exploitées par la chercheuse en didactique des mathématiques et l'enseignante, situations visant la construction et l'exploitation de divers types de problèmes additifs

Les situations cónçues et soumises à l'enseignante par la chercheuse en didactique des mathématiques ont pris appui sur la typologie des problèmes additifs (Vergnaud, 1981). Nous avons d'abord proposé des problèmes de composition de mesures. Pour que les élèves puissent privilégier une interprétation des données, l'enseignante nous a suggéré de recourir à des nombres inférieurs à 100. Nous reproduisons le schéma (figure 7.1) ayant servi à la représentation des problèmes de composition de mesures et les énoncés utilisés lors de cette présentation.

Figure 7.1.
LA REPRÉSENTATION DES PROBLÈMES DE COMPOSITION DE MESURES

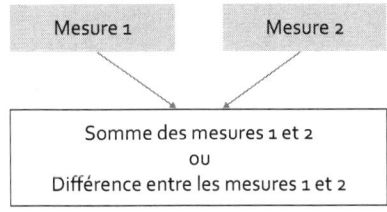

Énoncés de problèmes

1. Les parents d'Annie et de Paul ont acheté des chocolats pour leurs enfants. Annie a reçu 25 chocolats et Paul a reçu 10 chocolats. Combien de chocolats les parents d'Annie et de Paul ont-ils achetés pour leurs enfants?

2. Les parents d'Annie et de Paul ont acheté des chocolats pour leurs enfants. Ils ont donné 25 chocolats à Annie et 10 chocolats à Paul. Quelle est la différence entre le nombre de chocolats qu'ils ont donnés à Annie et le nombre de chocolats qu'ils ont donnés à Paul?

3. Les parents d'Annie et de Paul ont acheté 35 chocolats pour leurs enfants. Ils ont donné 25 chocolats à Annie et les autres chocolats à Paul. Combien de chocolats Paul a-t-il reçus?

Pour chacun des problèmes, les élèves étaient d'abord invités à inscrire les données dans le schéma, puis à résoudre le problème. Nous avons favorisé les interactions entre les élèves en leur disant qu'ils pouvaient se consulter pour effectuer l'inscription des données. Certains élèves, qui éprouvaient plus de difficultés, ont pu ainsi bénéficier de ces interactions, notamment l'élève E4. L'inscription des données de chacun des problèmes dans les schémas a été effectuée correctement par tous les élèves, qui ont pu alors résoudre correctement les problèmes.

À la suite de cette première tâche, l'enseignante nous a proposé de recourir à des nombres supérieurs à 100, pour résoudre des problèmes additifs faisant état de « relations entre des mesures », problèmes qu'elle a rédigés. Les problèmes suivants ont alors été présentés aux élèves, qui ont également été invités à recourir au schéma de la figure 7.2 pour les représenter.

Figure 7.2.
LA REPRÉSENTATION DES PROBLÈMES DE RELATION
ENTRE DES MESURES

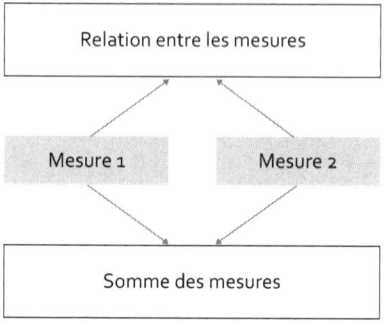

Problème 1

Samuel et Alexandre se promènent souvent dans le parc Kent. À chaque promenade qu'ils font dans le parc, ils notent le nombre d'écureuils qu'ils voient. Au cours de l'été, Samuel a dit avoir vu 29 999 écureuils dans le parc. Alexandre, qui veut souvent montrer qu'il est meilleur que Samuel, a dit à Samuel qu'il avait vu 40 001 écureuils de plus que lui. Combien Alexandre et Samuel ont-ils vu d'écureuils ensemble?

Aide apportée et résultat

- E1 : 40 000 + 30 000 = 70 000 (–1 + 1) ; Alexandre : 70 000 écureuils ; ensemble (facilement) : 70 000 + 29 999 = 99 999 écureuils (représentation adéquate avec le schéma).

- E2 : 40 001 + 29 999 = 70 000 (algorithme) ; Alexandre : 70 000 écureuils. Ch-1 souligne en rouge le terme « ensemble » de la question. E2 poursuit en additionnant 70 000 et 29 999 ; le schéma est bien complété.

- E3 : 40 001 + 29 999 = 70 000 (algorithme) ; Ch-1 intervient de la même façon qu'avec l'élève E2 ; E3 maintient sa réponse.

- E4 : requiert immédiatement l'aide de Ch-1 ; Ch-1 lui propose un énoncé comportant des nombres inférieurs, soit 112 et 299 ; E4 se contente d'additionner ces nombres (algorithme), mais ne sait pas comment représenter ce problème avec le schéma.

- E5 : 40 001 + 29 999 = 70 000 (algorithme) ; E5 dit ensuite : «*facile, il faut faire 40 000 + 30 000*» ; dès que Ch-1 souligne le terme « ensemble », E5 additionne tout de suite : 70 000 et 29 999.

- E6 : 40 001 + 29 999 = 70 000 (algorithme) ; Ch-1 intervient de la même façon qu'avec l'élève E2 ; E6 maintient sa réponse.

Problème 2

Dimanche, Samuel et Alexandre se sont encore promenés dans le parc Kent. Samuel a dit avoir vu 375 écureuils dans le parc. Alexandre, qui était un peu « dans les nuages », lorsqu'il s'est promené dans le parc, a vu _____ que Samuel. Alexandre a alors vu 2 centaines d'écureuils.

Résultat

Tous les élèves, sauf l'élève E4, complètent le problème en ajoutant « 175 écureuils de moins ». Ces élèves recourent correctement au schéma pour représenter le problème.

Ce premier arrimage mathématiques/français en résolution de problèmes additifs a grandement bénéficié de la participation de l'enseignante. Les problèmes de comparaison de mesures proposés par l'enseignante ont été particulièrement déterminants. Tous les élèves, sauf l'élève E4 qui éprouve des difficultés importantes d'apprentissage, ont pu non seulement interpréter correctement ces problèmes, mais également recourir à des procédés économiques de calcul, ce qui montre bien la pertinence des nombres inscrits dans ces problèmes par l'enseignante.

4.4.2. Les situations sur la résolution de problèmes émanant d'un maillage entre les situations exploitées par les chercheuses

Au cours du second semestre, la chercheuse en didactique du français (Ch-2) a participé à l'enseignement. Elle a répondu aux attentes de l'enseignante, soit : 1) travailler les verbes avec les grands ; 2) présenter un vocabulaire adapté aux élèves petits et grands ; 3) stimuler la prise de parole en grand groupe et entre pairs ; 4) intégrer le plus possible l'oral et l'écrit ; 5) offrir un portrait des acquis pour les élèves, la direction et les parents.

Durant quelques semaines, la chercheuse a accompagné l'enseignante dans la réalisation de situations consacrées à l'enseignement du français. Prenant acte des attentes de l'enseignante, elle lui a proposé de recourir à des albums de littérature jeunesse pour poursuivre l'enseignement du français. L'enseignante a répondu avec enthousiasme à sa demande. Les œuvres suivantes ont été retenues : *Olivier Bouton est une poule mouillée* (De Paola, 1981) ; *Un petit nuage* (Asselin, 1977) ; *La chicane* (Anfousse, 1978) ; *La querelle* (Yoshida, 1985) ; *Les aventures d'une petite bulle rouge* (Mari, 1970).

La lecture accompagnée d'albums de littérature jeunesse s'est avérée efficace. D'une part, elle a permis à tous les élèves de participer en même temps à la lecture, c'est-à-dire de se sensibiliser aux mots, d'exprimer leurs commentaires sur le récit et les images. D'autre part, cette lecture a contribué à prolonger, à leur rythme et selon leur capacité, l'exploitation de l'ouvrage. Par exemple, les plus jeunes pouvaient dessiner le moment qu'ils avaient préféré pour en parler par la suite. Pendant ce temps, les plus grands, en équipes de deux, pouvaient faire un travail plus approfondi sur le texte. C'est ainsi qu'ils ont pu chercher les verbes du premier groupe, produire des énoncés à partir d'un événement qui les a émus, etc.

L'ensemble des situations précédentes a donc été un tremplin pour favoriser l'arrimage entre les mathématiques et le français. Plusieurs tâches ont alors été conçues par les chercheuses et proposées aux élèves. Ces tâches ont reçu l'approbation de l'enseignante.

La complétion et la résolution de problèmes lacunaires

Des problèmes lacunaires, problèmes inspirés de plusieurs activités en français, ont été présentés aux élèves E1 à E6. Nous reproduisons deux de ces problèmes, ainsi que les solutions des élèves.

Problème 1

Olivier Bouton aime cueillir des fleurs, se promener dans le bois, lire des livres sur les monstres. Samedi, il a cueilli des fleurs durant 15 minutes ; il s'est promené dans le bois _____ ; il a passé _____ à lire. Combien de minutes _____ ?

Pour résoudre ce problème, Jérémie a écrit sur sa feuille : 15 + ? + ? = 214.

Solution des élèves

- E1 : espace 1 : durant 99 minutes ; espace 2 : 100 minutes ; espace 3 : que Olivier Bouton a utilisé pour faire les choses qu'il aime. 215 − 15 = 200... 214 − 15 = 199.

- E2 : espace 1 : 99 minutes ; espace 2 : 100 minutes ; espace 3 : aucune inscription. 15 + 99 + 100 = 214.

- E3 : espace 1 : durant 109 minutes ; espace 2 : 90 minutes ; espace 3 : Olivier Bouton a-t-il passé à jouer ? 214 minutes.

- E4 : espace 1 : durant 99 minutes ; espace 2 : durant 100 minutes ; espace 3 : Olivier Bouton a-t-il passé à jouer ? 15 + 99 + 100 = 214 minutes.

- E5 : espace 1 : 99 minutes ; espace 2 : 100 minutes ; espace 3 : Olivier Bouton a pris 214 minutes en toutes les choses qu'il a fait.

- E6 : espace 1 : 100 minutes ; espace 2 : 99 minutes ; espace 3 : Olivier Bouton a-t-il passé à jouer ? 214.

Le choix des nombres inscrits par tous les élèves dans les espaces 1 et 2 montre bien que ces élèves savent identifier rapidement la différence entre les nombres 214 et 15, effectuant une coordination de connaissances sur la numération et les opérations, coordination antérieurement mise à profit dans les situations dédiées à la construction de procédés économiques d'addition. Quatre élèves complètent bien la question à formuler (espace 3).

Problème 2

Olivier Bouton aime dessiner des insectes. Il a dessiné plusieurs fois chacun des insectes que vous voyez. Le nombre d'insectes qu'il a dessinés est plus grand que 900. Il a ainsi dessiné 2 fois plus de mouches que de coléoptères. En utilisant les dessins d'Olivier, écrivez un problème, formulez une question et effectuez les calculs pour répondre à la question. Les dessins d'insectes sont présentés : 1) une mouche ; 2) un mille-pattes ; 3) un coléoptère ; 4) un papillon.

Solution des élèves

- E1 : Problème formulé : Olivier Bouton a dessiné 499 coléoptères pour son projet en science aussi, il a dessiné 2 fois plus de mouches que de coléoptères. Combien d'insectes a-t-il dessiné pour son projet en sciences ? Solution : mouches : 499 × 2 = 998 (algorithme) ; mille-pattes : 500 ; coléoptères : 499 ; papillons : 100... ; réponse : 998 + 499 = 1497.

- E2 : Il a écrit : « mouches : 400 ; mille-pattes : 100 ; coléoptères : 200 ; papillons : 205 = 905 ».

- E3 : Il a écrit : « mouches : 300 ; mille-pattes : 300 ; coléoptères : 100 ; papillons : 200 ». Il a trouvé ensuite la somme, soit 900.

- E4 : Il a écrit : « mouches : 400 ; mille-pattes : 100 ; coléoptères : 200 ; papillons : 205 ». Il a trouvé ensuite la somme, soit 905.

- E5 : Il a écrit : « mouches : 600 ; mille-pattes : 3000 ; coléoptères : 300 ; papillons : 4000 ». Il a trouvé ensuite la somme, soit 7900.

- E6 : Il a écrit : « mouches : 400 ; mille-pattes : 300 ; coléoptères : 200 ; papillons : 100 ». Il a trouvé ensuite la somme, soit 1000... « 1000 > 900 ».

Seul l'élève E1 rédige un problème ; les nombres de coléoptères et de mouches qu'il choisit montrent qu'il peut facilement identifier les relations entre ces nombres et utiliser ces relations pour additionner ces nombres. Par ailleurs, il ne tient pas compte des autres insectes pour déterminer le nombre d'insectes. Bien qu'ils ne rédigent pas de problèmes, tous les autres élèves, sauf l'élève E3, interprètent bien les relations entre les nombres de mouches et de coléoptères. Tous les élèves proposent des nombres d'insectes dont la somme est supérieure à 900. Il est possible que l'élève E3 ait associé la relation « 2 fois plus » à « 2 fois de plus ». Nous avons récemment proposé ce problème à des élèves de classes régulières de 3e cycle et nous avons pu constater que très peu d'élèves pouvaient tenir compte du contexte et des relations entre les données pour formuler un problème pertinent.

Les conduites des élèves, lors de la complétion et de la résolution de problèmes lacunaires, nous ont a permis d'apprécier l'importance que revêt la prise en compte des connaissances que les élèves avaient pu construire lors des activités favorisant une coordination de connaissances sur la numération et les opérations.

La résolution de problèmes formulés par les élèves

Les difficultés rencontrées par plusieurs élèves dans la formulation et l'interprétation de problèmes nous ont incitées à poursuivre notre enseignement en ce domaine. À la suite des activités précédentes, les chercheuses ont donc invité chacun des élèves à formuler des problèmes et à résoudre tous les problèmes formulés. Les élèves ne pouvaient recourir à aucune ressource pour formuler leurs problèmes.

Problème 1 formulé par E1

En tout j'ai 299 crayons. J'ai donné 6 à Arjay, Samuel et Arjun. Mais, Arjun a déjà beaucoup de crayons alors il a donné 3 à Arjay et Samuel. Dans tous mes crayons combien il reste maintenant ?

Réponse attendue : il me reste 281 crayons.

Solutions des élèves

- E1 : il reste 281 crayons... $6 \times 3 = 18$; $299 - 18 = 281$.
- E2 : il reste 281 crayons... $299 - 018 = 281$ (algorithme).
- E3 : $299 - 12 = 287$ crayons (algorithme).
- E4 : $299 + 3 + 6 = 1199$ (algorithme avec un positionnement inadéquat des nombres).
- E5 : Réponse : Angela Elle le reste 279 crayons.
- E6 : 281 crayons... $299 - 18 = 281$ (algorithme).

Problème 2 formulé par E2

Si Carmen aime Arjay mais Arjay aime Rochelle. Carmen donne à Arjay 6 bonbons mais Rochelle donne 1 bonbon. Arjay pense à Rochelle 8 minu. Il pense à Carmen 6 min. combien de temps Arjay y va pensé à ses deux fills en même temps ?

Réponse attendue : Arjay a pensé à ses deux filles 14 minutes en même temps ?

Solutions des élèves

- E1 : Arjay pense à ses deux fils en 14 minutes... 8 + 6 = 14.

- E2 : Arjay pense 14 min. à ses deux fille en même temps.

- E3 : 6 + 8 = 14... 14 min.

- E4 : 6 + 8 = 14 (algorithme).

- E5 : Réponse : Arjay a panser 14 minutes a les deux filles.

- E6 : 6 + 8 = 14... 14 min (algorithme).

Problème 3 formulé par E3

Mansour aime manger des fruits, il a manger 100 fruits et il a manger 100 légumes combien de minutes (d'aliments) Mansour mange ?

Réponse attendue : Mansour a mangé 200 aliments (fruits).

Solutions des élèves (seuls les élèves E1 et E3 ont produit une solution)

- E1 : Mansour a mangé 200 aliments ensemble... 100 + 100 = 200 (algorithme).

- E3 : 100 + 100 = 200... 200 d'aliments (algorithme).

Problème 4 formulé par E4

J'ai acheter des lanauruleeu de 15 chocolats, 22 caramels et 5 bisecuits. Combien d'alumentls j'ai achilis ?

Réponse attendue : J'ai acheté 42 aliments.

Solutions des élèves

- E1 : Il y a 42 aluments que tu as acheté... 15 + 22 + 5 = 42 (algorithme usuel).

- E2 : Tu as achilis... 15 + 22 + 05 = 42 (algorithme).

- E3 : 15 + 22 + 5 = 42... 42 d'alumentls (algorithme).

Problème 5 formulé par E5

J'ai vu 199 léopards et aussi j'ai vu 533 gépards durant la semaine dans la TV. Combien des animaux j'ai vu?

Réponse attendue : Il a vu 732 animaux.

Solutions des élèves

- E1 : Il y a 732 animaux... 533 + 199 = 732 (algorithme).
- E2 : Tu as vu 732 animeaux... 533 + 199 = 732 (algorithme).
- E3 : 533 + 199 = 732... 732 animaux (algorithme).
- E4 : 199 – 533 = 466 (à chacune des positions, le plus petit nombre est soustrait du plus grand nombre).
- E5 : ... il a ajouté «dourant la semaine?»... 533 + 199 = 732...
  533 + 200 = 733... Réponse : 732.
- E6 : 732 animaux... 533 + 199 = 732 (algorithme).

Problème 6 formulé par E6

Timothy aime jouer avec ses jouets pour 15 minutes à chaque jour. Combien de minutes il a joué durant la semaine?

Réponse attendue : Timothy a joué 105 minutes avec ses jouets.

Solutions des élèves

- E1 : Durant la semaine Timothy a joué avec ses jouets pour 105 minutes... 15 × 7 = 105 (algorithme).
- E2 : Timothy a joué 85 minutes durant la semaine.
- E3 : 15 × 7 = 105... 105 minutes (il a aussi additionné 7 fois le nombre 15)
- E4 : ...
- E5 : ...
- E6 : 15 × 7 = 105 (algorithme).

L'implication de la majorité des élèves est assez remarquable. Les problèmes formulés par les élèves E2, E3, E4 et E5 sont des problèmes de composition de mesures. Seul l'élève E6 formule un problème multiplicatif, problème qu'il sait résoudre correctement, ainsi que les élèves E1 et E3. Le problème formulé par l'élève E2 est assez étonnant ; la première partie de son problème laisse présager que la question formulée portera sur le nombre de bonbons donnés à Carmen et à Rochelle ; dans la seconde partie du problème, il fait mention du nombre de minutes pendant lesquelles il a pensé à ces deux filles et ce sont ces données qui orientent la question qu'il formule. Les problèmes formulés par les élèves E3, E4 et E5 revêtent des formes plus classiques. Les données numériques sont à considérer. L'élève E5 recourt à des données numériques fort pertinentes, ces données invitant les élèves à recourir à un procédé de calcul similaire à ceux qu'ils ont utilisés dans certaines situations, procédés relevant d'une coordination entre les connaissances sur la numération et les opérations. Cet élève est le seul à mettre en œuvre un tel procédé. Les procédures des élèves sont aussi à analyser. Les élèves E2, E3 et E6 recourent à l'algorithme usuel. Le recours à l'algorithme usuel est aussi observé dans la résolution des problèmes additifs formulés par les autres élèves.

L'examen des énoncés formulés ou complétés par les élèves permet de mettre en évidence l'apport des situations sur l'enseignement du français, notamment, des situations conçues et réalisées par la chercheuse Ch-2. Nous présentons certaines des observations effectuées : *a)* utilisation des verbes : les élèves ont utilisé des verbes considérés comme les plus fréquents et dans les échelles consultées et dans les albums : « avoir, acheter, donner, aimer, manger, jouer avec, penser à, voir, rester (combien en reste-t-il ?) » ; *b)* utilisation des noms comme objets des calculs : les élèves utilisent les noms vus dans les albums, mais aussi, comme on pouvait s'y attendre, ceux appris lors d'autres activités menées par l'enseignante : « aliments, nourriture, sortes de fruits, pommes, fraises, bonbons, chocolats, caramel, biscuits, animaux, léopards, guépard, crayons, jouet, fille » ; l'orthographe de certains noms – parfois si farfelue qu'on ne peut même pas savoir de quoi il s'agit – semble avoir peu d'incidence sur la résolution du problème ; les élèves interprètent correctement les relations entre les données ; *c)* utilisation des circonstances de temps ou de durée comme objets de calculs : « minute, jour, semaine » ; *d)* utilisation d'une périphrase à sens consécutif : un élève utilise une périphrase pour conférer un sens plus explicite à son problème : « il a déjà beaucoup de crayons, alors… (ce qui lui fait expliquer pourquoi il peut en donner à des amis) ; *e)* utilisation d'adverbes ou de locutions adverbiales : « combien, en tout, ensemble, combien de fois, combien de temps ».

5

Une discussion

Dans cette recherche effectuée dans une classe d'accueil de la Commission scolaire de Montréal, classe comportant des élèves de 6 à 11 ans, l'enseignement des mathématiques a retenu plus particulièrement notre attention. Comme nous en avons fait état dans la problématique de notre recherche, plusieurs études effectuées en France (Cuq, 2008) et au Québec (Armand, 2011) portent à notre attention les problèmes d'enseignement des mathématiques auxquels sont confrontés les enseignants qui ne disposent pas de ressources pour l'enseignement de cette discipline dans les classes d'accueil, plusieurs de ces enseignants ne pouvant éviter un enseignement ostensif des mathématiques. Dans notre étude, cet enseignement a pu bénéficier d'une collaboration remarquable entre l'enseignante, les chercheuses et plusieurs élèves qui ont tiré parti des interactions avec leurs pairs dans la réalisation de plusieurs situations.

Lors de la première phase de notre recherche, nous avons été fortement impressionnées par la documentation en français et en mathématiques mise à la disposition des élèves. Les défis de l'enseignement des mathématiques nous sont apparus fort importants. Ils ont généré les questions suivantes : Comment tenir compte des apprentissages antérieurs des élèves et proposer diverses situations d'enseignement ? Comment favoriser les interactions entre les élèves dans la réalisation des situations qui leur sont proposées ? Comment répondre aux questions des élèves, sans procéder à un enseignement ostensif des mathématiques ? Il importe de souligner que la familiarité des élèves avec plusieurs des tâches présentées dans ces manuels a généralement permis d'éviter un enseignement ostensif des objets de savoir et un étayage pas à pas des démarches. Certains élèves ont participé à l'enseignement et permis à d'autres élèves d'investir les tâches qui leur étaient soumises.

Au cours de la deuxième phase de notre recherche, durant laquelle elle a participé à l'enseignement de la numération, des opérations et de la résolution de problèmes, la chercheuse en didactique des mathématiques a été confrontée, à quelques reprises, à des difficultés d'enseignement/ apprentissage. Elle a pu toutefois bénéficier des rapports positifs de plusieurs élèves à ces objets de savoir et des interactions entre les élèves dans la gestion des situations.

La conduite des élèves au cours de la deuxième phase a été fortement appréciée par l'enseignante. Au cours de la troisième phase de notre recherche, l'enseignante a invité la chercheuse en didactique des mathématiques à recourir à des situations qui puissent permettre aux élèves d'exploiter leurs connaissances et de poursuivre leurs apprentissages. Les coordinations de connaissances sur la numération et les opérations, lors de la situation d'identification d'un nombre, ont constitué un tremplin important pour la mise en œuvre par la suite de procédés économiques d'addition.

Les interactions entre l'enseignante et la chercheuse en didactique des mathématiques ont été déterminantes. Lors de la dernière phase de notre recherche, il a alors été possible de concevoir et de mettre à l'épreuve diverses situations d'enseignement en mathématiques, situations permettant aux élèves d'effectuer diverses coordinations de connaissances sur la numération, les opérations et la résolution de problèmes, certaines des situations sur la résolution de problèmes émanant d'un arrimage interdisciplinaire mathématiques/français. L'investissement des élèves dans la réalisation des situations en résolution de problèmes, situations émanant d'une collaboration entre la chercheuse en didactique des mathématiques et l'enseignante, puis d'une collaboration entre la chercheuse en didactique des mathématiques et la chercheuse en didactique du français, mérite d'être souligné. Ces situations ont permis aux élèves de mettre à profit leurs connaissances sur la numération et les opérations, sur la compréhension et la rédaction de textes, lors de la résolution et de la formulation de problèmes.

Enfin, notre accompagnement nous a permis : *a)* de mieux comprendre comment les rapports des élèves aux objets de savoir mathématiques pouvaient orienter leur interprétation des tâches ; *b)* de mieux orienter nos interactions avec les élèves et les interactions entre les élèves pour soutenir ceux d'entre eux qui éprouvaient des difficultés dans l'interprétation des consignes et dans la réalisation des tâches ; *c)* de concevoir des situations qui pourraient être proposées à l'enseignante et de répondre ainsi à sa demande initiale de participation à l'enseignement de la numération, des opérations et de la résolution de problèmes mathématiques.

Conclusion

Dans ce chapitre, nous avons cherché à préciser les spécificités d'une intervention mathématique qui s'adresse à des élèves migrants. L'importance des interactions entre les élèves a pu être observée, de même que l'arrimage entre les activités réalisées en français et en mathématiques. En effet, ces dernières ont contribué à une compréhension des relations logicomathématiques propres à la résolution de problèmes mathématiques. Il nous semble important de souligner les apprentissages non négligeables de l'enseignante et des chercheuses, apprentissages qui ont été possibles grâce à l'apport des élèves dans la réalisation de plusieurs situations en français et en mathématiques qui comportaient des défis académiques, voire intellectuels, plus importants que plusieurs des situations utilisées dans l'enseignement régulier.

Nous tenons à souligner les compétences, l'engagement et la générosité de l'enseignante, Madame Ketty Di Cintio (École du Petit-Chapiteau, CSDM), qui nous a ouvert les portes de sa classe et qui a été pour nous une source d'apprentissages et de joies partagées. Sans sa collaboration, nous n'aurions pu concevoir des situations pertinentes. Notre présentation se veut un hommage à cette enseignante.

CHAPITRE

L'activité de généralisation et de justification chez des élèves en difficulté

Claudine Mary *et* **Hassane Squalli**
Université de Sherbrooke, Québec

Notre recherche[1] a été motivée par deux grandes préoccupations : l'une concerne les difficultés d'apprentissage des mathématiques à l'école secondaire et tout particulièrement en algèbre, et l'autre a trait à l'enseignement des mathématiques aux élèves qui présentent des difficultés d'apprentissage. Ainsi notre recherche s'est-elle vouée à documenter des situations d'enseignement favorables au développement de la pensée algébrique chez les élèves. Notre choix s'est porté sur des situations de généralisation, une des voies d'entrée dans l'algèbre. De plus, comme nous étions préoccupés par l'idée de développer les compétences mathématiques des élèves réputés en difficulté d'apprentissage en mathématiques, une expérimentation dans

---

1.   Cette recherche a été subventionnée par le Fonds de recherche du Québec – Société et culture (FQRSC-02-03-164 – chercheuse principale : Sylvine Schmidt, Université de Sherbrooke).

une école spécialisée s'est imposée. La recherche avait comme principal objectif de documenter le processus de généralisation chez ces élèves dans des conditions didactiques que nous jugions favorables.

L'expérimentation a été réalisée dans un établissement secondaire de Montréal qui a la mission spéciale de diplômer des élèves ayant de grands retards scolaires. Elle s'est déroulée dans une classe dite de transition, auprès d'une douzaine d'élèves de 13-14 ans qui présentaient des retards scolaires ne leur permettant pas d'entreprendre immédiatement le cursus secondaire régulier[2]. Les élèves ont été placés en situation de résolution de problèmes nécessitant l'entrée dans un processus de généralisation. Les généralités visées pouvaient être exprimées en mots sans recours à la notation algébrique conventionnelle, celle-ci n'ayant pas encore été présentée formellement aux élèves. Les situations de généralisation misaient sur un matériel physique pouvant soutenir la réflexion des élèves et sur une formulation des problèmes qui s'éloignait de la formulation usuelle des manuels scolaires. Leur gestion en classe favorisait largement les interactions entre les élèves, en confrontant les façons de faire au moment d'un travail d'équipe et au moment d'un retour en grand groupe.

Selon Dörfler (1991), le processus de généralisation repose initialement sur un système d'actions portant sur des objets physiques ou mentaux à partir duquel des invariants sont dégagés, formulés symboliquement, et leur domaine de validité est étendu. Graduellement, ces invariants sont appréhendés dans leur généralité, détachés des objets et des actions d'origine. Un de nos résultats majeurs concerne ces systèmes d'actions qui sont apparus tout particulièrement cruciaux pour la justification des formulations des élèves lors de situations demandant de produire une règle ou une formule générale. C'est au moment des justifications que se révèle tout particulièrement le rôle de ces systèmes d'actions[3]. C'est de cet aspect que nous discuterons dans ce texte à la lumière d'une situation-problème qui se rapproche de celles que l'on peut trouver dans les manuels scolaires de 1re secondaire au Québec. Avant, nous reprendrons plus en détail quelques éléments de la problématique qui ont motivé la recherche.

---

2. Les élèves admis dans cette école présentent au moins deux ans de retard en français ou en mathématiques.
3. La recherche avait aussi comme objectif d'étudier le rôle de la validation (justifications, preuve, etc.) dans ce processus de généralisation. Pour étudier de façon plus approfondie ce rôle, nous nous sommes référés à des cadres propres au processus de validation, ceux de Balacheff (1988) et de Margolinas (1993). Pour le propos de cet article, le cadre de Dörfler (1991, 2000) sera toutefois suffisant.

1

La problématique

Une étude du ministère de l'Éducation du Québec (MEQ, 1997) sur la situation des jeunes non diplômés a révélé que 52,2 % des élèves en difficulté grave d'apprentissage redoublaient la première année du secondaire (comparativement à un élève sur six pour l'ensemble de la population). Toujours d'après cette étude, 50 % d'entre eux éprouvaient des difficultés en mathématiques. Le passage de l'arithmétique à l'algèbre pourrait ici être déterminant. Plusieurs chercheurs notent des discontinuités au moment de ce passage (Bednarz et Janvier, 1996 ; pour une recension des écrits sur le sujet, voir Kieran, 1992), d'où la nécessité d'en identifier les enjeux : les différents rôles de la lettre, les différents sens de l'égalité, le raisonnement analytique (considérer l'inconnue et opérer sur elle comme si elle était connue), les différentes interprétations des opérations et des expressions (par exemple $2n + 1$ peut être interprété comme une chaîne d'opérations à effectuer – prendre un nombre n et le multiplier par 2, puis ajouter 1 au résultat – ou encore comme la forme générale d'un nombre impair). Pour favoriser ce passage et donc l'entrée dans l'algèbre, différentes voies ont été identifiées. C'est ainsi que des changements significatifs ont été apportés au curriculum d'algèbre du Québec dès le programme de 1993, changements qui ont été reconduits dans le programme actuel (ministère de l'Éducation, du Loisir et du Sport – MELS, 2006). La porte d'entrée valorisée par le programme en 1re secondaire est celle de la généralisation : par des activités de généralisation, on cherche à introduire le symbolisme algébrique comme moyen d'exprimer la généralité.

Les travaux de Denis (1997, cité dans Marchand et Bednarz, 1999) et de Mary (2003a) ont mis en évidence le glissement qui s'est opéré dans les manuels : de l'idée d'exploitation de situations qui se voulaient un prétexte à une généralisation et à l'introduction du symbolisme algébrique, à un enseignement devenu avant tout celui des suites numériques ! Squalli *et al.* (2007) en arrivent au même constat à propos des manuels du premier cycle du secondaire en vigueur actuellement au Québec.

Ce glissement a des conséquences sur le raisonnement des élèves. En effet, certaines recherches notent que lors d'activités de généralisation de suites numériques ou non numériques, les élèves portent leur attention sur la comparaison des termes successifs plutôt que sur la régularité structurelle de chacun des termes, ce qui fait obstacle à la généralisation au cas quelconque (pour une recension des écrits, voir Ellis, 2007). Or un enseignement des suites arithmétiques, tel qu'on le trouve dans les manuels, favorise justement ce raisonnement sur l'écart entre deux termes successifs (la raison) plutôt que sur la structure de la régularité. La difficulté peut alors conduire à un enseignement de formules toutes faites empêchant du même coup l'entrée des élèves dans un processus de généralisation.

D'autres difficultés sont pointées par les chercheurs en ce qui concerne la formulation des généralités et la justification de leurs formulations. Radford (2004) parle du passage des « généralisations présymboliques » aux « généralisations symboliques » et des changements de perspectives que ce passage impose. Coe et Ruthven (1994, cités dans Ellis, 2007) trouvent que même si les élèves ont pu généraliser une régularité ou une règle, peu ont été capables d'expliquer pourquoi il en était ainsi.

Le processus de généralisation et celui de validation (justification, preuve…) qui lui est associé ne vont donc pas de soi. La question qui se pose alors est de savoir comment favoriser chez les élèves (et tout particulière-ment s'ils sont en difficulté d'apprentissage) le processus de généralisation si nécessaire à l'entrée en algèbre.

Sur un autre plan, des recherches sur l'enseignement en classe spéciali-sée relèvent un certain nombre de phénomènes d'enseignement qui tendent à réduire l'activité de l'élève : parmi ceux-ci, notons une fragmentation et une « algorithmisation » des savoirs (Lemoyne et Lessard, 2003 ; René de Cotret et Giroux, 2003), et une surutilisation d'aide (effet *pharmakeia* de Roiné, voir le chapitre 2 du présent ouvrage). Pour contrer ces phénomènes et dans le but de développer les compétences mathématiques des élèves, nous voulions expérimenter des situations de généralisation et de validation potentiellement riches en constructions mathématiques, en classe d'élèves dits en difficulté, et en évaluer l'effet.

Les choix didactiques

Dans ce texte, nous référerons à deux situations[4] pensées pour favoriser chez les élèves l'émergence de généralisations algébriques : elles sont liées au problème des tables de Marcel[5] et au problème du bijoutier (A et B) présentés ci-dessous. Les deux problèmes pourraient se retrouver dans un manuel scolaire de 1re secondaire au Québec.

---

4. Sept situations-problèmes ont été soumises aux élèves en 12 séances de 60 à 75 minutes. Le lecteur trouvera la description d'une autre situation, celle des pentaminos, dans Mary, Squalli et Schmidt (2008).

5. Ce problème désormais classique est repris dans des formulations plus ou moins semblables dans les manuels scolaires et dans différents travaux de recherche.

LES TABLES DE MARCEL

Marcel Tremblay est un traiteur qui organise des buffets à l'extérieur. Il arrange toujours les tables bout à bout pour former un long rectangle. Il veut trouver une manière de calculer rapidement combien il peut assoir de personnes quel que soit le nombre de tables qu'il utilise. Pour lui venir en aide, vous devez lui écrire un message dans lequel vous lui dites comment faire. Je le lui ferai parvenir.

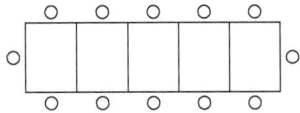

LE BIJOUTIER :
Problème A

Le bijoutier M. Gryffondor fabrique des chaînes en or à mailles de forme carrée comme celle-ci.

Il fabrique différentes longueurs de chaîne pour différentes utilisations (autour du cou, de la cheville, comme boucles d'oreilles, etc.).

L'or coûte cher. Quand il fait une commande, il compte les tiges une par une pour être sûr de ne pas en commander trop ni en oublier. Mais c'est long. Il voudrait pouvoir trouver le nombre de tiges dont il a besoin sans être obligé de compter les tiges comme ça, une par une. Vous devez envoyer un message au bijoutier dans lequel vous lui expliquez comment faire pour trouver le nombre de tiges dont il a besoin selon le nombre de mailles désiré sans être obligé de les compter une par une.

LE BIJOUTIER :
Problème B

Le bijoutier a décidé de fabriquer des chaînes avec des mailles de différentes formes. Il a commencé avec une série comme celle-ci :

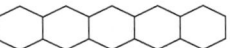

Il voudrait encore trouver le nombre de tiges dont il a besoin sans être obligé de compter les tiges comme ça, une par une.

Pouvez-vous lui dire comment faire ?

Pour penser les situations, nous nous sommes inspirés des travaux d'ingénierie didactique qui découlent de la théorie des situations didactiques de Brousseau (1996). Ainsi, une situation est pensée de façon à favoriser une phase d'actions, où l'élève peut, à partir d'un matériel concret, produire un résultat ou une règle, une phase de formulation, visant à rendre explicite ce résultat ou cette règle, et une phase de validation de ce résultat ou de cette règle[6].

Lors de la phase d'actions, il était demandé aux élèves de trouver une réponse pour un petit nombre de mailles ou de tables. Lorsque les élèves envisageaient une façon de faire, une validation par construction était alors possible. Les élèves n'avaient qu'à vérifier par simple dénombrement si la formule permettait de trouver la bonne réponse pour le nombre de mailles ou de tables fixé. Le matériel assurait, en partie tout au moins, le fonctionnement autonome de la situation. Puis le matériel était rendu insuffisant ; par exemple, les élèves devaient anticiper le nombre de tiges pour un grand nombre de mailles sans avoir à leur disposition le matériel nécessaire pour reproduire les mailles et dénombrer les tiges. Le matériel rendu insuffisant avait comme but de forcer la généralisation et éventuellement une justification non pragmatique, reposant sur les propriétés de la chaîne ou de l'arrangement de table et non sur un constat par dénombrement sur cas particulier.

Les élèves étaient appelés à résoudre les problèmes en dyades (Les tables de Marcel) ou en équipe de deux dyades (Le bijoutier). Une phase de formulation était alors prévue, suivie d'une phase de confrontation en grand groupe. Ces phases visaient à faire expliciter les procédures pour qu'elles puissent être rendues publiques et débattues dans le but d'enclencher un processus de validation (justification). La situation liée au problème des tables de Marcel s'est déroulée sur une période de 60 minutes ; celle liée au problème du bijoutier s'est déroulée sur deux périodes de même durée.

Dans l'ensemble, l'activité de l'élève pouvait consister, entre autres, en répétition d'expériences, anticipation de résultats, prise de décisions, formulation et validation des formules trouvées (sous forme de messages à Marcel ou au bijoutier).

Des suites non numériques à motifs sous-tendent les problèmes. Cependant, nous avons opté pour un énoncé qui met clairement en évidence ce qui est constant (arrangement de tables bout à bout, chaînes de mailles carrées ou hexagonales) et qui présente l'image d'un seul terme de la suite (chaîne

---

6.   Puisque nous ne visions pas un apprentissage, mais voulions documenter le processus de généralisation favorisé par la situation, aucune phase d'institutionnalisation n'a été prévue.

à mailles ou arrangement de tables d'une certaine longueur) plutôt qu'une série de termes successifs (série d'arrangements de tables, série de chaînes de mailles), et ce, afin de favoriser un raisonnement sur la régularité structurelle de chacun des termes. Aussi insistons-nous sur la façon de compter le nombre de tables ou de tiges, quelle que soit la longueur de l'alignement des tables ou celle du bracelet, sans compter un par un, et ce, afin de forcer la production d'une formule générale. En plus, le problème B du bijoutier vise à ce que l'élève généralise la procédure, quelle que soit la forme des mailles du bracelet. Une consigne aux élèves insistait sur la production d'un message clair, opérationnel et qui fonctionne tout le temps, quel que soit le nombre de tables ou de mailles. Ajoutons que, de par la façon dont ils sont formulés, les problèmes ne nécessitent pas le recours à une symbolisation algébrique conventionnelle avec lettres. Ce symbolisme ne pouvait donc faire obstacle au processus de généralisation.

Nous faisions l'hypothèse que les choix didactiques effectués pour l'énoncé, le matériel et le déroulement étaient favorables au processus de généralisation. En particulier, le matériel et la formulation du problème étaient propices à la création de systèmes d'actions à la source du processus de généralisation selon Dörfler (1991), système d'actions qu'il était possible d'anticiper *a priori*.

Le cadre de généralisation théorique de Dörfler (1991, 2000)

Le cadre de Döfler est à fondement constructiviste, perspective qui est en adéquation avec le cadre théorique de Brousseau qui a influencé nos choix didactiques[7]. Nous le décrivons maintenant en l'illustrant à l'aide du problème du bijoutier.

Selon Dörfler (1991), le point de départ du processus de généralisation est une **action ou un système d'actions**. Les actions peuvent être physiques, imagées ou symboliques. Si l'on se réfère au problème du bijoutier, décomposer une chaîne de mailles – que ce soit physiquement, sur un dessin ou mentalement – pour découvrir une manière générale de calculer le nombre de tiges nécessaires à sa confection est un exemple d'actions. Les buts des actions, les moyens utilisés ainsi que le cours des actions (qui sont influencés par le problème à résoudre pour l'élève) orientent l'attention du sujet vers certaines relations et connexions entre les objets sur lesquels portent ces actions. Ce phénomène conduit l'élève à une certaine constance dans

---

7.   Nous référons le lecteur à Brousseau (1996) sur la théorie des situations didactiques.

les actions, par exemple, décomposer la chaîne en considérant « trois tiges par maille plus une tige pour fermer » ou bien décomposer en considérant « 4 tiges pour la première maille et trois pour les suivantes ». Dörfler parle ici des **invariants des actions**.

Pour formuler ces invariants, une **description symbolique** est nécessaire. Il est nécessaire d'utiliser des symboles pour décrire les actions et les combinaisons d'actions ainsi que les objets sur lesquels portent les actions. Ces symboles peuvent être de nature verbale, iconique, géométrique ou algébrique. Dans le problème du bijoutier, la description peut se réaliser en explicitant les invariants à l'aide d'une schématisation de la décomposition qui dissocie les mailles et d'un dénombrement qui met en exergue l'invariant « 3 tiges par maille plus 1 », comme le montre la figure 8.1 :

Figure 8.1.
« 3 TIGES PAR MAILLE PLUS 1 »

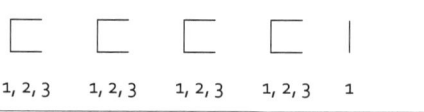

La description peut aussi prendre la forme d'un calcul (4 × 3 + 1 par exemple). D'autres descriptions plus ou moins proches de la formulation algébrique conventionnelle peuvent être envisagées.

Cette description symbolique fixe les invariants. Les symboles ont d'abord une fonction représentative et les formulations jouent seulement un rôle descriptif. Graduellement, les formulations se détachent des actions et objets auxquels les symboles étaient initialement associés. Dans le problème du bijoutier, les formulations vont alors se détacher de l'exemple particulier duquel elles sont issues. Par exemple, le calcul 4 × 3 + 1 sera utilisé dans son potentiel générique, le 4 prenant place pour n'importe quel nombre de mailles. L'exemple d'une chaîne à 4 mailles ne sera plus spécifique ; il acquiert le statut de prototype, c'est-à-dire qu'il devient moyen pour penser la généralité (Dörfler, 2000). Puis les formulations se rapprocheront d'expressions comme *le nombre de mailles fois 3 + 1* ou encore *3n + 1, où* n *représente le nombre de mailles* ».

Dans ce processus, les symboles deviennent de nouveaux objets de pensée. Le domaine de référence des symboles est graduellement étendu par l'intermédiaire de certaines questions comme « Par quels moyens, avec quoi, et comment peut-on agir afin de garder stables les mêmes invariants » ? Pour le problème du bijoutier, l'élève pourrait se demander : La formule est-elle valable pour n'importe quel nombre de mailles ? Est-elle valable pour une maille ? Il pourrait également s'interroger sur l'équivalence des différentes formules trouvées par les élèves de la classe. La formule trouvée pour une certaine forme de mailles (carrées par exemple) peut-elle elle-même servir de prototype pour trouver les formules pour des mailles de différentes formes comme nous l'avons observé chez les élèves ?

Ainsi, avec ce processus, les symboles, nouveaux objets sur lesquels porte la réflexion, ont un domaine de référence étendu, ce qui confère aux formules construites un domaine de validité étendu constituant en ce sens des *généralités*. Les symboles sont devenus des **variables** servant à décrire des généralités. La figure 8.2 présente une schématisation simplifiée du modèle de Dörfler (1991).

Figure 8.2.
LE MODÈLE DE GÉNÉRALISATION THÉORIQUE DE DÖRFLER (1991)

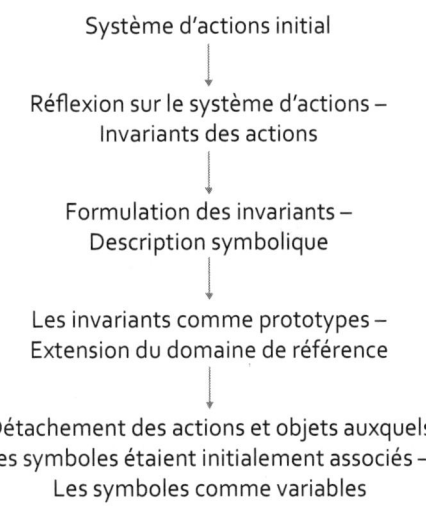

Système d'actions initial
↓
Réflexion sur le système d'actions –
Invariants des actions
↓
Formulation des invariants –
Description symbolique
↓
Les invariants comme prototypes –
Extension du domaine de référence
↓
Détachement des actions et objets auxquels
les symboles étaient initialement associés –
Les symboles comme variables

Cette schématisation du modèle de Dörfler nous a servi à décrire les conduites des élèves en repérant les actions ou systèmes d'actions initiaux et les invariants de ces actions, en identifiant dans les formulations des élèves la description de ces invariants (description qui pouvait être faite en mots, à l'aide d'images ou à l'aide de symboles mathématiques). Nous avons repéré également dans les formulations les tentatives d'extension du domaine de référence des symboles (pas forcément des lettres), et leur degré de détachement des actions et objets auxquels ils étaient initialement associés ainsi que le changement de statut des symboles (lorsqu'ils deviennent variables).

4.

Les résultats : les systèmes d'actions au cœur des interactions

Les séances ont été enregistrées sur bande vidéo et les propos des élèves et de l'animatrice retranscrits[8]. La transcription a été découpée en unités de sens et analysée en identifiant et en caractérisant les formulations des élèves, les arguments de validation, les diverses influences et les changements qui sont survenus. Le modèle de Dörfler (1991) a fourni des indicateurs pour interpréter les conduites des élèves.

L'analyse des vidéos et des transcriptions révèle qu'une grande partie des élèves sont entrés dans un processus de généralisation : formulation d'invariants à partir de systèmes d'actions initiaux avec détachement plus ou moins grand de ces systèmes d'actions. Elle montre également la difficulté de certains élèves à faire aboutir leur raisonnement. Mais elle montre surtout le rôle crucial des systèmes d'actions dans les processus de généralisation et de validation, rôle qui se manifeste tout particulièrement au moment où les élèves doivent expliquer ce qu'ils ont fait. Ce sont les moments de confrontation des différentes formules (messages), en équipe ou en groupe. C'est sur quelques-uns de ces moments que nous nous attarderons dans ce texte pour montrer comment les systèmes d'actions sont à la fois un moteur et un obstacle à la production d'une formule générale valide. Nous présenterons plus particulièrement les discussions qui ont lieu autour du cas d'un système d'actions : considérer d'abord les extrémités et ensuite les tables ou les mailles intérieures. Une seule élève, Stella, poursuivra le projet de construire des invariants à partir de ce système d'actions. Les autres élèves ne la suivront pas dans ce projet. Elle-même échouera à produire une formule générale valide.

4.1. Le problème des tables de Marcel : un système d'actions difficile à comprendre

Au problème des tables de Marcel, Stella et Cléopâtre, sa coéquipière, sont les seules à produire un message basé sur la suite des actions « compter trois chaises pour les tables du bout et deux chaises pour les autres tables » (figure 8.3). Les autres élèves ont plutôt construit leur message à partir d'un système d'actions considérant deux personnes par table plus une personne

---

8. L'animation des séances en classe était conduite par l'orthopédagogue spécialiste de l'école, membre de l'équipe de recherche. L'enseignante des élèves était aussi présente en classe.

à chacune des extrémités. Le message de Stella et Cléopâtre est écrit sur un transparent : elles décrivent les invariants des actions en utilisant une configuration de 5 tables.

Figure 8.3.
LES TABLES DE MARCEL : LE MESSAGE DE STELLA ET CLÉOPÂTRE

Multiplier
tables à 3 chaises
(3 × 2) + (3 × 2) = 12 chaises
➡ pour 5 tables
2 tables de 3 personnes et 3 tables de 2 personnes
et le tout donne 12 chaises, 12 personnes

Au moment de la présentation en grand groupe, la formulation de Stella et Cléopâtre est jugée peu claire et interprétée inadéquatement. Roméo, qui a produit une formule générale valide (nombre de tables fois 2 + 1 à chacune des extrémités), la trouve difficile à comprendre. Il propose une interprétation du message pour 50 tables : « *Vingt tables avec trois personnes, trente tables avec deux personnes. Ouais ça marcherait.* » Il ajoute : « *Ça marcherait, mais il faudrait tout que ce soit des paquets, qu'il y en ait dix, dix longues rangées de tables sinon.* » Roméo voit 10 rangées de 5 tables, donc 10 fois 2 tables à 3 chaises et 10 fois 3 tables à 2 chaises. Il ne respecte donc pas la configuration de 50 tables alignées. Lorsque l'enseignante lui demande une suggestion pour reformuler le message, il précise : « *Admettons qu'on a cinq tables d'affilée, ça aurait été cinq tables pis dix rangées de cinq tables. Si elles avaient marqué ça un petit peu comme ça, j'aurais plus compris.* » Stella intervient pour expliquer : « *On sait **toujours** qu'au milieu il y a 2, mais pas aux extrémités. Alors euh, ça veut dire, **admettons** s'il a 10 tables, alors tu fais 10 fois 8 parce qu'il y a, euh, 8, 2, euh, personnes qui peut s'assoir, pis, euh, ça veut dire, euh, 10 fois 8, 80, plus aux extrémités ça fait 3 plus 3, 6, 86.* » Stella a de la difficulté à contrôler les nombres à utiliser, mais nous constatons que sa formulation est générale (on sait toujours) et que l'exemple utilisé a valeur générique (admettons qu'il y a 10 tables) ; le « 10 » est utilisé comme exemple et pourrait être remplacé par un autre nombre.

Discussion

Le message de Stella et Cléopâtre formulé sur transparent est attaché au cas particulier de la configuration de cinq tables. Le statut des symboles n'est alors pas clair, mais lors de la présentation au grand groupe, l'explication de Stella témoigne d'un processus de généralisation. Nous pouvons penser qu'elle a bien construit les invariants à partir de son système d'actions initial : dans toute configuration, il y a toujours deux tables à l'extrémité avec trois chaises et toutes les tables du milieu exigent deux chaises. L'exemple utilisé sert de prototype pour penser la généralité.

Cependant, la formulation générale des invariants issus du système d'actions de Stella est complexe : pour calculer le nombre de chaises pour une configuration donnée, il faut compter le nombre de tables (soit déterminer la valeur de la variable indépendante), multiplier ce nombre moins 2 par 2 et lui ajouter 2 fois 3. Nous pouvons penser que Stella a de la difficulté à formuler sa règle, car elle ne sait pas comment représenter et calculer la variable « nombre de tables » sans faire référence à un nombre précis. L'utilisation d'un exemple générique peut aussi s'expliquer par la tendance connue à calculer le nombre de chaises effectivement : les calculs doivent être réalisés et non laissés en suspens comme c'est le cas pour une formule générale. La généralité de l'exemple est toutefois noyée dans l'exécution des calculs.

La difficulté des élèves à comprendre le message de Stella peut s'expliquer par son manque de clarté. D'une part, la formulation sur un cas particulier n'exprime pas explicitement une façon de faire quel que soit le nombre de tables ; le pas à franchir entre la formulation à partir d'un exemple et la formulation générale opérationnelle présente une certaine complexité, comme nous venons de le voir. D'autre part, le message de Stella s'interprète difficilement dans le système d'actions des autres élèves puisqu'il repose sur un système d'actions différent. Les élèves ne seraient alors pas capables d'appréhender d'emblée, à partir du message de Stella, le système d'actions à la base des invariants.

4.2. Le problème A du bijoutier : la confrontation de trois messages basés sur des systèmes d'actions différents

Après un travail en équipe, les messages de chacune des équipes sont écrits sur des transparents et présentés au groupe. La discussion se fait alors surtout autour de trois messages ne différant formellement que par un terme : $3n + 1$, $3n + 4$ et $3n + 8$. Deux messages sont écrits sur des transparents ; l'autre, $3n + 4$, apparaît dans la discussion. Les élèves David, Stella, Ulysse et César participent à cette discussion. Notons que les trois derniers élèves appartiennent à la même équipe, mais qu'ils ont produit des messages basés sur des systèmes d'actions et des invariants différents. Pour cette équipe, un seul message est inscrit sur transparent, celui de Stella qui a insisté pour le faire (figure 8.4). Dans le cas du message de David (figure 8.5), il a lui-même formulé le message et les autres élèves de son équipe y ont adhéré.

Figure 8.4.

LE PROBLÈME A DU BIJOUTIER : LE MESSAGE DE STELLA

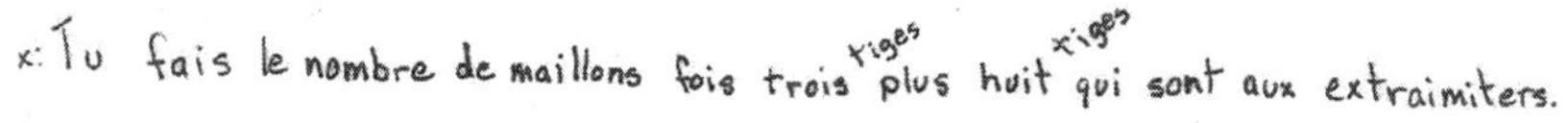

x : Tu fais le nombre de maillons fois trois tiges plus huit tiges qui sont aux extraimiters.

Figure 8.5.

LE PROBLÈME A DU BIJOUTIER : LE MESSAGE DE DAVID[9]

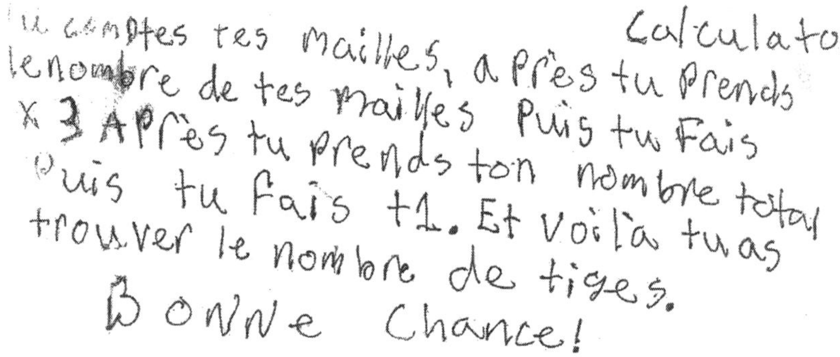

u comptes tes mailles, après tu prends Calculator le nombre de tes mailles x 3 Après tu prends Puis tu Fais Puis tu fais ton nombre total +1. Et voilà tu as trouver le nombre de tiges. Bonne Chance!

C'est Stella qui enclenche la discussion : « *Pourquoi + 1 ?* » Stella se questionne à propos du message de David : « *Comment ça + 1 ? Qui dit ça + 1 là ? Je me demande pourquoi + 1 ? Il est où + 1 ?* » David explique alors à Stella[10] :

> *Euh ! Ouais mais je devrais te le montrer avec ça.* [Il pointe les tiges placées sous la forme d'une chaîne de mailles sur la table.] *Est-ce que t'as fait des maillons, Stella ?* [À la table de Stella et de ses coéquipiers] *D'abord t'en prends 3.* [Il sépare les deux premières mailles en prenant trois tiges par maille : ⬜⬜ ⬜⬜⬜.]

L'enseignante invite David à faire son explication au rétroprojecteur pour tout le groupe. David dessine quatre maillons sur le transparent. Il dessine trois tiges à la fois. David s'arrêtant, Ulysse explique d'où vient le +1 : « *C'est le côté ici. Tu fais 3 plus 3, plus 3, plus 3, plus 1.* » À la demande de l'animatrice, David complète son explication : « *Justement. D'abord on a regroupé nos maillons, 1 maillon, 2 maillons, 3 maillons, 4 maillons. Alors pour*

---

9. Même s'il s'agit d'un message d'équipe, nous choisissons d'attribuer le message à l'élève qui a amorcé sa formulation.

10. Nous mettons bout à bout l'explication de David. Même si plusieurs interruptions sont survenues en classe, elles n'ont pas interféré sur l'explication de David.

nous déjà on avait 4 maillons. [Il écrit le chiffre 4 sur le transparent.] *On prend nos 4 maillons et nous on fait fois 3. Alors* [à l'aide de la calculatrice], *4 fois 3 égale 12.* »

L'enseignante demande des précisions : « *Et pourquoi le fois 3 ?* » David poursuit : « *C'est justement, parce que nous on a pris* [en comptant les tiges par groupe de 3] *1, 2, 3, 1, 2, 3, 1, 2, 3, 1, 2, 3, OK ? Comme il en restait un, on a fait plus. Regarde. Comme là avec 12, je fais plus 1, ça va me donner 13.* » Puis, il compte une à une toutes les tiges des quatre mailles qu'il a dessinées comme pour montrer qu'il obtient bien la réponse : « *1, 2, 3, 4, 5, 6, 7, 8, 9, 10, 11, 12, 13. Voilà, j'ai déjà la réponse.* » Il reprend ensuite son explication en comptant sur les tiges et en les barrant une fois comptées. Il dit qu'il reste alors une tige et donc « *qu'on va en rajouter un, parce qu'il faut le compter quand même* ».

David demande à Stella si elle a compris. Celle-ci répond : « *Oui j'ai compris.* » L'explication de David semble avoir convaincu plusieurs élèves comme le souligne l'animatrice : « *Oui, j'ai entendu beaucoup de Aaah !* »

Discussion

Sur un transparent, Stella a proposé une formule semblable à celle de David, mais au lieu d'ajouter 1 au « nombre de mailles fois 3 », elle ajoutait 8. Le message de David écrit sur transparent est détaché du système d'actions initial qu'il a utilisé. Stella est alors en droit de se demander d'où vient le +1 (« *Il est où le +1 ?* »), d'autant plus que ce +1 est ce qui distingue son message de celui de David. Bien que dans les deux messages, il y ait la formule « nombre de mailles fois 3 », il ne renvoie pas à la même signification considérant les systèmes d'actions des deux élèves. Chez Stella, il s'agit de multiplier par 3 non pas le nombre de mailles total, mais le nombre de mailles intérieures, autres que les extrémités.

Pour répondre à la question de Stella, David entreprend alors de montrer d'où vient ce +1 à partir de la construction d'une chaîne à quatre mailles : il construit alors les mailles une à une en insistant sur les invariants. Il pointe les tiges de chaque maille de manière régulière et en comptant 1, 2, 3 – 1, 2, 3 – 1, 2, 3... C'est comme si David avait saisi que pour comprendre son message, il fallait qu'on comprenne son système d'actions. David dévoile alors le système d'actions à l'origine de la construction des invariants. C'est ce système d'actions qui permet d'expliquer sa formule et de convaincre les autres élèves. L'exemple utilisé par David est utilisé dans son potentiel générique et son système d'actions devient un moyen pour exprimer la généralité.

L'animatrice demande ensuite au groupe de se prononcer sur le message de Stella : « *Tu fais le nombre de maillons fois trois tiges pis huit tiges qui sont aux extrémités.* » Ulysse (de la même équipe que Stella) se lève. Il dessine six mailles sur le transparent.

Ulysse	*Là on faisait 4 plus 3, 1, 2, 3, 1, 2, 3, ben fois le nombre-là, pis là ça va donner...* [Silence. Il compte les tiges et les barre au fur et à mesure.]
Stella	*Hum... minute-là...*
Ulysse	*Ah ! C'est pas fois 8, c'est fois 4.* [Il utilise « fois » mais il est question de + 8 et de + 4. Les élèves font souvent cette erreur.]

L'animatrice précise que ce qu'ils ont donné comme message d'équipe, c'est + 8 et non + 4. Ulysse et Stella ne sont pas d'accord :

Ulysse	*Oui mais c'est pas + 8, c'est + 4.*
Stella	*Non. + 8.*
Ulysse	[En faisant un point sur chaque tige qu'il compte] *Ben non. Regarde. 1, 2, 3, 4, plus 1, 2, 3, 1, 2, 3, 1, 2, 3, 1, 2, 3.*

Ulysse reprend ici un système d'actions utilisé en équipe : on compte quatre tiges pour la première maille et trois tiges pour les autres mailles.

César	[Se mêle de la discussion en précisant] *Non. C'est + 1.*
Stella	*Non !*
César	*Arrêtez ça, c'est + 1. C'est + 1, comme eux là-bas.* [Il pointe l'équipe de David.]
Stella	*Non !* [Elle marche vers le rétroprojecteur.]

César fait une remarque personnelle désobligeante à Stella. Malgré cette remarque, Stella poursuit pour rendre compte de son raisonnement.

Stella	*Parce que dans ma tête, c'était que, on compte pas cette ligne-là ni cette ligne-là.* [Elle cache avec son crayon les deux mailles aux extrémités.] *Ça veut dire 1, 2, 3, 4, fois 3, 12. Plus 8, 20.* [Elle compte trois tiges pour chacune des quatre mailles intérieures et quatre tiges pour chacune des deux mailles aux extrémités.]
Ulysse	*J'ai rien compris.*
Un élève	*Moi non plus.*
Un autre élève	*Moi non plus.*

Ulysse compte toutes les tiges des six mailles dessinées sur le transparent, invalidant ainsi le message de Stella : « *1, 2, 3, 4, 5, 6, 7, 8, 9, 10, 11, 12, 13, 14, 15, 16, 17, 18, 19. Il y en a 19.* [Rires de Stella.] »

Les élèves disent ne pas comprendre le message de Stella et par le fait même ne l'acceptent pas. De plus, Ulysse montre que la façon de faire de Stella ne fonctionne pas pour une chaîne à six mailles. Reste le message d'Ulysse. Devant la demande d'explication, il adoptera le système d'actions de David et finira par dire, à propos du + 4 : « *Il n'y a pas de quatre, c'est parce que quand je l'ai compté je l'ai mis.* » Nous pensons qu'alors, il fait le lien entre sa façon de faire et celle de David, qui compte trois tiges par maille dès la première maille, alors que lui commence à compter trois tiges par maille à partir de la deuxième maille.

L'animatrice interroge ensuite Stella sur sa façon de faire.

Stella   *Je ne compte pas celui-là* [elle pointe les mailles aux extrémités], *et je compte juste comme ça* [elle pointe les quatre mailles au centre].

Animatrice   *Donc, tu comptes ça : 1, celui-là, 1, 2, 3, 1, 2, 3, toi tu les comptes comme ça.*

César   *1, 2.*

Ensuite, Stella compte une à une les tiges et constate (encore une fois) que sa façon de faire ne fonctionne pas : elle donne 1 de plus que la vraie réponse (elle le dira plus tard). La cloche sonne.

Selon toute apparence, l'animatrice cherche à comprendre le système d'actions de Stella. Avec l'intervention de l'animatrice, César semble avoir remarqué que l'avant-dernière maille n'a que deux tiges et non trois (▢ ▢ ▢ ▢ ▢). Ce n'est pas sûr toutefois que Stella ait fait le même constat.

Discussion

Cet échange implique trois systèmes d'actions différents dont un conduit à un invariant erroné, celui de Stella.

C'est le fait d'avoir été capable de faire comprendre son système d'actions qui a permis à David de faire accepter son message. La « démonstration » est convaincante. Même Stella l'accepte, sans toutefois abandonner son propre système d'actions. César, qui n'avait pas dévoilé le sien au moment de la formulation des invariants, a fait sienne l'explication de David. C'est l'explication de David qu'il reprendra par la suite lorsqu'il aura à expliquer à Stella. Dans le cas d'Ulysse, il se peut que la reconnaissance d'une similitude entre ses actions et celles de David lui ait permis de choisir au final la formulation de David qui, elle, était opérationnelle.

Ulysse n'a jamais formulé complètement les invariants issus de son système d'actions initial : 4 pour la 1re maille et 3 pour chacune des autres mailles (le nombre de mailles moins une). La formulation des invariants dans le cas où le système d'actions conduit à considérer une partie du nombre total de mailles paraît plus difficile même s'il n'y a pas passage au symbolisme algébrique. C'était le cas de Stella, qui avait construit des invariants adéquats au problème des tables de Marcel, mais qui n'avait pas réussi à les exprimer autrement à l'écrit qu'à l'aide d'un exemple. Aucun élève ayant envisagé une solution semblable n'y est arrivé.

Stella, quant à elle, n'a pas construit les invariants adéquats qui pourraient découler d'un système d'actions consistant à considérer séparément les mailles aux extrémités : 4 pour chacune des mailles aux extrémités, 3 pour les mailles intérieures sauf une et 2 pour la maille restante, ou bien 4 pour chacune des mailles aux extrémités, 3 pour chacune des mailles intérieures, moins 1 tige comptée en trop. Elle accepte l'explication de David, mais il semble bien que, pour elle, l'enjeu n'est pas tant de trouver une formule adéquate mais de faire fonctionner son propre système d'actions, de le faire aboutir à une formule valide. La séquence qui suit pour le problème B du bijoutier renforce cette idée.

4.3. Le problème B du bijoutier : les systèmes d'actions construits au problème A utilisés pour le problème B

Lors de la séance suivante, l'animatrice présente le problème B. Une chaîne de cinq mailles hexagonales est dessinée au tableau. Rapidement, David et César trouvent une règle qui permet de calculer le nombre de tiges nécessaires, quelle que soit la longueur de la chaîne. L'animatrice précise que si plusieurs façons de faire sont pressenties dans les équipes, il faut toutes les écrire sur le transparent (cette consigne n'avait pas été donnée pour le problème A). L'animatrice laisse du temps aux élèves pour formuler un message en équipe. Durant tout le travail d'équipe, Stella cherchera à faire fonctionner son système d'actions dans le cas des mailles carrées avec le projet de généraliser aux mailles hexagonales. Elle n'y arrivera pas. Ses coéquipiers Ulysse et César tenteront de lui expliquer leur façon de faire, mais Stella poursuivra son projet sans que ses coéquipiers s'y intéressent. C'est ce que nous voyons dans les extraits qui suivent.

D'abord, César et Ulysse expliquent à Stella comment calculer le nombre de mailles dans une chaîne de cinq mailles hexagonales en se servant du même système d'actions qu'ils ont utilisé pour les mailles carrées. Ils reconnaissent d'emblée qu'il faut faire « *comme tantôt* ».

César	*Ça, Stella, […] tu fais fois 5 Stella ! Plus 1. C'est comme tantôt.*
Stella	*5 fois quoi ?*
César	*Fois 3 mais…*
Ulysse à Stella	*Tu fais le nombre fois 5.*
César à Stella	*Parce que regarde, il y a 6 côtés comme tantôt, il y en avait 4, t'en a pris 3 pis t'en a rajouté 1 à la fin. Mais là, c'est la même affaire avec 5.*
Stella	*Ah !*
Ulysse	*Là, tu comptes combien qu'il y a de petits carrés là.* [Il pointe son doigt vers l'écran puis compte les hexagones.]
Stella	*Oui, mais il me semble qu'on a fait ça pis ça a pas marché. J'arrivais à 20.*

Stella se réfère à sa façon de faire, son système d'actions, qui lui donnait 20 au lieu de 19 pour une chaîne de cinq mailles. César s'en rend compte et précise ce qu'ils font : « *Non, non, non ! Qu'est-ce qu'on a fait moi pis Ulysse pis l'autre équipe là-bas là* [celle de David]. »

Stella et les garçons poursuivent des projets différents : celui des garçons consiste à expliquer à Stella à partir du système d'actions de David (voir plus haut) et celui de Stella consiste à faire aboutir son propre système d'actions en une formulation d'invariants qui permettra d'obtenir la bonne réponse. Ces discours parallèles se poursuivront encore quelque temps, chacun insistant fortement sur sa façon de voir.

Puis Stella pense avoir trouvé : « *OK. Mon affaire marche. Mon affaire marche ! Alors je fais mon affaire.* » Puis, en recommençant le dénombrement des mailles une à une, elle constate encore une fois que cela ne fonctionne pas : « *16. Ça marche pas, 16 pis c'est 17 mon affaire.* » Elle manifeste à Ulysse son incompréhension : « *Je ne comprends pas. Ça ne marche pas.* » Elle se décourage : elle se couche la tête sur le bureau.

Les garçons s'interrogent alors sur son comportement :

César	*Qu'est-ce qu'elle a Stella là ? […] Pourtant, c'est pas dur à comprendre !*
Ulysse	*Je le sais.*

Vraisemblablement, Ulysse et César pensent que Stella ne comprend pas leur explication, alors que Stella est concentrée sur son propre système d'actions qui ne lui permet pas d'obtenir la bonne réponse, qui n'est donc pas valide.

L'animatrice vient voir ce que l'équipe a produit. Stella indique qu'ils n'ont pas réussi et qu'ils obtiennent une différence de 1 avec le bon résultat. Les garçons disent à l'animatrice qu'eux, ils ont trouvé. L'animatrice leur confie la tâche d'écrire leur message et revient à Stella qui manifeste son découragement : « *Là je ne suis plus capable là. Je ne comprends plus.* [...] *mon truc marche pas. Je le sais qu'il ne marche pas* [...] *Il y en a trop. Juste une de trop.* »

L'animatrice revoit alors avec Stella sa façon de faire comme elle l'avait fait précédemment en décollant les deux carrés aux extrémités de la série de cinq mailles (☐ ☐☐☐ ☐), ce qui mènera Stella à compter les tiges des mailles du centre et à constater encore une fois que son message ne fonctionne pas. Elle semble alors abandonner : « *Je ne suis plus capable de penser. J'ai mal au ventre.* » Puis, alors que l'animatrice revient après une brève absence et demande aux membres de l'équipe d'écrire ce qu'ils ont trouvé, Stella adopte la façon de faire de ses coéquipiers tout en maintenant son projet de faire aboutir son système d'actions : « *Mais je veux trouver une autre façon vite vite vite là.* »

L'animatrice interrompt alors le travail en équipe pour passer à la discussion en grand groupe.

Discussion

Pour Stella, il semble difficile de faire entrer ses coéquipiers dans son projet. En fait, la proposition de Stella étant invalidée, les garçons l'abandonnent. Stella sait que sa proposition ne fonctionne pas, mais elle reprend constamment le même système d'actions et la même vérification en comptant une à une le nombre de tiges pour constater que cela ne fonctionne pas.

Stella a cherché, malgré ses coéquipiers Ulysse et César, à produire une formule en considérant d'abord le nombre de tiges pour chacune des mailles à chaque bout, et ce, en copiant la formule trouvée pour le problème des tables. Ce système d'actions initial s'est avéré infructueux pour construire les invariants. Stella constate que sa façon de faire permet de trouver une réponse inadéquate avec une différence de un, en trop, d'avec la réponse obtenue par dénombrement. Toutefois, elle n'arrive pas à traduire ce constat en formule générale. L'animatrice a tenté d'invalider son message par un contre-exemple, mais sans entamer chez Stella la conviction que la voie empruntée était possible, autrement dit sans que Stella renonce à l'idée de la pertinence de son système d'actions.

Cet épisode montre la difficulté de se départir de son système d'actions initial, même si l'on s'aperçoit qu'il ne conduit pas au bon résultat. Nous pouvons penser que cette résistance subsiste tant que le sujet n'a pas trouvé la faille au sein même du système d'actions et non dans son produit (résultant de l'application des invariants à un cas donné). C'est ce que laisse penser le cas de Stella. Ainsi, la conviction est portée par la pertinence des systèmes d'actions et non par les calculs sur des cas donnés.

4.4. Le problème B du bijoutier : une discussion autour de la validité d'une formule détachée du système d'actions dont elle est issue

Devant la difficulté de Stella, nous avons soumis à la validation des élèves une formule juste (figure 8.6) découlant du système d'actions de Stella pour la situation B (mailles hexagonales).

Figure 8.6.
LE PROBLÈME B DU BIJOUTIER : LA FORMULE DES CHERCHEURS

Tu comptes le nombre de mailles.
Tu en enlèves 2.
Tu multiplies la réponse par 5.
Tu ajoutes 12 pour les extrémités
et tu enlèves 1 tige comptée en trop.

Pour Stella, l'enjeu est de faire fonctionner son système d'actions. Nous nous demandions quelle serait sa réaction à cette formule. Or, Stella n'a pas reconnu dans la formule des chercheurs une formule semblable à la sienne. Toutefois, à ce moment-là, Stella s'était désengagée, en partie sans doute parce qu'elle était épuisée du travail fait pour produire une formule valide envers et contre tous, fatigue qu'elle manifeste d'ailleurs à quelques reprises. Le fait toutefois de soumettre cette formule à la validation des élèves nous a permis de constater encore une fois l'importance des systèmes d'actions dans le processus de validation.

David entre dans le projet de valider la formule : « *C'est long, mais je ne sais pas si c'est bon.* » Il entreprend d'appliquer la formule et de comparer le résultat obtenu à celui que donne le comptage des mailles. C'est le seul à avoir pris cette initiative[11]. David et une coéquipière valident la formule des chercheurs pour deux mailles. David dit : « *Ils ont raison, ça fait 11.* » Il entreprend ensuite de vérifier pour trois mailles : « *Je vais l'essayer avec 3 parce que bon, ils sont bien tombés à 2.* » David ressent le besoin de recourir à une autre validation empirique à la recherche d'un contre-exemple. Il se trompe dans les calculs et conclut que le message ne fonctionne pas. L'enseignante refait les calculs, mais David n'est pas satisfait. Une discussion s'engage sur le sens à donner à ce qui est écrit, discussion à laquelle César participe. La discussion porte entre autres sur les mailles à enlever (lesquelles) et sur le fait que la maille qui reste (chaîne à trois mailles) n'est pas complète. Dans les traces écrites laissées par David, il semble qu'il ait voulu traduire les opérations de l'énoncé en un système d'actions. En classe, il interroge l'animatrice :

> *Sauf que* [...] *j'ai une question* [...] *Quand ils enlèvent leurs maillons* [...] *quand ils enlèvent leurs maillons comme ils disent, leurs deux maillons ici* [...] *mais est-ce que toi ils enlèvent 1 maillon, 2 maillons* [il pointe les deux premiers maillons d'une chaîne de 3] *et là il en reste 1, 2, 3, 4, 5* [il compte les tiges qui restent] *?*

David semble vouloir interpréter ici la formule donnée en termes d'actions physiques sur la chaîne. L'enseignante lui explique la situation et, à la fin, David semble accepter la formule.

Discussion

Stella n'a pas fait le lien entre la formule des chercheurs et son système d'actions. Après réflexion, cela n'est pas surprenant, indépendamment du désengagement possible de Stella. Aller de la formule au système d'actions est sans doute une tâche plus complexe que l'inverse. Avec le recul, toutefois, une formulation intermédiaire du type « le nombre de mailles intérieures fois 3 + 8 − 1 » aurait été plus près du système d'actions initial de Stella et, dans ce sens, lui aurait été plus profitable. En fait, il s'agissait de généraliser son observation selon laquelle son résultat donnait toujours une tige en trop, parce que son système d'actions amenait à compter une tige de trop.

---

11. Il est le seul à poursuivre le projet. Les autres sont désengagés, peut-être parce qu'une formule est trouvée. Leur forte conviction dans la stratégie « fois 5 + 1 » ne les motive pas à réfléchir sur une stratégie qui leur paraît douteuse et qui nécessite un coût cognitif élevé.

La formule des chercheurs se trouve déconnectée d'un système d'actions. Cette déconnexion rend plus difficile sa compréhension et donc sa validation. Ce sont les invariants des actions qui fondent la formule. Sinon, on est ramené à des validations purement numériques. Même si la validation numérique fonctionne sur quelques cas, cela est insatisfaisant pour David, qui cherche une validation plus fondamentale qui convainque au-delà des cas particuliers ou qui lui permette d'exercer un contrôle sur les écritures, d'autant plus peut-être qu'il ne contrôle pas complètement les calculs.

Conclusion

Dans cette conclusion, nous reprenons quelques résultats et interprétations à propos des systèmes d'actions pour adopter un point de vue plus global et formulons quelques pistes pour une médiation en classe.

La situation entourant les deux problèmes soumis, avec leurs caractéristiques didactiques, a permis aux élèves de développer des systèmes d'actions. Ces systèmes d'actions se sont avérés cruciaux pour le processus de généralisation. Ce rôle des systèmes d'actions apparaît tout particulièrement au moment où les élèves se penchent sur les propositions de chacune des équipes, moment de validation (justification) des généralités produites.

C'est le système d'actions de David qui lui sert à faire accepter sa proposition de formule pour compter le nombre de tiges dans le problème du bijoutier. Son explication, en réponse à la question « pourquoi », consiste à mettre en évidence les invariants des actions sur lesquels repose la formule. De plus, devant une formule détachée des systèmes d'actions (formule proposée par les chercheurs), David cherche à reconstruire les systèmes d'actions qui ont mené à elle afin de la valider. C'est l'explication par l'animatrice du système d'actions à la base de cette formule qui permettra à David de l'accepter. Nous pouvons penser aussi que l'utilisation de systèmes d'actions différents chez les élèves peut conduire à des incompréhensions ou amener des résistances dans l'adoption de certaines propositions. Si les élèves acceptent difficilement la formulation de Stella au problème des tables, c'est en partie sans doute parce que le système d'actions sur lequel il repose est différent de ceux des autres élèves et qu'il n'est pas transparent dans sa formulation. La clarté d'un message tiendrait alors à ce qu'il laisse voir le système d'actions à la base des invariants. Les systèmes d'actions initiaux rendent intelligibles les formulations, et les incompréhensions peuvent être interprétées comme une difficulté à donner une signification aux invariants au moyen des systèmes d'actions qui les fondent.

La clarté peut tenir aussi au caractère plus ou moins opérationnel des formulations. Les invariants issus de certains systèmes d'actions apparaissent plus difficiles à formuler sous forme de chaînes d'opérations sur le nombre total de tables ou de mailles. C'est le cas des systèmes d'actions qui conduisent à considérer le nombre de tables ou de mailles intérieures (comme chez Stella) ou bien le nombre de mailles restantes (comme chez Ulysse). Cette difficulté peut expliquer le recours à des cas donnés pour décrire les invariants. Une médiation de l'enseignant apparaît nécessaire ici pour amener les élèves à dépasser cette difficulté et ainsi à formuler les invariants et à les décrire de façon symbolique (pas forcément sous la forme de lettres). La formulation de plusieurs messages permettra éventuellement d'envisager des équivalences.

Les systèmes d'actions ont joué un rôle crucial dans la formulation des invariants et ont permis à la plupart des élèves de construire une généralité ou, tout au moins, d'y adhérer. Toutefois, les systèmes d'actions peuvent aussi faire obstacle à la construction même d'invariants et donc à la construction d'une généralité. Les passages sur les différentes formules impliquant l'expression *nombre de tables fois 3*, avec l'obstination de Stella à poursuivre son projet de trouver une formule valide à partir de son système d'actions, sont particulièrement révélateurs. Les systèmes d'actions comme source de la réflexion apparaissent robustes dans le sens où le sujet ne s'en détache pas facilement même devant le constat que ces systèmes ne permettent pas de conduire au bon résultat. Les convictions des uns et des autres tiennent dans les convictions de la signification des invariants par les systèmes d'actions. Même si Stella sait pertinemment que sa proposition n'est pas valide, et bien qu'elle semble accepter la proposition de David, elle est convaincue de la pertinence de son système d'actions. Même si l'animatrice applique le système d'actions de Stella sur une configuration de mailles, il n'est pas sûr que Stella ait constaté la faille dans son système d'actions. Nous pouvons penser que pour se détacher de son système d'actions, le sujet doit, d'une part, trouver la faille dans son système d'actions, et non dans le produit du système d'actions (c'est-à-dire la réponse inadéquate), et d'autre part, envisager les conséquences sur les invariants. Dans le cas de Stella, une médiation en ce sens aurait été nécessaire. Ce qui fonde les formules et qui est porteur de la compréhension, ce sont les systèmes d'actions, et non l'expérience empirique (au sens de Balacheff, 1988), consistant ici en calculs sur des cas donnés.

Par ailleurs, sur le plan des médiations, nous pouvons envisager que l'enseignant force une symbolisation de plus en plus près de la symbolisation conventionnelle. Les formules qui sont issues des systèmes d'actions pourraient se traduire par $3n + 1$, $3n + 4$ et $3n + 8$. De plus, que la variable soit exprimée à l'aide d'une lettre ou sous forme de mots (nombre de tables), une réflexion sur la signification de cette variable, qui n'est pas la même dans les trois cas, et sur le fait que ces trois expressions ne peuvent être égales si n représente le nombre total de mailles, pourrait être bénéfique. En effet, la réflexion peut être l'occasion d'un détachement des systèmes d'actions, important pour le processus de généralisation. Une médiation dans ce sens de la part de l'enseignant apparaît toutefois nécessaire.

De façon plus générale, les résultats de la recherche invitent à être attentif à la construction des systèmes d'actions pour la compréhension des invariants ainsi qu'aux incompréhensions qui peuvent en découler. Ils éclairent l'intervention dans la mesure où ils mettent en évidence l'importance des systèmes d'actions initiaux pour la construction d'invariants ainsi que leur importance pour soutenir le processus de validation dans la classe.

En terminant, ajoutons quelques mots au sujet de Stella, cette élève qui s'est engagée dans le processus de résolution des problèmes de façon constante à travers l'ensemble des problèmes que nous avons proposés. Elle a toujours tenté de défendre des façons de faire originales que les autres n'acceptaient pas d'emblée. Il peut s'agir ici d'un effet de contrat. En effet, il se peut que Stella ait tenu à l'originalité de ses productions, l'enjeu n'étant pas pour elle de trouver une formule générale satisfaisante, mais de produire une formule personnelle, sa propre formule (ce qui ne contredit pas notre interprétation en termes de système d'actions à faire fonctionner). De par ses procédures différentes des autres, de par l'originalité de ses systèmes d'actions, Stella n'a pas toujours eu de bonnes réactions de la part de ses coéquipiers et a parfois été tournée en dérision lorsque ses stratégies leur sont apparues trop longues ou inefficaces. Quoi qu'il en soit, nous pouvons dire que Stella a mené un projet personnel de nature mathématique. Il nous apparaît important d'aider l'élève à réaliser ce projet, et même plus, ce projet personnel qui serait récupéré comme projet de classe pourrait permettre, dans ce cas précis, de faire progresser les élèves dans la construction de leur pensée algébrique.

CHAPITRE

La résolution d'une situation-problème statistique par des élèves à risque

Quelles contributions au travail d'équipe
et quelle compréhension[1] ?

Laurent Theis, Khoi Mai Huy *et* **Vincent Martin**
Université de Sherbrooke, Québec

Depuis une décennie, on peut observer un intérêt accru pour l'enseignement de la statistique dès le début de la scolarisation. D'une part, les sociétés d'information sont basées sur des données statistiques accessibles à un grand public (McClain, Cobb et Gravemeijer, 2000 ; Pfannkuch et Rubick, 2002). D'autre part, les programmes de formation introduisent l'enseignement de la statistique à partir d'un âge de plus en plus jeune. Ainsi, au Québec, le Programme de formation de l'école québécoise du primaire (PFEQ) actuellement en vigueur (ministère de l'Éducation du Québec – MEQ, 2001) prévoit l'introduction de l'enseignement de la statistique dès le début du primaire. En effet, dès la première année du primaire, le programme prévoit

1.   Cette recherche a été réalisée grâce à un soutien financier du Fonds de recherche du Québec – Société et culture (FQRSC, n° 2007-NP-113541).

le travail sur toutes les étapes d'une enquête statistique : formulation de questions d'enquête et collecte de données, description, organisation et interprétation de données.

Par ailleurs, le PFEQ du niveau primaire met un accent particulier sur le développement de la compétence à *résoudre des situations-problèmes mathématiques*. Dès lors, les enseignants sont invités à enseigner les concepts statistiques par l'intermédiaire de situations-problèmes complexes et contextualisées. De nombreuses recherches en didactique de la statistique, que Mary et Theis (2007) ont décrites ailleurs, soumettent aux élèves des situations complexes, qui demandent un travail qui les rapproche du travail du statisticien. Ainsi, plusieurs recherches (Bakker, 2001 ; Cobb, 1999 ; Doerr et English, 2001 ; Lehrer et Romberg, 1996) montrent que, placés dans des situations complexes, les élèves sont en mesure de développer une première compréhension des concepts statistiques sous-jacents. Dans ce contexte, deux passages particulièrement critiques ont été identifiés par Cobb (1999) : 1) le passage d'une vision d'une collection comme un ensemble d'informations particulières au raisonnement sur une distribution, où les données sont considérées comme une entité, avec ses propres caractéristiques ; 2) le passage d'une pensée additive à une pensée multiplicative qui implique que l'élève comprend qu'il ne suffit pas de comparer les données de manière additive. Ce passage devient par exemple particulièrement important lorsqu'il s'agit de comparer deux groupes à effectifs différents.

1
La problématique

Au cours d'une recherche antérieure (Mary et Theis, 2007), les auteurs se sont intéressés aux raisonnements statistiques mobilisés dans une situation-problème statistique par des élèves en grande difficulté d'apprentissage scolarisés en classe spéciale d'une école primaire. Dans le cadre de cette recherche, Mary et Theis (2007) ont demandé aux élèves de travailler sur deux tâches qui impliquent la comparaison de deux groupes à effectifs différents. En effet, les élèves devaient formuler des questions à partir de données qui leur avaient été fournies concernant certaines caractéristiques des élèves de la classe : sexe, mois de naissance, couleur des cheveux, port de lunettes, moyen utilisé pour venir à l'école, nombre d'heures de télévision regardées par semaine, etc. Deux questions, formulées par les élèves, ont été retenues et leur ont été soumises pour être investiguées : « Les élèves qui portent des lunettes regardent-ils plus la télévision que les autres ? » et « Les garçons ont-ils les cheveux plus foncés que les filles ? »

Cette recherche a révélé que, de manière générale, les stratégies mises en œuvre par les élèves sont très riches. Ainsi, pour comparer le groupe de 4 élèves qui portent des lunettes aux 16 qui n'en portent pas, certains élèves ont choisi 4 individus parmi les 16 ou ont décidé d'élargir le groupe des 4 individus en respectant les caractéristiques du groupe d'origine. D'autres élèves ont plutôt groupé les données selon certaines caractéristiques (porter des lunettes ou non/regarder plus ou moins de 20 heures de télévision par semaine) et ont travaillé à l'aide de rapports pour analyser la distribution et répondre à la question posée. Une équipe a pour sa part divisé le groupe de 16 individus qui ne portent pas de lunettes en 4 groupes de 4 pour comparer chacun de ces groupes aux 4 individus qui portent des lunettes et en tirer une conclusion. Le recours à la moyenne a également été observé chez certains élèves. Il est donc possible de conclure que les élèves en difficulté ont eu recours à des stratégies riches et variées.

Cette recherche a aussi permis de mettre en lumière certaines difficultés rencontrées par ces élèves. Ainsi, des éléments inhérents à la statistique leur ont posé problème. D'une part, en raison de l'absence de rétroaction et de validation intrinsèque à la situation elle-même, il a parfois été difficile de discuter en groupe à savoir si une stratégie envisagée était acceptable ou non. D'autre part, de nombreux élèves ont eu de la difficulté à faire abstraction de leurs propres croyances quant aux résultats. Plusieurs d'entre eux ont alors utilisé des arguments pour faire valoir qu'il n'y avait pas de lien de cause à effet entre le port de lunettes et le nombre d'heures passées devant la télévision, ce qui les a empêchés par la suite d'analyser les données de leur classe. Toutefois, les difficultés conceptuelles rencontrées par ces élèves n'ont pas semblé différentes de celles qu'auraient pu vivre des élèves en classe régulière.

Par contre, un phénomène pourrait être propre aux élèves en difficulté et plus particulièrement au contexte de la classe spéciale : l'avancement des idées à l'intérieur des travaux d'équipe a souvent été difficile et a nécessité l'intervention d'un adulte (par exemple, pour gérer les discussions, surtout face à une certaine indiscipline des élèves).

À quel point le contexte d'étude en classe spéciale, dans laquelle les équipes sont exclusivement composées d'élèves reconnus en difficulté, a-t-il alors eu une influence sur les difficultés des élèves ? Et comment des élèves en difficulté scolarisés au sein d'une classe ordinaire auraient-ils réussi à traiter une tâche similaire ? Le statut de l'élève en difficulté est différent dans la classe ordinaire : contrairement à la classe spéciale, cet élève n'est pas un élève en difficulté parmi d'autres ; il possède un statut particulier au sein de la classe. Par ailleurs, dans les travaux d'équipe, l'élève en difficulté peut être amené à travailler avec des élèves qui ne sont pas en difficulté, ce qui risque de modifier la dynamique des échanges. Comment joue alors la présence d'élèves plus « forts » sur les élèves en difficulté ? Ce sont là des questions que nous tenterons d'explorer dans le cadre du présent chapitre.

Différentes recherches ont permis d'apporter des éléments de réponse à la question de l'influence du travail d'équipe sur l'élève en difficulté. Celles-ci ont constaté une attitude passive des élèves en difficulté à l'intérieur de l'équipe (Mulryan, 1995 ; Pitts-Hill *et al.*, 1998), une prise en charge de tâches non mathématiques[2] peu profitables au développement de leur compréhension conceptuelle (Baxter, Woodward et Olson, 2001) et un recours à des stratégies d'évitement dans des situations de résolution de problèmes (Focant, 2003). D'autres recherches ont plutôt fait valoir les effets positifs possibles de la présence d'élèves plus forts. Pour Gillies (1997), les indices fournis par les élèves plus forts pourraient être profitables aux élèves en difficulté. Dans un article sur l'inclusion des élèves en difficulté au moyen de l'apprentissage coopératif, Malmgren (1998) a avancé l'idée que des élèves en difficulté pourraient profiter de certaines stratégies d'élèves forts qu'ils n'auraient pas été en mesure de mettre de l'avant eux-mêmes : « *According to Vygotski, working in a heterogeneous group of peers promotes learning for low achievers because the higher achieving peers are modeling behaviors more advanced than the low achievers could achieve on their own, but still within their zone of proximal development*[3] » (p. 2). Par ailleurs, une recherche antérieure (Martin et Theis, 2011) permet de relativiser l'importance d'une attitude passive des élèves dans le travail d'équipe. Effectivement, une élève en difficulté de 5e année devait résoudre un problème probabiliste au sein d'une équipe hétérogène. Malgré une contribution limitée au travail de son équipe durant la résolution du problème, cette élève a néanmoins su dégager une compréhension adéquate du problème à résoudre et des concepts probabilistes impliqués.

---

2.   Dans ce contexte, Baxter, Woodward et Olson (2001) mentionnent l'exemple d'une dyade d'élèves qui doivent travailler sur une tâche sur les fractions à l'aide d'un matériel de manipulation. Ils ont observé que l'élève qui n'est pas en difficulté a pris en charge le travail conceptuel avec le matériel, tandis que l'élève en difficulté s'est limitée à « gérer le matériel didactique » en donnant à sa partenaire le matériel que celle-ci lui demandait.

3.   « Selon Vygotski, le travail au sein de groupes hétérogènes de pairs favorise l'apprentissage d'élèves faibles, puisque les élèves plus forts modélisent des comportements plus avancés que ce que des élèves faibles pourraient accomplir par eux-mêmes, mais qui sont toujours à l'intérieur de leur zone proximale de développement » (traduction libre).

2

L'objectif de la recherche

Afin d'obtenir davantage d'informations sur la façon dont des élèves en difficulté scolarisés à l'intérieur de classes ordinaires résolvent des problèmes statistiques, nous avons conduit une expérimentation similaire à celle menée par Mary et Theis (2007), mais dans une classe régulière multiniveau de 4e et 5e année du primaire[4]. Une des principales différences entre ces deux recherches résulte alors de la position de l'élève en difficulté. L'élève de 5e année décrit dans cet article se retrouve dans une équipe hétérogène, comprenant également des élèves qui n'éprouvent pas de difficultés en mathématiques. Nous poursuivrons deux objectifs dans ce chapitre : 1) déterminer la contribution qu'un élève à risque fait à l'avancement de la résolution du problème lors du travail en équipe hétérogène ; 2) décrire la compréhension qu'il a du problème proposé ainsi que des enjeux conceptuels sous-jacents.

3

Le cadre conceptuel

Cobb (1999) a cerné deux passages cruciaux pour l'accession à une pensée statistique : la considération des données comme une distribution et le passage d'un raisonnement additif à un raisonnement multiplicatif.

En ce qui concerne la considération des données comme une distribution, elle nécessite de la part de l'élève qu'il considère les données comme un ensemble, et non plus comme des entités individuelles. Par exemple, dans la recherche de Mary et Theis (2007), certains élèves essayaient, au début de la résolution du problème, d'associer chacune des données à un élève particulier de la classe. Dès lors, ils travaillaient encore, à ce moment, sur des données individuelles et ne les considéraient pas encore comme un ensemble. Par ailleurs, des élèves qui argumenteraient que c'est tel groupe qui regarde le plus la télévision, parce que l'individu qui a la valeur la plus élevée se trouve dans ce groupe, utiliseraient également un raisonnement qui se centre sur des données individuelles et non sur l'ensemble des données.

---

4. Les élèves ayant participé à la recherche de Mary et Theis (2007) étaient de l'âge du début du secondaire, mais leurs connaissances mathématiques correspondaient davantage à celles d'un élève de la fin du primaire. En ce sens, la tâche nous semblait adaptée *a priori* aux connaissances mathématiques des deux groupes, même si leur âge n'était pas le même.

Pour ce qui est du passage à un raisonnement multiplicatif, celui-ci devient nécessaire lorsque les élèves font face à des ensembles de données à effectifs différents. En effet, lors de la comparaison de groupes à effectifs égaux, un raisonnement additif pourrait être suffisant. Par exemple, si les élèves avaient à comparer le nombre d'heures passées à regarder la télévision par six élèves qui portent des lunettes et par six autres élèves qui n'en portent pas, il serait suffisant de simplement additionner le nombre d'heures de chacun des groupes et de les comparer directement. Or, comme le souligne Cobb (1999), une telle stratégie n'est plus suffisante lorsqu'il s'agit de comparer des groupes à effectifs différents, comme c'est le cas dans la tâche décrite par Mary et Theis (2007), dans laquelle 4 élèves qui portent des lunettes sont comparés à 16 élèves qui n'en portent pas. Cette comparaison doit alors tenir compte de la différence d'effectifs entre les deux groupes – le groupe de 16 élèves est 4 fois plus grand que celui de 4 élèves – et c'est cette prise en compte de la différence d'effectifs qui caractérise le raisonnement multiplicatif dans cette situation.

Comment ces différents raisonnements pourraient-ils se traduire dans le cadre de la tâche que Mary et Theis (2007) ont proposée aux élèves d'une classe spéciale ? Comme nous l'avons indiqué précédemment, un raisonnement additif pourrait consister à faire la somme de toutes les heures passées à regarder la télévision par les élèves des deux groupes et à les comparer, qu'ils aient affaire à un même tout ou non. D'ailleurs, un certain nombre d'élèves dans cette recherche avaient initialement fait une telle proposition, laquelle a toutefois été rapidement rejetée à l'intérieur des équipes de travail, où d'autres élèves argumentaient que ce n'était pas « juste », puisque les élèves qui ne portent pas de lunettes sont beaucoup plus nombreux que les autres. Un raisonnement multiplicatif pourrait prendre plusieurs formes. D'un côté, il serait possible d'augmenter le groupe de 4 élèves à 16 élèves en s'assurant que le groupe ainsi obtenu respecte les caractéristiques du groupe initial de 4 élèves. D'un autre côté, il est également possible de déterminer la proportion d'élèves dans chacun des groupes qui regardent la télévision plus d'un certain nombre d'heures. C'est ce qu'a fait une des équipes dans la recherche de Mary et Theis (2007), qui a déterminé la fraction des élèves qui passaient plus de 20 heures devant leur téléviseur dans chacun des deux groupes.

Différents enjeux sous-tendent les deux questions soumises aux élèves. D'un côté, il faut trouver un moyen de comparer deux groupes dont les effectifs sont différents. Ainsi, pour la première tâche, il y a 4 personnes qui portent des lunettes pour 16 personnes qui n'en portent pas. Dès lors, une simple comparaison additive des sommes d'heures passées devant le téléviseur n'est pas suffisante pour tirer des conclusions et il devient nécessaire de raisonner de manière multiplicative ou d'utiliser une mesure de tendance centrale pour contourner la difficulté. D'un autre côté, la deuxième question implique, en plus, des données de nature qualitative, plus difficiles à quantifier : la couleur des cheveux. Le recours à une mesure de tendance centrale pour répondre à la question devient donc beaucoup plus difficile. Une des façons de contourner cette difficulté est alors d'analyser la distribution des données dans les deux groupes.

La méthodologie de la recherche

Notre expérimentation a été menée dans une école primaire alternative publique du sud du Québec. Ce milieu a été choisi en raison de son projet pédagogique particulier, qui favorise l'enseignement des mathématiques par résolution de problèmes, à l'intérieur de projets thématiques. Par ailleurs, cette approche y étant pratiquée depuis de nombreuses années, le personnel enseignant dispose d'une longue expérience d'enseignement par la résolution de problèmes. Les séances en classe ont été enregistrées sur bande vidéo. L'enseignante, ainsi que le chercheur principal, deux assistants de recherche et, lors de la dernière séance, une autre didacticienne des mathématiques, sont intervenus lors des travaux d'équipe pour faciliter les échanges entre élèves. Par ailleurs, des entrevues ont été réalisées et enregistrées avec les élèves à risque après chacune des séances afin d'obtenir davantage d'informations sur leur compréhension de la tâche proposée, des concepts mathématiques en jeu et des stratégies utilisées par les autres élèves. Dans le cadre de ce chapitre, nous allons nous concentrer sur un élève à risque en particulier : Tristan. Le cas de Tristan a été retenu parce qu'il permet de mettre en relief à la fois des enjeux conceptuels et des enjeux sociaux de la participation d'un élève en difficulté au travail en équipe hétérogène.

La situation-problème que nous avons présentée comprenait certaines adaptations par rapport à la version originale, décrite dans le texte de Mary et Theis (2007). Tout d'abord, la thématique du sondage était différente. Comme lors de la première expérimentation, plusieurs élèves avaient remis en question les buts poursuivis par la réalisation du sondage en classe. Nous avons donc décidé de le rapprocher davantage de la réalité de la classe. Lors de l'expérimentation, les élèves étaient en train de travailler sur un projet thématique lié aux différentes activités de plein air, dont le camping, et dans le cadre de ce projet, ils avaient prévu organiser une sortie de camping quelques semaines plus tard. L'activité mathématique liée à ce projet consistait donc à réaliser une enquête afin de connaître le degré de préparation des élèves de la classe en matière de camping[5]. Par ailleurs, contrairement à la recherche précédente, où la formulation des questions initiales et la collecte de données avaient été prises en charge par les chercheurs, nous avons décidé d'impliquer les élèves à toutes les étapes du sondage. Ainsi, les enfants ont contribué au choix des variables de départ : lors d'une première séance, nous leur avons demandé de trouver des questions qui permettent d'évaluer l'aptitude des élèves de la classe à faire du camping. À la suite de cette rencontre, nous avons sélectionné 13 des questions énoncées par les élèves pour le questionnaire final.

Nous avons également soumis les élèves à un test écrit de connaissances sur différents éléments relatifs au camping. Cette diversité de questions nous a permis d'obtenir des données de nature différente.

Le questionnaire a été distribué à tous les élèves de la classe. Les chercheurs ont compilé les résultats et sélectionné huit questions parmi celles issues du questionnaire et du test écrit. Les réponses ont été soumises aux élèves, lors de la séance suivante, sous forme de tableau. Le tableau 9.1 en présente un extrait. Le choix des questions s'est fait essentiellement en fonction de leur potentiel d'analyse statistique. Ainsi, nous avons éliminé les questions pour lesquelles les réponses ne présentaient que peu de variabilité. Nous avons également fait en sorte que les questions retenues comportent différents types de données : dichotomiques et non dichotomiques, numériques ou qualitatives.

Lors de la troisième séance, tout comme dans Mary et Theis (2007), nous avons demandé aux élèves de formuler des questions à partir des données du tableau. Parmi les questions énoncées par les élèves, nous en avons retenu deux : « Les enfants qui habitent à la campagne connaissent-ils plus les animaux du Québec que ceux qui habitent en ville ? » et « Les garçons savent-ils mieux allumer un feu que les filles ? » Chacune des questions a été présentée aux élèves lors d'une séance de 90 minutes. À la suite de la présentation de chaque question, ils devaient trouver, en équipe, une façon d'y répondre et une manière d'illustrer leur réponse sur une affiche.

Comme dans la recherche de Mary et Theis (2007), le défi particulier de ce type d'activité est lié à la difficulté de devoir comparer deux groupes à effectifs inégaux. *A priori*, plusieurs stratégies seraient envisageables pour tenir compte de la différence d'effectifs dans les deux groupes. Tout d'abord, le recours à la moyenne du nombre d'animaux nommés dans les deux

---

5.   Il est à noter ici que la population considérée est la classe entière. Celle-ci ne constitue alors pas un échantillon d'une population plus grande. De fait, les élèves n'ont alors pas besoin de considérer si la classe constitue un échantillon représentatif ou pas d'une population plus grande.

groupes permettrait de tenir compte de cette différence. Il est raisonnable de croire qu'au moins une partie des enfants ont déjà entendu parler de la moyenne, même si aucun enseignement formel à cet effet n'a précédé notre activité. Cette stratégie devient cependant plus difficile à mettre en place dans la deuxième question, puisque les données n'y sont pas numériques.

Tableau 9.1.
UN EXTRAIT DU TABLEAU DE RÉSULTATS PRÉSENTÉ AUX ÉLÈVES

	Élève C	Élève D	Élève E	Élève F	Élève G	Élève H
Quel est ton sexe ?	G	G	F	G	F	G
Où habites-tu ?	V	V	V	V	C	C
As-tu déjà construit une cabane dans le bois ?	Oui	Oui	Non	Oui	Non	Oui
As-tu peur des araignées ?	Oui	Non	Oui	Non	Non	Non
Combien de jours as-tu passés en camping cet été ?	60	2	28	4	11	25
Combien d'animaux du Québec peux-tu nommer ?	5	7	4	6	6	13
La capacité à décrire les objets et les étapes nécessaires pour allumer un feu en forêt.	C	C	B	A	C	A
La capacité à nommer des arbres du Québec.	D	D	B	A	A	A

Légende : G = garçon ; F = fille ; V = ville ; C = campagne.

Ensuite, différentes stratégies qui permettent de rendre égaux les effectifs des deux groupes seraient également possibles. Les élèves pourraient envisager augmenter la taille du plus petit groupe par l'ajout d'élèves ou réduire l'effectif du plus grand groupe. Bien sûr, lors du recours à ces stratégies, un raisonnement multiplicatif est nécessaire, puisqu'il faut tenir compte des caractéristiques des élèves déjà présents (en termes de rapports) afin que le groupe d'élèves ainsi formé présente encore des caractéristiques similaires à la population de départ. Cette stratégie comporte cependant une difficulté particulière : le tableau comporte 14 élèves qui habitent en ville, et seulement 5 qui habitent à la campagne. Contrairement à la recherche précédente, où il y avait 4 porteurs de lunettes et 16 individus qui n'en portaient pas, l'effectif d'un groupe n'est pas ici le multiple de l'autre. Il ne suffit pas alors de reproduire exactement 4 fois le groupe de départ, puisque le groupe de 14 élèves est d'un effectif 2,8 fois plus grand que celui de 5 élèves.

5
Les résultats de la recherche

La description des résultats de la recherche sera organisée de la manière suivante : nous allons décrire séparément le traitement des deux questions soumises aux élèves. Pour chacune des questions, nous allons donner un portrait des stratégies élaborées par l'équipe d'un élève en difficulté, Tristan. Selon l'enseignante, Tristan est jugé à risque parce que sa compréhension des concepts mathématiques n'est pas celle à laquelle on peut s'attendre de la part d'un élève de son âge. Par ailleurs, il a de la difficulté à travailler avec d'autres élèves et il fait souvent preuve d'un comportement perturbateur en classe.

L'équipe de Tristan, qui fait l'objet d'une analyse plus approfondie, comprend deux autres élèves, Justine et Charles, deux élèves forts en mathématiques. Tous les élèves de l'équipe sont en cinquième année.

5.1. L'analyse du travail de l'équipe de Tristan dans la première tâche

Rappelons tout d'abord que, dans cette tâche, les élèves devaient répondre à la question suivante : « Les enfants qui habitent à la campagne [5 élèves] connaissent-ils plus les animaux que ceux qui habitent en ville [14 élèves] ? » Comme nous l'avons vu précédemment, les effectifs différents d'habitants de la ville et de la campagne constituent alors un des obstacles centraux.

Dans l'équipe de Tristan, cet obstacle a persisté pendant une bonne partie de la séance, même si Charles a évoqué une piste de solution dès les premiers moments du travail d'équipe et que Justine était consciente dès le départ de cette difficulté :

Charles	*Là y a 5 personnes en ville... en campagne. Il faudrait prendre 5 autres personnes en ville pour qu'après ça on les additionne et qu'on compare.*
Justine	*Parce qu'il y en a 15 en ville puis 5 en campagne*[6].

---

6.   Même si l'échantillon des élèves qui habitent en ville comprend 14 individus, Justine se trompe ici en parlant de 15 individus.

On pourrait alors croire que l'obstacle de la comparaison de deux groupes à effectifs différents est déjà levé puisque Charles propose une piste pour le surmonter. Cependant, tel n'est pas le cas, puisque l'équipe rediscute par la suite à plusieurs reprises de la difficulté de comparer deux groupes qui n'ont pas la même taille. Un des exemples de ces discussions implique également Tristan :

Tristan	*Il faudrait juste tout compter la ville.*
Intervenant	*Si vous comptiez la ville, à quoi vous arriveriez ? Qu'est-ce que ça vous permettrait de faire ?*
Tristan	*Ben de savoir lequel en a le plus de réponses.*
Intervenant	*Mais toi Charles, tu dis que ça ne fonctionne pas ?* [Charles fait signe de doute.] [...] *Moi je ne le sais pas, je n'ai pas réfléchi à ça.*
Charles	*À cause que c'est sûr, au début on disait qu'il y en avait 5 dans la campagne. On les a encerclés, on les a additionnés et ça faisait 40. Après ça, je me suis dit qu'on va prendre les [5] plus gros dans la ville et ça donnait déjà 55. C'est sûr que c'est la ville qui en a le plus.*

Cet extrait permet de dresser deux constats différents. Tout d'abord, Charles souligne qu'un raisonnement additif, qui consisterait à simplement comparer le total des animaux nommés dans les deux groupes, n'est pas envisageable. Ensuite, c'est également la sélection des habitants de la ville qui pose problème pour les élèves de cette équipe et qui est au centre des discussions tout au long de la séance. En effet, Charles lui-même semble remettre en cause la suggestion de considérer seulement les cinq élèves de la ville ayant nommé le plus d'animaux parce qu'elle donnerait un avantage aux habitants de la ville. D'ailleurs, beaucoup plus loin dans la séance, Charles argumente encore une fois au sujet de la faille de cette stratégie. Il réfute également une autre stratégie discutée dans l'équipe, à savoir de considérer seulement les personnes en ville qui ont nommé le même nombre d'animaux que celles qui habitent à la campagne : « *Si on sélectionne les plus gros, il y a du monde en campagne qui n'en ont pas nommé ben gros.* [...] *Si admettons on prend les mêmes chiffres en campagne et en ville, ça va faire égal, on ne pourra pas plus le savoir.* »

Ce n'est que vers la fin de la séance qu'une intervention de Tristan permet d'en arriver à une stratégie qui sera finalement adoptée par l'équipe. En effet, Tristan propose d'enlever 9 personnes de celles qui habitent en ville et de les choisir au hasard. Sa proposition intervient alors à un moment particulier de la séance, alors que les deux autres membres de l'équipe se montrent découragés face à la tâche et sont en train de discuter avec un autre élève.

Tristan	*À moins qu'on en ôte 9, comme ça, il va y avoir 2 cinq.*
Justine	*Hein ?*
Tristan	*Tu enlèves 9 de la ville, comme ça il va y en avoir 5 de la ville puis 5 de la campagne.*
Charles	*Ben oui, mais c'est lesquels que t'enlèves ?*
Tristan	*N'importe lesquels, au hasard [...] Ben non, les nombres qui se répètent [...] Admettons que tu as 2 dix en ville, tu ôtes les 2 dix.*
Justine	*J'ai envie de respirer de l'air dehors.*
Charles	*Moi j'ai le goût d'aller me défouler pis frapper quelqu'un.*
Justine	*Pas moi, frappe Tristan [...] Ah, c'est long.*
Charles	*Ben là à place de dire « Ah c'est long », il faudrait peut-être trouver une solution.*
Tristan	*Ben je viens d'en faire une.*
Charles	*OK, c'est quoi ?*
Tristan	*Tu en ôtes 9.*
Charles	*Oui mais lesquels Tristan ?*
Tristan	*Me prêtes-tu ton efface d'abord ?*

Cette proposition est d'autant plus étonnante que Tristan, qui n'a que peu contribué aux discussions d'équipe auparavant, a fait part plusieurs fois de ses difficultés à suivre les autres et s'est fait reprocher de ne pas écouter. Tout de suite après cet échange, un intervenant aborde les membres de l'équipe pour leur donner le matériel nécessaire pour représenter leur solution à l'aide de pictogrammes sur un carton[7]. C'est alors la stratégie suggérée par Tristan d'enlever les nombres qui apparaissent plusieurs fois qui est utilisée par l'équipe pour représenter ses résultats. Il est possible que le fait que cette stratégie soit apparue en dernier et n'ait pas eu le temps d'être critiquée ou argumentée ait contribué à ce qu'elle soit choisie par l'équipe. Par ailleurs, les derniers commentaires de Charles laissent entendre que celui-ci n'est pas encore convaincu de la pertinence de cette stratégie.

Sur le plan conceptuel, la suggestion de Tristan de choisir cinq habitants de la ville au hasard afin de les comparer aux cinq habitants de la campagne pouvait avoir une certaine pertinence. Par ailleurs, cette suggestion laisse entendre que Tristan a compris qu'il est possible de comparer les deux groupes à partir d'effectifs égaux. Cependant, cette stratégie, que Tristan a été le seul à énoncer tout au long de la séance, n'est pas retenue par les autres élèves. Comme deuxième suggestion, Tristan propose d'enlever tous les nombres qui sont présents en double dans l'échantillon ; il s'agit

---

7.   L'intervenant n'a pas assisté aux échanges de l'équipe. Il n'était donc pas conscient des discussions qui y ont lieu et n'a pas pu intervenir afin de les faire avancer.

là d'une variation d'une stratégie suggérée par Justine un peu plus tôt. En effet, Justine avait avancé l'idée de ne retenir qu'un seul des nombres qui apparaissent plusieurs fois. Une telle stratégie ne permettrait cependant pas de retirer suffisamment de personnes pour réduire l'échantillon de 14 à 5 personnes. Tristan propose alors de retirer toutes les personnes associées à un nombre d'animaux apparaissant plus d'une fois. C'est d'ailleurs cette stratégie qui est retenue par l'équipe pour son affiche. Bien sûr, on peut mettre en doute la pertinence statistique de cette stratégie. La décision de ne pas considérer les nombres qui apparaissent le plus souvent (le mode) est discutable puisque d'un point de vue statistique, on pourrait argumenter que ce sont ces nombres qu'il faut retenir parce qu'ils ont plus de chances d'apparaître.

Au plan du raisonnement statistique, on peut constater que cette équipe est consciente qu'il n'est pas possible de comparer directement la somme du nombre d'animaux nommés par les deux groupes. Par contre, elle n'a pas réussi à surmonter cet obstacle de manière convaincante. La dernière proposition de Tristan relève d'ailleurs encore d'une certaine façon d'un raisonnement additif puisqu'il ne permet pas le maintien des caractéristiques des deux groupes. C'est le passage même à un raisonnement multiplicatif qui est alors en jeu pour cette équipe.

5.1.1. La position de Tristan à l'intérieur du groupe

Comme le révèle, entre autres, l'extrait précédent, des facteurs sociaux sont importants pour bien comprendre le travail de Tristan au sein de l'équipe. Lorsqu'il propose sa solution, Justine et Charles n'y accordent tout d'abord que peu d'importance. En effet, après que Tristan a fait pour la première fois sa proposition de solution, les deux autres élèves ne réagissent pas. Tristan doit alors insister pour que celle-ci soit considérée.

Par ailleurs, il n'est pas toujours évident pour Tristan de suivre les stratégies avancées par ses coéquipiers, entre autres parce que celles-ci ne sont pas toujours clairement formulées. Ainsi, après avoir calculé le nombre d'animaux nommés par les 5 habitants de la ville qui en ont nommé le plus, pour un total de 55 animaux, Justine propose de calculer également le nombre d'animaux nommés par l'ensemble des habitants de la ville, en ajoutant les réponses des 9 élèves manquant à 55. Mais la stratégie de Justine n'est pas énoncée de manière claire et Tristan, après avoir manifesté son incompréhension, n'obtient pas les informations dont il aurait besoin pour poursuivre. En même temps, il se fait en quelque sorte exclure de la recherche de solution parce qu'il utilise sa calculatrice.

Justine	*Bon ça fait 55 les gros* [ceux qui ont nommé le plus d'animaux]. *Je vais écrire gros de la ville égale 50...* [elle efface]. *Regarde Tristan, tu commences avec 55 et tu continues. Les gros, les plus gros...*
Tristan	[Il utilise une calculatrice.] *Attends, attends...*
Justine	*En tout cas, fais ce que tu veux.*
Charles	*C'est ça, triche Tristan, continue de même, continue de même.*
Justine	*On ne t'écoutera pas.*
Tristan	[L'enseignante] *l'a dit qu'on avait le droit, je vais le faire d'abord.*
Justine	*Regarde, fais-le à la calculatrice, mais on n'écoutera pas ta réponse... en tout cas, moi je n'écouterai pas la réponse et je continuerai.* [En s'adressant à Charles] *Mais as-tu compté les 13, 12, 16, 10 ? C'est eux que tu as comptés ?*

Les interventions de ses coéquipiers sont telles qu'il devient difficile pour Tristan de contribuer pleinement à la résolution du problème.

5.1.2. La compréhension de Tristan lors de l'entrevue

Durant l'entrevue que nous avons réalisée avec lui immédiatement après la séance, Tristan fait initialement preuve d'une compréhension adéquate du problème. Ainsi, il n'a pas de difficulté à expliquer pourquoi il n'est pas possible d'additionner simplement les réponses des personnes qui habitent en ville et celles des individus qui habitent à la campagne, et de comparer les totaux : « [Ça ne marche pas], *parce qu'en ville, il y a bien plus de personnes qu'en campagne.* » Il arrive également à bien décrire la stratégie utilisée par son équipe, qui était basée sur sa propre suggestion :

Intervenant	*Comment est-ce que vous avez résolu ce problème-là* [de l'inégalité des effectifs] *?*
Tristan	*On avait donné plein de stratégies, ça a pris quand même gros du temps, mais on en a pris plein. Mais à la fin, moi, j'ai dit : on pourrait en enlever 9, pour que les deux lieux soient égaux. Puis là, c'était le temps d'aller au carton* [pour représenter la réponse].
Intervenant	*Et comment tu les aurais enlevés, ces 9-là ? Lesquels est-ce que tu aurais enlevés ?*
Tristan	*Admettons qu'il y avait deux 7, et bien, j'enlèverais les deux 7* [...], *juste dans la ville.*
Intervenant	*Et pourquoi ce sont ceux pour lesquels il y en a plusieurs que vous avez choisi d'enlever ?*
Tristan	*Je ne sais pas. Parce qu'ils se répétaient deux fois.*

Si Tristan est en mesure d'expliquer clairement la stratégie déployée dans son intervention, il n'arrive cependant pas à justifier pourquoi ce sont ces nombres-là qui doivent être enlevés. Nous pourrions supposer que l'obstacle des effectifs inégaux a bien été identifié par Tristan. Cependant, les moyens qui doivent être mis en œuvre pour exécuter cette stratégie ne sont pas adéquats à ce stade-ci. En effet, un peu plus tard, Tristan affirme que le but d'enlever des personnes qui habitent en ville est de trouver aussi une façon de rendre égaux les nombres d'animaux nommés.

Tristan	*On aurait dû en prendre pour que ce soit égal. Que les deux, ça soit 40. Mais on n'a pas eu le temps de terminer [...]*
Intervenant	*Mais pourquoi est-ce que vous essayez d'arriver à ce que ça donne 40 des deux côtés ?*
Tristan	*Pour que ça soit égal. Sinon, la ville en aurait 50. Ça ne marcherait pas parce qu'ils en auraient plus.*

Cette affirmation de Tristan est d'autant plus surprenante qu'elle n'est pas apparue au cours des discussions dans l'équipe et que Tristan semblait initialement faire preuve d'une autre compréhension de la situation. Elle peut cependant avoir été influencée par la présentation d'une équipe d'élèves juste avant la réalisation de l'entrevue. En effet, cette équipe a essayé de rendre égal le nombre de réponses, en retirant des personnes qui habitent en ville et de comparer ensuite le nombre de personnes nécessaires pour arriver à 40 animaux nommés. Cette équipe n'a pu mener ses démarches à terme, mais il est possible que sa présentation soit à l'origine de cette confusion chez Tristan. Par ailleurs, il est possible que Tristan ne comprenne pas que, même si les deux stratégies reposent sur le même principe, il n'est pas possible d'égaliser simultanément le nombre de personnes et le nombre d'animaux nommés.

5.2. L'analyse du travail de l'équipe de Tristan dans la deuxième tâche

Rappelons que la deuxième tâche consistait à déterminer si les garçons de la classe savent mieux allumer un feu que les filles. Pour répondre à la question, les élèves devaient décrire, dans le questionnaire initial, les étapes nécessaires pour allumer un feu. Nous avons alors évalué leurs explications et attribué à chacun une cote allant de A (excellent) à C (bien). L'échantillon comprenait 14 garçons (4 A, 2 B et 8 C) et 10 filles (1 A, 5 B et 4 C). L'enjeu pour les élèves était alors double : d'une part, comme les valeurs n'étaient pas numériques, il était impossible d'avoir directement recours à la moyenne ou à une autre mesure de tendance centrale pour répondre à la question. D'autre part, tout comme dans la question précédente, la différence d'effectifs devait être surmontée dans la recherche de solutions. Trois pistes de solution sont alors envisageables pour des élèves de cet âge : le recours à une quantification des données qui permettrait quand même d'utiliser la moyenne, la mise en place de différentes stratégies pour rendre égaux les deux groupes – soit en ajoutant, soit en enlevant des élèves en recourant à un raisonnement multiplicatif – ou encore une analyse de la distribution des données dans les deux groupes[8].

Comme dans la tâche précédente, c'est Tristan qui avance l'idée qui permet à l'équipe de débloquer. Après que l'équipe a travaillé pendant un certain temps sur une stratégie visant à régler le problème des effectifs différents, mais qui ne lui permet pas initialement de trouver une réponse adéquate, c'est Tristan qui suggère l'idée d'introduire un système en vue de traiter les différentes cotes.

Tristan	*Pour moi, les deux B, ça fait un A. On pourrait faire ça.*
Charles	*À moins que… On pourrait se faire un code de chiffres.*
Intervenant	*Tristan, il nous dit que deux B, ça fait un A. Comment ça ? […]*
Justine	*Parce que les B, c'est très bien […] Et les A, c'est excellent. Alors, si tu fais très bien, plus très bien, ça peut faire excellent.*
Tristan	*Malgré que…*
Justine	*Deux C, ça fait un B d'abord ?*
Charles	*À moins qu'on marque le A, ça vaut trois, le B vaut deux, puis le C, ça vaut 1. Puis qu'on fasse des additions et qu'on regarde lequel qui en a le plus.*

C'est donc encore une fois Tristan qui présente l'idée initiale qui permet à l'équipe d'avancer. Tristan éprouve par contre certaines difficultés à appliquer correctement la stratégie qu'il a proposée. Ainsi, il a prévu explicitement la relation entre les cotes A et B, mais n'a pas mentionné la relation qui devrait exister entre les cotes B et C. C'est Justine qui propose une façon de faire, qui n'est cependant pas prise en compte par Charles. Tristan, pour sa part, transforme ensuite, chez les filles (1 A, 5 B, 4 C) les B en A : « *Deux B, ça donne A […] Ben, les filles, elles en ont 5 B […] Alors, j'ai fait ça, puis ça en donne trois [A], mais il reste quand même un B […] Alors, on pourrait changer le B qui reste en C.* »

---

8. Dans la recherche de Mary et Theis (2007), certains élèves ont travaillé sur la distribution en ayant recours à un graphique pour comparer les élèves avec et sans lunettes qui ont regardé plus ou moins de 20 heures de télévision. Une stratégie similaire pourrait également être utilisée ici, en représentant graphiquement les garçons et les filles ayant bien ou moins bien réussi la tâche.

Le traitement des élèves ayant obtenu un C s'avère cependant plus difficile puisque Charles et Tristan proposent deux façons différentes de réaliser les échanges entre les cotes. Pour Tristan, 3 C équivalent à A, tandis que pour Charles, 2 C équivalent à B, et par conséquent, 4 C équivalent à A.

Justine	*On fait l'idée de Tristan. Toi, tu disais deux C, ça égale B ?*
Tristan	*Ouais.*
Charles	*Non, c'est moi qui l'a donnée, cette idée-là.*
Tristan	*Trois C, ça donne A.*
Justine	*Mais les B. Est-ce qu'on peut transformer quelque chose en B ?* *[...] [En parlant à Charles en montrant Tristan de la tête] Bon, ok, ben lui aussi [Tristan] il a dit ça.*
Charles	*Ben c'est moi qui a donné l'idée, alors c'est mon idée, hein ?*
Justine	*Dans le fond, faut penser...*
Charles	*[En lui coupant la parole] Ben là, on fait l'idée à Tristan en plus de la mienne, fait que ça se peut que les filles en aient plus que quand même avec l'idée à Tristan.*
Justine	*Il va falloir comparer.*
Tristan	*Deux B, ça donne A. Trois C, ça donne A. Puis, Charles, il a dit que deux C, ça donne B. Alors, on va calculer les B.*

Ce qui est alors intéressant dans cet échange, c'est que Tristan, contrairement aux deux autres élèves qui parlent explicitement de comparer les résultats des deux stratégies, ne se rend pas compte de l'incompatibilité des deux systèmes qui sont implicitement présents ici. De deux choses l'une : A équivaut à 3 C, ou encore A équivaut à 2 B et B équivaut à 2 C, et dans ce cas, A équivaut à 4 C, et non à 3. Cette contradiction restera présente dans les interventions de Tristan tout au long de la séance et peut expliquer la difficulté qu'il a à appliquer sa propre stratégie.

De plus, comme pour la résolution de la première tâche, des enjeux liés à la collaboration entre les élèves entrent en jeu durant cette séance. Ainsi, lorsque Tristan sollicite de l'aide auprès de Charles pour la compilation des cotes pour les garçons et les filles, il n'obtient pas la réponse dont il aurait eu besoin.

Tristan	*Bon, les garçons ont huit C, les filles ont cinq B [en regardant sur la feuille de Charles]. Charles, tu vas bien trop vite.*
Charles	*C'est que vous n'êtes pas capables de calculer comme il faut. Bon, ça veut dire que ce sont encore les garçons qui gagnent.*
Tristan	*Alors, les garçons gagnent.*

Deux phénomènes peuvent alors être soulignés. D'un côté, Charles travaille sur un système dans lequel A équivaut à 3 C, alors que pour Tristan, A équivaut à 4 C. Aller voir du côté de la réponse de Charles n'éclaire alors pas plus Tristan. D'un autre côté, la requête explicite à l'endroit de Charles de ralentir n'est pas entendue, ce qui risque de rendre plus difficile le maintien de Tristan dans la tâche. D'ailleurs, un peu plus tard, Tristan décroche de plus en plus, finit par perdre le fil et abandonne la compilation : « *Moi, je suis rendu à... Je ne sais même plus ce qu'il faut que je fasse.* »

L'autre particularité de l'équipe de Tristan est l'ignorance de la différence d'effectifs entre les garçons et les filles. Lorsque l'équipe a présenté aux autres sa stratégie, une des élèves de la classe a fait remarquer qu'on ne peut pas comparer les groupes de cette manière puisqu'il n'y a pas le même nombre de garçons et de filles.

Nous avons confronté Tristan à cette intervention lors de l'entrevue afin de voir la compréhension qu'il a pu développer de cet enjeu.

Intervenant   *Parce que tantôt, il y avait des gens qui ont dit, tu te rappelles, il y avait Géraldine qui dit : « Ben non, tu peux pas comparer, parce qu'il y a 14 gars et 10 filles ». « Votre méthode ne marche pas ! », elle disait. Qu'est-ce que tu penses de ça ?*

Tristan   *Ben, elle a un peu raison. Mais les filles y avaient plus de B... Pis les gars y en avaient moins, alors ça faisait pas mal égal. [...] On aurait peut-être dû en rajouter 2 aux filles, comme ça, ça... Parce que les filles y étaient 10. Pis les gars y étaient 14, fait que ça l'aurait fait deux 12.*

Tristan semble alors bien avoir compris que la difficulté de la situation se situe encore une fois dans les tailles différentes des deux groupes. La solution qu'il propose au cours de l'entrevue consiste à rendre la taille des deux groupes égale en transférant des garçons dans le groupe des filles. Il s'agit là d'une suggestion similaire à celle évoquée par Tristan lui-même au tout début de la séance d'enseignement, avant que les discussions ne portent sur le système de compilation des cotes : Tristan avait déjà, à ce moment, proposé de transférer des garçons dans l'équipe des filles. D'un point de vue statistique, cette stratégie est cependant inadéquate : en transférant deux personnes, les caractéristiques de chacun des groupes sont modifiées et il n'est plus possible de répondre de manière cohérente à la question initiale. Cette proposition relève dès lors encore une fois d'un raisonnement additif et montre que Tristan n'est pas encore en mesure d'appliquer un raisonnement multiplicatif à cette situation.

Conclusion

En analysant le travail de l'équipe de Tristan dans la résolution des deux tâches et en le comparant aux résultats obtenus dans deux classes spéciales d'élèves en grande difficulté d'apprentissage (Mary et Theis, 2007), plusieurs constats s'imposent. Tout d'abord, sur le plan conceptuel, les obstacles rencontrés par les élèves de l'équipe de Tristan ont été similaires et se situent principalement dans la difficulté à trouver une façon de traiter les effectifs différents des deux groupes à considérer. Par ailleurs, du moins dans l'équipe de Tristan, les élèves ont eu de la difficulté à contourner cet obstacle et ont maintenu essentiellement un raisonnement additif.

Ensuite, à l'intérieur de l'équipe dont le travail a été analysé, les difficultés conceptuelles de Tristan ne sont pas de nature différente de celles observées chez les deux autres élèves. C'est même Tristan qui a proposé, dans les deux cas, la stratégie qui a finalement été retenue par les membres de son équipe. Dans ce sens, il a apporté une contribution importante au travail de son équipe.

Il est cependant important de noter que les solutions proposées par Tristan dans les deux situations relèvent davantage d'un raisonnement additif que d'un raisonnement multiplicatif. Dans le traitement de la première question, c'est le choix des personnes qui sont enlevées qui amène une modification des caractéristiques des groupes. Dans la deuxième situation, l'équipe ne tient pas compte initialement des différences d'effectifs entre deux groupes et la proposition de Tristan lors de l'entrevue individuelle pour y remédier implique également un raisonnement additif.

Par ailleurs, Tristan se distingue de ses coéquipiers sur deux plans : sa relative absence des discussions dans la première tâche et sa difficulté à mener à terme ses stratégies dans la deuxième tâche.

Dans la première tâche, cette différence se fait surtout sentir dans son implication dans les discussions. Si ses coéquipiers discutent des différentes hypothèses et les réfutent avec divers arguments, Tristan est relativement absent de ces discussions et se fait reprocher par eux de ne pas les écouter. En même temps, il peut être difficile pour lui de participer à ces mêmes discussions et de faire valoir son point de vue chez ses coéquipiers. D'une part, les arguments de ses coéquipiers peuvent être difficiles à suivre pour Tristan et d'autre part, ceux-ci ne l'aident pas à reprendre la tâche lorsqu'il manifeste son incompréhension. Il deviendrait dès lors important, sur le plan de la recherche, d'examiner davantage différents phénomènes liés à la dynamique des groupes de travail, lorsque ceux-ci incluent des élèves de différents niveaux de compétences en mathématiques. Il serait notamment intéressant d'investiguer plus en profondeur la façon dont les phénomènes de rejet identifiés dans cet article peuvent influencer l'accès à la tâche et, ultimement, l'apprentissage des concepts mathématiques inclus dans la situation-problème. Différentes pistes nous semblent envisageables. D'un côté, on peut se demander si la composition de l'équipe a renforcé les difficultés de Tristan. Ses deux coéquipiers, Charles et Justine, sont des élèves qualifiés de forts en mathématiques par l'enseignante, et on peut supposer qu'il existe un écart substantiel entre leurs performances habituelles et celles de Tristan dans des tâches mathématiques. D'un autre côté, la question du statut social de l'élève en difficulté en classe ordinaire mériterait qu'on s'y attarde. Dans la recherche de Mary et Theis (2007) au sein d'une classe spéciale, tous les élèves avaient en quelque sorte, par leur passé scolaire et leur scolarisation au sein de cette classe, un statut d'élève en difficulté. Ce n'est pas le cas pour Tristan, qui est scolarisé en classe ordinaire avec des élèves qui ne sont pas considérés comme en difficulté. Il serait alors intéressant d'investiguer davantage pour savoir comment ce statut particulier et sa perception par l'enseignante et les autres élèves du groupe peuvent influencer la dynamique de collaboration autour d'une tâche complexe dans le cadre d'un travail d'équipe.

La question des interventions enseignantes susceptibles d'installer un climat plus respectueux dans les échanges au sein des équipes mériterait également notre attention. Même si ces interventions se situent davantage sur le plan pédagogique, on pourrait supposer que la mise en place d'un climat d'échange plus favorable aux élèves en difficulté aurait également des répercussions positives sur leur façon de s'impliquer et, ultimement, sur leur apprentissage. Dans ce contexte, il convient cependant de rappeler une différence importante sur le plan de l'encadrement des élèves dans Mary et Theis (2007) et dans la présente recherche. En classe spéciale, les équipes étaient accompagnées en permanence par un adulte, qui s'assurait entre autres du bon déroulement des échanges. Par contre, dans la présente recherche, les intervenants circulaient d'une équipe à l'autre et les équipes disposaient de plusieurs moments durant lesquels elles travaillaient de manière autonome. C'est au cours de ces périodes, lorsque les élèves ne se sentaient pas observés par des adultes, que les interventions les moins respectueuses envers Tristan ont été captées par les caméras. Les méthodologies différentes des deux recherches ne permettent donc pas de tirer des conclusions sur d'éventuelles différences dans la présence de ces phénomènes en classe spéciale et en classe ordinaire.

Dans la deuxième tâche, c'est la façon de mener à terme ses stratégies qui distingue Tristan : il éprouve des difficultés à déployer la stratégie qu'il a lui-même avancée, notamment en lien avec la compilation des différentes données et la présence implicite de deux manières différentes de réaliser cette compilation. Ces difficultés l'amènent finalement à abandonner le traitement de la tâche. Cette difficulté est similaire au constat effectué auprès d'élèves dans une classe spéciale dans Mary et Theis (2007). « Les élèves ont utilisé des stratégies variées qui montrent un "génie mathématique". Même si les moyens envisagés pour résoudre ne sont pas toujours au point, leur utilisation s'appuie sur un raisonnement qui a du sens » (p. 592). En ce sens, Tristan, qui était à l'origine des stratégies adoptées dans les deux tâches, a également fait preuve d'un certain génie mathématique, mais a éprouvé, tout comme les élèves de la classe spéciale, des difficultés à mener à terme ces stratégies. On peut dès lors se demander si c'est cette difficulté qui caractérise particulièrement les élèves en difficulté. Par ailleurs, sur le plan de l'intervention en classe, il nous semble également nécessaire et pertinent d'examiner la façon dont il serait possible de soutenir l'avancement des idées initiales développées par les élèves qui émettent des idées pertinentes, mais n'arrivent pas à les mener au bout.

Que peut apporter l'expérimentation de situations à «fort potentiel adidactique» en vue d'un enseignement en direction d'élèves présentant des troubles cognitifs ou du comportement sur la viabilité de ces situations ?

Denis Butlen *et* **Pascale Masselot**
Université de Cergy-Pontoise, France

Cette contribution porte sur l'étude des conditions de mise en œuvre d'une situation à fort potentiel adidactique[1] dans le cadre d'un enseignement à des élèves (adolescents) présentant d'importants troubles cognitifs et du comportement (en situation de handicap).

Nous inscrivons cette recherche dans le cadre de la double approche développée par Robert et Rogalski (2002), reprenant notamment une démarche méthodologique prenant en compte simultanément des éléments

---

1.   S'inspirant de l'usage des connaissances mathématiques en mathématiques ou en dehors des mathématiques, Brousseau (1987) introduit la notion de situation adidactique pour l'élève : l'élève s'approprie la situation proposée par le professeur en faisant non pas son travail d'élève mais plutôt celui d'un «mathématicien en herbe» préoccupé par la seule résolution du problème posé. Le problème devient son problème à l'issue d'un processus de dévolution fondamental dans cette conception de l'apprentissage où l'élève doit participer à l'élaboration de ses connaissances de manière active.

globaux (le projet de l'enseignant), locaux (les choix et compromis quotidiens) et « micro » (les automatismes, routines et gestes professionnels). Ainsi, pour analyser le déroulement de la séance, la gestion mise en œuvre par les enseignants, nous croisons des éléments de la théorie des situations (Brousseau, 1987) avec des résultats issus de nos précédentes recherches comme les notions de gestes et routines professionnels (Butlen, 2004).

Les gestes professionnels et les routines

Nos recherches (Charles-Pézard, Butlen et Masselot, 2012) portant sur les professeurs des écoles enseignant en milieu difficile ou sur la formation des pratiques de professeurs des écoles novices nous ont amenés à montrer que les gestes et routines correspondent à des régularités interpersonnelles partagées par un groupe de professionnels. Des niveaux d'organisation de l'activité du professeur (finalisés par des buts et correspondant à des tâches), permettant d'aborder la question du rapport existant entre routine et schème (Vergnaud, 1990), sont ainsi mis en évidence. Les gestes professionnels (par exemple écrire au tableau ou bien prendre de l'information à un moment donné sur un élève donné) sont des techniques permettant au professeur de résoudre des types de tâches. Les routines sont des ensembles de gestes finalisés par la résolution d'une tâche plus importante, par exemple la mise en œuvre d'une synthèse ou d'une institutionnalisation. Si plusieurs gestes professionnels peuvent être mobilisés par des professeurs d'i-genres différents (voir ci-dessous), les routines, elles, sont associées à un i-genre.

Un emprunt au cadre théorique de l'ergonomie cognitive (Clot, 1999) nous permet de mettre en relation gestes et routines avec des genres de pratiques[2] que nous avons par ailleurs identifiés lors de l'observation sur un temps long d'une dizaine de professeurs des écoles enseignant en zone d'éducation prioritaire (ZEP). Cela permet de montrer comment la cohérence des pratiques de l'enseignant se révèle dans l'organisation de son activité au quotidien.

Les notions de gestes et de routines aident à préciser la part de l'activité de l'élève sur laquelle porte l'activité du professeur. Des effets possibles sur les apprentissages des élèves peuvent ainsi être mieux cernés.

---

2.   Voir le chapitre 3 du présent ouvrage.

② La problématique particulière

Nous reprenons le terme de situation « robuste » pour désigner des situations à fort potentiel adidactique, testées le plus souvent avec des élèves de classe régulière et reproductibles par un professeur relativement expérimenté. Afin de tester les conditions d'adaptation d'une situation de ce type lorsque le public élève change (ici un public relevant de l'éducation spécialisée), nous étudions les routines et gestes particuliers associés notamment au processus de dévolution[3] mis en œuvre par des enseignants dans ce contexte nouveau. En effet, dans ce dernier contexte, ce qui pourrait être considéré comme des bruits dans le cas d'un enseignement à un public standard peut constituer des éléments décisifs pour la réalisation de l'enjeu de la situation.

Ces analyses permettent par ailleurs de mieux identifier la manière dont ces élèves restituent et mobilisent des connaissances acquises précédemment et dans une situation différente. Nous nous intéressons notamment aux connaissances qui, pour un public standard, sont considérées comme disponibles – c'est-à-dire mobilisables sans « appel » explicite – plutôt que mobilisables avec appel explicite (Robert, 1998).

C'est aussi l'occasion pour nous de préciser ce qu'un enseignant d'éducation spécialisée considère comme légitime de demander à un élève et de mesurer ainsi les prises de risque (par rapport aux mathématiques) qu'il accepte pour lui et aussi pour ses élèves.

---

3. « Le processus de dévolution décrit l'ensemble de l'activité du professeur qui consiste à amener l'élève à s'approprier le problème à résoudre, à mobiliser les connaissances nécessaires et à assumer la responsabilité de la résolution. La dévolution est un élément important du contrat didactique. Il ne suffit pas de "communiquer" un problème à un élève pour que ce problème devienne son problème et qu'il se sente seul responsable de le résoudre. Il ne suffit pas, non plus, que l'élève accepte cette responsabilité pour que le problème qu'il résout soit un problème "universel" dégagé de présupposés subjectifs. La dévolution ne porte pas sur l'objet de l'enseignement mais sur les situations qui le caractérisent. C'est un processus qui porte sur toutes les situations » (Butlen, 2007, p. 218).

③

Le contexte de la séance étudiée

3.1. Le contexte général de l'observation

Cette observation se déroule dans le cadre d'une action de formation continue destinée à des professeurs des écoles enseignant en ASH (adaptation scolaire et scolarisation des élèves handicapés), option D[4]. Il s'agissait de travailler avec un groupe de 6 à 8 professeurs se proposant de se présenter au CAPA-SH[5] en candidats libres (en attente d'une éventuelle inscription à la préparation mise en place par le rectorat de l'Académie de Créteil[6]) et désireux de travailler plus particulièrement sur les mathématiques. Ces professeurs des écoles volontaires s'engageaient à travailler dans leur classe en co-intervention avec les animateurs du groupe sur les séances de mathématiques ou sur des sujets qu'ils auraient eux-mêmes choisis. Le dispositif comporte deux types de situations : des apports des formateurs sur des progressions à mettre en œuvre, suivis de débats, et des moments de compagnonnage individualisés, basés sur la mise en œuvre et l'analyse de situations avec les élèves de la classe du professeur concerné. La situation que nous analysons dans ce chapitre se place dans ce second type de situation de formation.

Une professeure du groupe exerçant en hôpital de jour (élèves présentant des troubles graves du comportement nécessitant une hospitalisation dans un service psychiatrique) a demandé à assister au déroulement d'une séance de résolution de problèmes basée sur un jeu. Son but était d'observer ses élèves en train de résoudre un problème s'appuyant sur un jeu de stratégie. En effet, cette enseignante hésitait à mettre en œuvre ce type d'activité et a donc demandé aux formateurs encadrant le groupe d'animer la séance. Le jeu « Qui dira 20 ? » a été choisi. En sus d'un objectif de formation, notre objectif était de tester la résistance de ce type de situation et les conditions de sa reproduction dans cet environnement scolaire particulier. Ici deux éléments diffèrent par rapport aux conditions initiales d'expérimentation (Brousseau, 1987) : le nombre d'élèves (4 au lieu d'une vingtaine) et le public élève. Dans quelle mesure ces élèves confrontés aux mêmes tâches et aux prescriptions mobilisent-ils des stratégies et des connaissances identiques

---

4.   L'option D regroupe, dans le système français de l'éducation spécialisée, les élèves présentant des troubles du comportement et des troubles cognitifs.

5.   Le CAPA-SH est l'examen qui, en France, est nécessaire pour enseigner dans l'éducation spécialisée. Il faut pour s'y présenter être auparavant professeur des écoles titulaire.

6.   Cette préparation est assurée par des formateurs de l'Institut universitaire de formation des maîtres (IUFM).

à celles mobilisées par un public standard ? Notamment, à quelles conditions et jusqu'où ces élèves adoptent-ils une posture de joueurs ? Nous n'avons pu tester que le début de la situation (familiarisation avec le jeu, premiers éléments de stratégie).

3.2. Le contexte particulier

3.2.1. La situation et la séance

La séance s'est déroulée en deux temps. Dans un premier temps, les élèves ont fait du calcul mental pendant une demi-heure environ : compter/décompter, calcul de sommes, produits et différences, jeu du loto numérique. Le but de ces activités de calcul mental est double : d'une part, revisiter certaines notions portant sur la numération des nombres entiers et sur différentes écritures de ceux-ci, d'autre part, enrôler les élèves dans une suite d'activités à caractère mathématique dont la dernière a pour support un jeu de stratégie (voir ci-dessous).

Dans un second temps, les élèves ont joué au jeu « Qui dira 20 ? ». Nous ne présentons pas ici le détail du jeu et la situation élaborée par Brousseau. Il s'agit d'un jeu de Nym (jeu de Marienbad) mettant en compétition deux joueurs A et B. Rappelons brièvement la règle du jeu : « A dit 1 ou 2, B ajoute 1 ou 2 au nombre dit par A, il peut donc dire 2 ou 3 si A a dit 1, et 3 ou 4 si A a dit 2, puis A ajoute à son tour 1 ou 2 au nombre dit par B, etc. Le joueur qui dit 20 a gagné. »

La stratégie gagnante relève de la division euclidienne. Pour la cible « 20 », elle consiste à dire, à partir d'un moment donné, une suite de nombres du type $3k + 2$, où $0 < k < 6$. En particulier, pour être certain de gagner, le joueur doit avoir dit 17.

Toutefois la division euclidienne reste « cachée » dans la mesure où, pour une cible relativement faible, une stratégie de type « soustractions successives » (ou décomptage de 3 en 3) s'avère pertinente.

Cette situation est ce que l'on peut appeler une situation « robuste » à fort potentiel adidactique, au sens où son déroulement est fortement prévisible et aisément reproductible. C'est notamment le cas de la situation adidactique à partir de laquelle la situation didactique s'organise.

Rappelons seulement une de ses caractéristiques : le joueur perdant est susceptible d'apprendre autant, voire plus, que le joueur « gagnant » en termes de stratégie.

3.2.2. Les élèves

Quatre élèves psychotiques participent à l'ensemble de la séance :

- Alex, considéré par la professeure comme le meilleur élément du groupe du point de vue des apprentissages ;

- Yol, un élève un peu plus âgé que les autres, mais qui présente de grandes difficultés à s'exprimer et à communiquer avec ses pairs ;

- Yvan et Mano, deux élèves qui se situent, d'un point de vue scolaire, à des niveaux intermédiaires entre les deux élèves précédents.

Lors de la première partie de la séance, consacrée au calcul mental, tous les élèves s'engagent peu à peu dans l'activité, notamment Yol, qui participe et réussit bien mieux que prévu lors du jeu de loto numérique. Ce constat confirme nos fréquentes observations sur les possibilités d'enrôlement plus grandes de ces élèves dans des activités de calcul mental. Nous renvoyons le lecteur à d'autres articles sur ce thème (Butlen, 2007).

3.2.3. Le(s) professeur(s)

D'un commun accord, le chercheur et formateur (CF), qui assure principalement le rôle de professeur, présente le jeu et conduit sa mise en œuvre. Toutefois, les autres collègues, la professeure de la classe (P) et la conseillère pédagogique de la circonscription (CP), peuvent intervenir quand elles le jugent nécessaire pour éclairer, compléter ou étayer les interventions du principal intervenant.

L'analyse du déroulement de la séance

4.1. L'objet de l'analyse

Nous analyserons cette séance selon trois points de vue : le point de vue des fonctions d'étayage et des conditions de l'activité, celui de la situation (robustesse, conditions de fonctionnement particulières, conditions d'apprentissage) et celui de l'activité du professeur (CF mais aussi CP et P), gestes et routines mis en œuvre notamment.

Ces points de vue sont complémentaires, car ils apportent des regards différents sur les rapports enseignement/apprentissage dans ce contexte particulier.

Si on adopte le point de vue des fonctions d'étayage et des conditions de l'activité, on peut par exemple s'intéresser à la spécificité du public et notamment au risque de voir à tout moment survenir une « crise », dans la mesure où des élèves psychotiques sont amenés à rentrer en compétition, puis à dépasser celle-ci en vue d'un apprentissage méthodologique : élaborer, tester et valider une stratégie gagnante. La gestion de ces éventuelles crises nécessite d'en repérer les éléments déclencheurs.

Nous nous centrons dans cette contribution sur l'analyse de la situation, des variables en jeu, des conditions de gestion propres au public élève concerné et des gestes et routines de P mis en évidence à cette occasion, notamment ceux qui permettent l'enrôlement des élèves et la dévolution de la situation.

4.2. Les analyses

4.2.1. La mise en place du jeu « Qui dira 20 ? »

La règle du jeu est expliquée aux élèves oralement et grâce à une double simulation. Dans un premier temps, CF et CP ébauchent un début de jeu. Dans un second temps, Mano et Yol, à la demande de CF, finissent la partie.

Les élèves vont ensuite jouer deux par deux quatre parties (cinq en cas d'égalité) ; les deux gagnants se rencontreront ensuite, ainsi que les deux perdants.

4.2.2. Le binôme Yvan-Alex

Nous nous intéressons plus particulièrement à deux élèves, Yvan et Alex. Notre expérience de ce public en tant que formateur nous amène à penser que la différence de niveaux cognitifs de ces deux élèves et leur rapport aux interactions entre pairs sont très emblématiques de ce type d'élèves.

Yvan gagne les deux premières parties. Voici ce que les deux élèves ont respectivement proposé :

L'analyse des deux premières parties

Tableau 10.1.
LA PREMIÈRE PARTIE*

Yvan	1	3	6	10	**14**	**17**	20
Alex	2	4	**8**	12	16	18	

* Nous avons signalé les nombres du noyau du jeu formulés dans chaque partie en caractères gras.

Tableau 10.2.

LA DEUXIÈME PARTIE

Alex	2	6	10	13	16	18
Yvan	4	8	12	14	17	20

Nous voyons que, dans les deux cas, Yvan joue les deux derniers termes du noyau gagnant du jeu (17 et 20). S'il est difficile de statuer sur la proposition du nombre 14 qui pourrait être le résultat d'une tout autre stratégie (stratégie qui consisterait à ajouter 2, ou à énoncer un nombre pair, voire relever du hasard), plusieurs indices laissent penser qu'il n'en est pas de même pour 17 qui a été repéré (au moins au deuxième jeu) comme gagnant. En effet, dans les deux premiers jeux, il semble s'apercevoir qu'il ne pourra pas dire 17 mais 18 et exprime son mécontentement : « *Oh non, pas 2 !* »

P, qui suit plus particulièrement ce binôme, rappelle à Yvan qu'il peut jouer 1 :

P	*Ben tu peux en ajouter que 1 si tu veux.*
CF	*Tu peux rajouter 1 si tu veux !*

Cette intervention de P rappelant la règle du jeu permet à Yvan de jouer 17, nombre qui doit lui assurer la victoire. Nous pouvons penser qu'Yvan hésite en effet entre une stratégie consistant à ajouter le plus systématiquement possible 2 et celle qui consiste à énoncer le nombre 17 quand c'est possible. Notons que l'intervention de P est ici importante, car elle autorise Yvan à privilégier la seconde stratégie. Il n'est pas certain qu'il l'aurait fait sans cela. On peut interpréter cette intervention comme une aide relevant de ce que Bruner dénommait le maintien de l'orientation (Bruner, 1983).

Les deux victoires successives d'Yvan amènent Alex, élève occupant régulièrement la position de leader cognitif, à manifester sa déception :

Alex	*Ah non, je déteste jouer sur du papier, c'est nul !*
P	*Ah ça y est… c'est* [inaudible] *si Alex perd, c'est que c'est forcément nul !*
CF	*Ah bon là c'est toi qui avais gagné.*
P	*Non c'est Yvan.*
CF	*Et ici c'était Alex.*
P	*Non c'est Yvan aussi.*
CF	*Ah ! Ben dis donc.*
P	*Attention Alex, il faut que tu réfléchisses.*
CF	*Attention Alex.*

Alex manifeste une gestuelle typique, marque de sa mauvaise humeur.

P	*Il ne faut pas que tu mettes n'importe quel nombre.*
CF	*Tu peux commencer Alex. C'est ton tour.*
P	*Allez c'est parti !*
Mano	*C'est un jeu.*
P	*Oui c'est un jeu.*
CF	*Ah oui c'est un jeu. C'est un jeu où il faut savoir jouer...*
Alex	*Oh non c'est pas un jeu, c'est un ragnagna.*
P	*Oui parce qu'Alex quand il perd, le jeu doit être forcément nul... [Rires.] C'est un mauvais perdant.*
Alex	*Non !*
P	*Si !*
Alex	*Non !*

P s'assure donc que les deux élèves restent dans le jeu en rappelant des règles de convivialité.

Tableau 10.3.
LA TROISIÈME PARTIE : ALEX GAGNE

Alex	1	3	5	8	12	16	20
Yvan	2	4	6	10	14	18	

Lors de cette partie, Yvan ne semble pas réinvestir le constat vraisem-blablement fait lors de la deuxième partie. Il énonce 18 à la suite de l'énon-ciation du 16 au lieu de 17. Plusieurs interprétations sont possibles. Yvan peut avoir été pris par une stratégie d'ajout systématique de 2 au nombre précédemment énoncé (6-8-10-12-14-16-18) et peut ne pas s'être autorisé à rompre cette suite, car P n'intervient plus pour le lui permettre comme elle l'a fait lors de la partie précédente. Il peut aussi ne pas avoir réinvesti le constat précédent, ne capitalisant pas l'acquis d'un jeu sur l'autre. Enfin, il peut tout aussi bien avoir été distrait ou bien encore vouloir laisser gagner son partenaire.

Nous n'avons pas à ce stade assez d'information pour conclure.

Tableau 10.4.
LA QUATRIÈME PARTIE

Yvan	1	4	8	12	16	18
Alex	2	6	10	14	17	20

Yvan	*C'est moi qui commence.*
Alex	*Ben si tu gagnes encore un jeu, tu gagnes. Mais si je gagne encore un jeu, on sera à égalité.*
CF	*Ben on fera une dernière partie pour savoir qui gagne.*
P	*Allez concentre-toi bien, Yvan.*
CF	*Allez !*

Alex et Yvan, tour à tour, inscrivent les nombres.

CF	*Ah non* [s'adressant à Yvan], *tu as rajouté combien là ?*
Yvan	*Trois.*
CF	*Ah non ! Tu ne peux rajouter que 1 ou 2.*

Les élèves continuent. Alex écrit 17 sur la feuille.

Yvan	*Non ! ! !* [Changement de mimique… Yvan s'adresse à P du regard, puis il manifeste son mécontentement.] *Parce qu'on préfère faire 1 + 1…*
P	*Ben oui ben c'est comme ça.*

Alors qu'Yvan est visiblement mécontent, Alex termine.

Le déroulement de ce jeu montre bien qu'Yvan a compris qu'il ne fallait pas laisser l'adversaire dire 17. De même, Alex a fait le même constat à la partie précédente. Cela nous amène à penser autrement l'échec précédent d'Yvan et le succès d'Alex.

Le succès d'Alex

Il semble qu'Alex ait profité pleinement de sa position de joueur perdant lors des deux premières parties. S'il continue à jouer (comme Yvan) en privilégiant un peu un ajout de 2 au nombre précédemment énoncé, il a repéré en observant le jeu de Yvan que 17 est un passage assurant la victoire. La situation fonctionne avec cet élève (et dans une certaine mesure avec le binôme Yvan/Alex) comme avec un public « ordinaire » d'élèves.

Les remarques précédentes montrent qu'Yvan a, dès la fin du premier jeu, perçu le rôle de 17. En termes de stratégie, les deux élèves semblent donc très proches. Ils privilégient un peu l'ajout de 2 au nombre précédemment énoncé, tout en préférant le plus souvent les nombres pairs et s'adaptent si possible au jeu pour pouvoir à l'avant-dernier coup dire 17 :

1-2-3-4-6-8-10-12-14-16-17-18-20

2-4-6-8-10-*12-13-14*-16-*17*-18-*20*

1-2-3-4-5-6-8-10-12-14-16-*18*-20

1-2-4-6-8-10-*12*-14-*16-17*-18-20

L'échec d'Yvan

Cet échec peut alors s'expliquer autrement. Certaines phrases prononcées par la suite (voir plus loin) nous laissent penser qu'il a pu laisser gagner Alex au troisième jeu, sans doute parce qu'il reconnaît en celui-ci un sujet meilleur élève que lui-même. Il est également possible qu'il se soit désintéressé ponctuellement du jeu, ou encore qu'il pense que c'est au tour d'Alex de gagner.

Dans tous les cas, pour des raisons sociales (respect d'une hiérarchie cognitive, convivialité ou désinvestissement passager), Yvan rompt avec une logique de joueur qui cherche à gagner (indispensable pour le fonctionnement de la situation adidactique). Cette rupture est passagère car, comme nous le verrons plus loin, il attend en retour la même attitude de la part d'Alex lors de la quatrième partie ; ce qui n'est pas le cas, car ce dernier a profité de ce « cadeau » pour apprendre à jouer, c'est-à-dire repérer le statut du 17 et le réinvestir efficacement dans le quatrième jeu.

Cette rupture dans la logique des joueurs et la non-réciprocité du geste d'Yvan par Alex crée une situation de crise chez Yvan, qui va manifester son désarroi et sa douleur. Yvan tape sur la table, se manifeste de plus en plus et se met à pleurer.

CF	[S'adressant à Mano et à Yol] *Vous pouvez en faire une autre en attendant qu'ils aient fini.*
P	*Tu ne vas pas nous faire ton cinéma hein.*

Yvan continue à se manifester, se donne des tapes sur la joue, visiblement malheureux.

Les professeurs ont des réponses très différentes à cette étape du jeu pour limiter la crise.

CF, restant neutre par rapport au jeu et ne voulant pas intervenir sur l'évolution des stratégies des élèves, essaie d'arrêter la crise de larmes en disant que ce sera le cinquième jeu qui fera la différence entre les deux joueurs. Ce qui ne semble pas suffire.

P, professeure de la classe, habituée à ce type de manifestations de la part d'Yvan, intervient sur un tout autre plan en lui disant d'arrêter « *son cinéma* ». Il semble effectivement que la crise d'Yvan ne soit qu'en grande partie superficielle (ce qui reste toutefois à vérifier).

CP prend la décision de faire constater à Yvan les raisons du succès d'Alex. Ce dont Yvan est d'ailleurs conscient :

CP	[S'adressant à Yvan] *Qu'est-ce que tu aurais pu faire là ? Pour éviter ça ? Au lieu de mettre 16, il aurait fallu que tu mettes combien ? Regarde !*
Yvan	*Lui pas 17.*
CP	*Oui. Lui, il a fait attention. Mais toi avant tu aurais pu faire attention à quoi ?... Au lieu de mettre 16 ?*
Alex	*Mais Yvan arrête de chouiner... t'es pas un bébé !*
CP	*Tiens regarde. Lui il a mis 14...*
Yvan	*Pas contre Alex !*
CP	*Mais regarde, vous êtes ex æquo. Avec Alex, vous êtes ex æquo. Vous allez en faire un troisième pour pouvoir gagner. Alors justement, réfléchis...*

Ce retour au déroulement du jeu amène d'ailleurs Yvan à donner la raison de son désarroi :

Yvan	*Il me laisse pas gagner.*
CP	*On te laisse pas gagner. Parce que toi tu l'as laissé gagner ?*
Yvan	*Une fois.*
CP	*Ben oui, mais tu n'aurais pas dû !*
Yvan	*À cause du... [...]*
CP	*Yvan, est-ce que tu veux que je t'aide pour que tu essaies de comprendre pourquoi tu as perdu ?*
Yvan	*Parce que il... [sanglot] pas laissé gagner.*
CP	*Oui mais. Avant tu aurais pu faire quelque chose. [Elle reprend la feuille de jeu.] Regarde. Là il y avait 12 et deux 14. Toi tu aurais pu mettre combien à la place...*
Yvan	[Inaudible]
CP	*Non tu aurais pu mettre autre chose : 14, tu aurais pu mettre 15.*

Après avoir formulé ces éléments d'explication, CP demande aux deux élèves de jouer la cinquième partie :

CP	*Allez on fait la finale là... tous les deux, Yvan et Alex.*
Yvan	*Je veux pas commencer.*
CP	*Tu ne veux pas commencer. D'accord. Allez c'est Alex... c'est parti. C'est Alex qui commence.*

À cette occasion, P revient sur l'attitude d'Yvan :

P	*Allez, tu arrêtes Yvan. Tu sèches tes larmes.* [Yvan chouinant toujours, mais se remettant au jeu néanmoins] *Dis donc, ça fait combien de temps que tu ne m'as pas fait ça en classe là ?*
Yvan	*Il faut pas n'importe quoi.*

Tout au long du jeu, les professeurs essaient chacun à leur tour d'amener les élèves, notamment Yvan, à reprendre une posture de joueur :

CP	*Oui mais là tu es déconcentré.*
CF	*Attention...*
CP	*Concentre-toi* [...]
Yvan	[Inaudible]
CP	*Réfléchis.*
Yvan	*Faut faire attention hein.*
CP	*Oui faut faire attention.*
P	*Bien attention.*

Tableau 10.5.
LA CINQUIÈME PARTIE

Alex	1	4	8	11	14	17	20
Yvan	2	6	10	12	15	18	

On peut penser qu'Yvan et Alex essaient d'adapter leurs stratégies pour pouvoir dire 17. Toutefois, Alex abandonne plus vite qu'Yvan l'ajout de 2 et le recours à un nombre pair, ce qui l'amène dès le troisième coup, à citer la suite des nombres « noyau du jeu » 8-11-14-17-20, sans doute implicitement au moins pour 8 et 11. Ce qui lui assure la victoire.

On peut donc dire qu'Yvan et Alex bénéficient tous les deux mais inégalement de l'expérience des jeux précédents et des interactions. L'intervention de CP ci-dessus semble donc relativement efficace mais insuffisante pour amener Yvan à combler son retard par rapport à Alex. Cette intervention est trop ponctuelle pour dénouer la tension que subit Yvan. En revanche, elle fonctionne bien pour Alex, qui n'était pas directement visé.

Alors qu'Alex manifeste son contentement, Yvan va à nouveau connaître un moment de désarroi et regretter encore sa bienveillance dans les jeux précédents :

P	*Bien attention.* [Alex marque un nombre (17 ?) et sourit à la maîtresse.] *Là Alex a été très malin.*
Yvan	[Bougonnement inaudible...]
P	*Fallait pas laisser gagner Alex une fois.*
Yvan	[Pleure à nouveau.]
P	*Ben oui c'était gentil.*
Alex	[Se lève, visiblement satisfait.] *Yes !* [...]
P	[À Yvan qui pleure] *Bon arrête s'il te plaît !*

CF	*Yvan, tu vas jouer contre Yol. Et Alex va jouer contre Mano. Ce n'est pas fini !*
Yvan	[Ne se calme pas.]
CP	*Ce n'est pas fini. Tu vas voir. Tu vas pouvoir te rattraper.*
Yvan	[Ne se calme toujours pas.]
P	*Bon ben tu vas sortir.*
Yvan	*Non !*
P	[Continue, essaie de le calmer en lui parlant en aparté. Gestuelle enveloppante : elle l'entoure de ses bras, au niveau de l'épaule.] *Ben tu vas jouer contre Yol. Bon tu laisses tomber. Tu sors.*
Yvan	*Non...*
P	*Bon tu vas t'assoir à côté de Yol. Et tu ne le laisses pas gagner.*
Alex	*Allez, sèche tes larmes. Sèche tes larmes... tu as encore une chance Yvan.*

Pour arrêter la crise, CF propose à Yvan de jouer contre lui, CP renchérit en proposant de s'associer contre CF. Yvan refuse ces alternatives, mais ne veut pas abandonner la partie et accepte de jouer contre le perdant du second binôme.

Pour ce binôme, tout s'est bien déroulé, contrairement aux craintes manifestées en amont par P. En effet, celle-ci était davantage préoccupée par l'attitude éventuelle de Yol que par celle d'Yvan. Yol a manifesté un grand investissement pour le jeu, abandonnant son attitude habituelle qui consiste à se tenir plutôt en retrait et à craindre les interactions avec ses pairs.

Le règlement de la crise

C'est P qui va improviser et trouver les mots et les gestes qu'il faut pour dénouer la crise et faire revenir Yvan dans la partie. Elle mobilise divers outils. Elle va s'adresser en particulier à Yvan en travaillant sur la stratégie du jeu, en la reformulant à sa place et en étayant son jeu (durant le premier jeu de la partie contre Yol). Elle l'amène aussi à revenir sur son jeu après coup, à le repenser en étayant ses formulations, voire en formulant à sa place mais sans apporter d'éléments nouveaux. De plus, durant le jeu, elle l'encourage et s'assure de sa concentration. Parallèlement à cela, elle va adopter une attitude sécurisante déjà amorcée plus haut, en mettant en œuvre une gestuelle « enveloppante » : elle tient Yvan par l'épaule, lui parle doucement, le sécurise.

P	[S'accroupissant auprès de Yvan] *Bon et tu arrêtes de pleurer parce que sinon tu ne vas pas gagner hein.*
Yvan	*Des erreurs.*

P	*Ce ne sont pas des erreurs Yvan. C'est un jeu ; écoute. Tu es capable de supporter ça hein ! Ça ne peut pas marcher à tous les coups. Un ou deux tu choisis. Voilà ! Concentre-toi !*
Alex	*Et voilà !* [Alex vient de remporter la première partie contre Mano.]
P	*Tu vois il n'y a pas que toi qui perds contre Al.* […]
CF	*Attention ! Concentre-toi bien ; il a mis 15* [pointant sur la feuille de jeu le nombre que vient de marquer Yol]. *Qu'est-ce qu'il faut faire pour être sûr de gagner ?*
Yvan	[Marque 16.] […]
P	*Regarde ce que tu aurais pu faire là. Tu as écrit 16. Tu aurais mis 17. C'est toi qui prenais la main. Concentre-toi et réfléchis. Là tu n'es plus dans ton...* […] *Allez. Qui a commencé tout à l'heure ?*
Yol	*Moi.*
P	*C'est toi qui as commencé, donc à Yvan de commencer* […] *Concentre-toi. Allez. Tu perds, tu perds... forcément si tu ne fais pas attention* […] *Ce n'est pas magique, hein !* […]
Yvan	*Mais pas 17.*
P	*C'est celui qui met 17 qui gagne.*
Yvan	*Il a perdu...* […]
P	*Est-ce que tu as remarqué qu'à chaque fois que tu joues, c'est celui qui écrit le 17 qui gagne ? Pourquoi ? Parce que...*
Yvan	*Dix-huit.*
P	*Parce que... 18 et tu as perdu. Et 19 aussi... parce que qu'on mette 18 ou qu'on mette 19 c'est forcément... ce qu'il faut, c'est que tu essaies de... là regarde. Yol a écrit « 14 », toi tu as écrit...*
Yvan	*Quinze.*
P	*Quinze... ben non on ne peut pas mettre 18 ou 19... Allez on ressaye !*

La suite de la partie montre que cet ensemble de décisions prises à chaud et les gestes qui accompagnent leur mise en œuvre s'avèrent efficaces. En effet, Yol et Yvan vont s'investir à nouveau dans la partie, affiner leur stratégie et terminer à égalité. Alex restera le vainqueur, car il gagnera contre Mano.

5

Une discussion

Rappelons les trois points de vue adoptés pour conduire notre analyse de la séance : celui de la situation (robustesse), celui de l'activité du professeur (gestes et routines de gestion notamment) et celui lié aux fonctions d'étayage. Ces points de vue sont complémentaires et étroitement liés. Il est en effet difficile d'étudier l'activité des élèves et notamment le fonctionnement de leurs connaissances sans prendre en compte les conditions de ce fonctionnement et donc sans considérer la situation ou l'activité du professeur.

5.1. La situation

L'analyse précédente nous renseigne sur le fonctionnement de ce type de situation. Elle montre qu'une telle situation (du moins le tout début de celle-ci) peut fonctionner collectivement avec le public relevant de l'ASH, option D, mais ne fonctionne pas systématiquement pour chaque élève. Nous avons pointé des raisons possibles de dysfonctionnements. Elles trouvent leur source dans une tension qui marque profondément l'enseignement à ce type d'élèves et, plus largement, l'enseignement dans le secteur de l'éducation spécialisée. Le professeur doit en effet faire se rencontrer l'itinéraire cognitif collectif proposé aux élèves et les parcours et cheminements cognitifs personnels de chaque élève. Cette rencontre passe notamment par des enrôlements et des négociations locales.

Les connaissances mobilisées dans ce début de mise en œuvre de la situation sont très contextualisées. A ce stade, la stratégie gagnante consiste pour le joueur à jouer dans le noyau du jeu (constitué des nombres n tels que $n = 3k + 2$, où $k < 6$) ; il lui suffit d'ailleurs de jouer 17 pour s'assurer de la victoire. Cette stratégie est très liée à l'action, elle peut rester implicite. Pour acquérir une certaine pérennité, elle doit devenir explicite. Si elle reste implicite, elle risque de ne pas être distinguée d'autres stratégies. C'est le cas notamment de celle qui consiste à ajouter systématiquement 2 au nombre précédemment dit. De plus, le risque existe de la voir s'effacer devant d'autres contraintes notamment sociales comme cela a été le cas pour Yvan. La prise de conscience du caractère nécessaire de la stratégie nécessite donc une formulation. Ainsi, Yvan, abandonnant une posture de joueur, ne peut ensuite bénéficier de l'expérience des jeux précédents, ne réinvestit pas les constats effectués et se retrouve en situation de « décrochage » (local). Non seulement il ne finalise pas pour lui-même les apprentissages amorcés, mais il peut contribuer à une désaffection collective. On peut penser qu'Yvan ne perçoit plus la situation comme une situation dont le but est l'apprentissage d'une stratégie, mais la vit (du moins pendant le troisième jeu) comme une situation réglée par des contraintes essentiellement sociales (respect d'une certaine hiérarchie entre élèves).

Dans le scénario initial élaboré par Brousseau (1987), cette explicitation est assurée par la situation de formulation. Elle s'organise notamment autour de plusieurs moments : formulations plutôt spontanées (s'étalant sur plusieurs jours) par des élèves lors de la situation d'action d'éléments de la stratégie (notamment liés au nombre 17), diffusion de ces derniers lors d'un jeu par équipe et, enfin, production d'énoncés lors d'un « concours des propositions ». Ce déroulement nécessite un enrôlement dans la durée des élèves et un temps beaucoup plus long. Ces conditions ne peuvent être réalisées lors de notre mise en œuvre, car dès le troisième jeu, Yvan et Alex rendent improbable un tel déroulement. Le professeur doit alors organiser l'explicitation autrement.

Dans l'action, trois solutions sont envisagées pour mettre en place une situation de formulation. La première, proposée par CF, consiste à rester dans le cadre de la situation adidactique. CF parie sur une explicitation, résultat d'une prise de conscience par le joueur (Yvan) de la stratégie gagnante mobilisée par un joueur performant (CF lui-même). Pour cela, il lui propose de jouer contre lui. La deuxième stratégie, rapidement amorcée par CP, consiste à provoquer l'explicitation en proposant à Yvan de s'associer avec lui pour jouer contre un « bon joueur » (CF). Ces deux premières sont immédiatement rejetées par Yvan. La dernière solution, si on exclut un abandon momentané de la situation, consiste pour le professeur à prendre en charge une partie de l'explicitation. Nous l'avons décrite ci-dessus, c'est la solution retenue par P.

5.2. L'activité du professeur, la mise en œuvre de fonctions d'étayage

La professeure mobilise à cette occasion des connaissances issues de son expérience professionnelle et de sa connaissance[7] des élèves. Elle met en œuvre un ensemble de gestes professionnels qui lui permettent non seulement de résoudre la crise provoquée par Yvan, mais aussi d'assurer la poursuite du travail en cours et de maintenir l'enrôlement de tous les élèves.

Nous pouvons interpréter cette initiative comme un « incident critique » (Roditi, 2005), révélateur d'une tension entre ce que la professeure juge légitime d'exiger de ses élèves (point de vue éthique) et ce que son expérience professionnelle et l'évaluation des compétences de ses élèves

---

7. Ni CF ni CP ne possède cette connaissance.

pourraient lui permettre d'exiger. En effet, comme nous l'avons déjà signalé ci-dessus, prenant en compte les troubles du comportement manifestés par ses élèves, P hésite à les engager dans une situation de compétition entre pairs. En revanche, certains de ses propos montrent qu'elle estime Yvan susceptible de surmonter ces difficultés, et ce, grâce à la routine d'étayage décrite ci-dessus :

P	*Ce ne sont pas des erreurs Yvan. C'est un jeu ; écoute.*
P	*Tu es capable de supporter ça hein !*
P	*Ça ne peut pas marcher à tous les coups.*
P	*Un ou deux tu choisis. Voilà ! Concentre-toi !*

Cet incident nous semble critique, car non seulement il nous renseigne sur la viabilité de ce type de situations, mais aussi sur les possibilités de développement professionnel de la professeure. Ainsi, une prise de conscience de cette tension pourrait lui permettre de la dépasser.

D'autres analyses restent toutefois nécessaires pour confirmer cette hypothèse, notamment celles qui portent sur l'identification des gestes et routines professionnels mis en œuvre lors de la gestion de la situation et des éventuelles crises qui peuvent survenir.

Nous avons vu que la professeure de la classe (et, pour une moindre part, la conseillère pédagogique) ont construit des routines qui dépassent largement le cadre des seules mathématiques ; en effet, leur mise en œuvre nécessite des savoirs sur les élèves, sur leur pathologie ou leur handicap, sur le groupe d'élèves et sur leurs compétences en termes d'interactions.

Un geste important semble être celui qui vise une des fonctions d'étayage : le maintien de l'orientation. P intervient plusieurs fois dans ce sens, sans doute insuffisamment lors de la partie entre Yvan et Alex, mais efficacement lors de celle entre Yvan et Yol.

De même, P se révèle la plus efficace des trois adultes animant la séance pour gérer la crise provoquée par Yvan. Elle met en œuvre une routine alliant plusieurs gestes : discours dirigé prioritairement vers Yvan, formulation et explicitation d'éléments de la stratégie gagnante, voire d'institutionnalisation locale, maintien de l'orientation, gestuelle sécurisante. Elle décide même de ne faire disputer qu'un nombre pair de parties entre les « perdants » afin de clore le jeu en attribuant une place de troisième à chacun.

Toutefois, cette routine reste marquée par les mathématiques et les contenus travaillés, comme le montrent les limites (hésitations) des interventions de l'enseignante de la classe. Ainsi, elle semble rencontrer des difficultés pour identifier les éléments de la stratégie des joueurs, notamment pour optimiser cette stratégie et adapter son intervention en conséquence.

Toutefois, nous pensons que ce ne sont pas l'acquisition des gestes et routines nécessaires à la gestion de la crise décrite ci-dessus qui interdisent à P de mettre en œuvre des jeux de stratégies, mais plutôt des conceptions éthiques très générales.

Ainsi, P n'osait pas mettre en œuvre de telles situations, essentiellement pour deux raisons liées à une prise de risque. Prise de risque pour les élèves, d'une part, qui renvoie à une certaine éthique : elle s'interroge sur le droit du professeur à enclencher des crises comme celle décrite ci-dessus. Prise de risque pour le professeur, qui n'est pas certain de savoir gérer les crises éventuellement provoquées par ce type d'activité. La prise de conscience de l'existence de ces routines grâce à leur identification et leur explicitation par le chercheur peut permettre à cette enseignante d'interroger les choix qui ont été les siens. Cela peut notamment contribuer à une meilleure évaluation des risques accompagnant la mise en place et la gestion de ce type de situations et à élargir ainsi les marges de manœuvre de l'enseignant.

Notons à ce propos qu'entrer par la nature des troubles (psychose, autisme ou trisomie...) ne peut suffire pour comprendre la complexité des phénomènes observés. Il est indispensable de s'appuyer aussi sur une analyse didactique des conditions de l'apprentissage : dévolution et enrôlement, variables assurant ou non le fonctionnement de la situation adidactique, etc.

Conclusion

Ainsi, lors d'une formation, il nous semble important d'adopter une approche holistique mettant en relation divers points de vue. En effet, il peut s'avérer profitable de prendre en compte les pratiques adaptatives des éducateurs/enseignants dans les structures spécialisées, de leur faire expliciter ce qu'ils perçoivent afin de faire émerger des conceptualisations-en-acte (Vergnaud, 1990) de manière à enrichir les catégories de lecture fournies par des nosographies médicopsychologiques.

En étroite relation avec une analyse didactique fine de la situation, on peut également se livrer à une analyse du profil des différents élèves en jeu, de ce qui se joue pour eux dans la séance. Des études de cas comme ceux d'Yvan ou d'Alex seraient particulièrement intéressantes pour anticiper sur la gestion de la séance étudiée ici.

Enfin, pour être efficace, il nous semble important d'exemplifier ces études par des exemples d'incidents critiques du type de celui que nous venons de présenter, incidents vécus par le professeur ou par l'un de ses pairs.

Les tensions et les questions soulevées dans les rapports enseignement/apprentissage des mathématiques liés aux élèves dits en difficulté

Réflexions issues des textes de cet ouvrage

Lucie DeBlois
Université Laval, Québec

Ce chapitre se veut une conclusion de l'ouvrage qui permet de relancer la réflexion sur l'intervention en mathématiques pour une population d'élèves qui éprouvent des difficultés d'apprentissage. Nous avons pu constater que la recherche en adaptation scolaire a une tradition qui conduit à puiser des référents dans des champs de recherche comme la psychologie, plus particulièrement la psychologie cognitive (enseignement explicite, expert *vs* novice), ou même la neurologie. Cette perspective situe le plus souvent l'élève et ses difficultés par rapport à ses caractéristiques personnelles. Toutefois, le champ de la psychologie et celui de la neurologie s'intéressant aux processus cognitifs engagés dans l'apprentissage n'ont pas comme objet d'étude les interactions entre l'enseignement et l'apprentissage des mathématiques. Dans cet ouvrage, Giroux montre d'ailleurs comment le développement des connaissances dans un champ de recherche oriente la façon de concevoir les problèmes rencontrés. Nos recherches (DeBlois, 2006) ont aussi illustré la façon dont l'interprétation d'enseignants à l'égard des erreurs de leurs élèves influençait le choix de leurs interventions. Nous chercherons donc à ouvrir notre réflexion sur la base d'une autre perspective que celles identifiées ci-dessus en nous demandant, par exemple, comment le champ de la didactique permet d'orienter notre réflexion.

Ce champ de recherche qu'est la didactique des mathématiques vise, entre autres, à étudier les phénomènes d'enseignement des mathématiques pour en identifier les retombées au plan de l'apprentissage et, inversement, à étudier l'apprentissage réalisé par les élèves pour repérer les traces laissées par les interactions dans la classe de mathématiques. En effet, dès les années 1980, la didactique des mathématiques s'est intéressée aux erreurs des élèves (Commission internationale pour l'étude et l'amélioration de l'enseignement des mathématiques – CIEAEM, 1987). Le développement de ces travaux a permis de reconnaître l'apport de l'erreur comme partie du processus d'apprentissage et surtout, comme le disent Theis, Mai Huy et Martin dans cet ouvrage, que les erreurs des élèves qui éprouvent des difficultés d'apprentissage ne sont pas différentes de celles de l'ensemble des élèves. Ce champ de recherche devient donc un cadre de référence qui prend en compte les composantes des phénomènes de la classe pour l'étude des difficultés observées dans l'apprentissage et dans l'enseignement des mathématiques.

S'appuyant sur les théories qui existent en didactique des mathématiques, les études sur les difficultés d'apprentissage ont ainsi développé une perspective systémique, permettant d'observer des phénomènes. Certains d'entre eux semblent propres à la classe d'adaptation scolaire. C'est ainsi que l'étude de René de Cotret et Giroux (2003) a pu reconnaître comment le fait de savoir les élèves en difficulté conduisait un enseignant à modifier ses exigences et les indications données en classe de doubleurs. En outre, le texte de Butlen et Masselot dans cet ouvrage souligne la place de la paix scolaire dans les interactions de la classe d'adaptation scolaire. Quel type d'intervention proposer ? Combien de temps faut-il prévoir ? Comment familiariser ces élèves aux mathématiques (acculturation) ? Comment les évaluer ?

Pour nourrir notre réflexion, nous avons choisi d'identifier un certain nombre de tensions qui émergent des travaux de recherche et des pratiques de la classe. C'est ainsi que les temps d'apprentissage et d'enseignement, les types d'intervention, l'acculturation à une discipline et l'évaluation sont étudiés sous l'angle de quatre tensions particulières : la dualité entre la dimension cognitive et affective des élèves, l'alternance entre l'aide à l'apprentissage et l'aide à l'élève, puis la dualité entre institutionnalisation et enseignement explicite, pour terminer par l'arrimage des résultats de recherche aux besoins du milieu scolaire.

1

Une première tension : la dualité entre la dimension cognitive et la dimension affective

Dans le contexte de l'intervention en adaptation scolaire, les intervenants cherchent à cerner les besoins des élèves pour articuler les dimensions cognitive et affective, dans laquelle j'intègre la dimension sociale. Toutefois, en précisant les besoins de l'élève, le risque est grand de comparer ce qui est attendu de l'élève à ce que l'élève réalise, faisant ainsi apparaître ce qui manque à l'élève pour suivre le rythme d'apprentissage du groupe auquel ses réalisations sont comparées. C'est ainsi que le volet cognitif risque de dominer la dimension affective dans une perspective didactique, mais que le volet affectif risque de prendre le pas sur la dimension cognitive dans une perspective de la pratique.

Dans cet ouvrage, Butlen et Masselot montrent comment les relations entre l'affectif et le cognitif se posent avec plus d'acuité lorsque l'enseignement est confronté à des populations « lourdes » comme les élèves psychotiques. Selon ces auteurs, il s'agit pour l'enseignant de maintenir la paix scolaire en classe tout en exerçant une vigilance didactique. La paix scolaire contribuerait à mettre en place un climat favorable à l'apprentissage. La vigilance didactique, quant à elle, pourrait contribuer à l'apprentissage en évitant une négociation à la baisse des exigences de la tâche. Par exemple, une vigilance didactique permettrait notamment à l'enseignant de hiérarchiser les procédures des élèves dans la classe afin de maintenir un rythme de travail. Ce type d'intervention permet de demeurer proche des formulations des élèves. Une vigilance didactique permettrait aussi de segmenter le temps sur la base de certaines variables didactiques émergeant dans la classe (une discussion sur les conceptions à l'égard d'une notion mathématique ou de la variété des procédures expérimentées) plutôt que sur la base d'un découpage qui n'est pas en relation avec les interactions de la classe. Autre exemple, Mary et Theis (2007) rapportent qu'au moment de l'apprentissage de la statistique, les élèves en classe spécialisée doivent relever le défi de l'inférence de la relation de cause à effet, de même que celui de l'avancement des idées initiales et de leur négociation. La vigilance didactique permettrait de segmenter ou de découper le temps d'apprentissage en fonction de l'arrivée de ce nouveau défi et de la négociation des idées à faire avancer, plutôt qu'en fonction de critères liés à des étapes de réalisation de la tâche.

D'autres éléments de réponse sont apportés par les recherches. Merri et Vanier ajoutent que les enseignants considèrent que les rituels offrent une sécurité affective aux élèves en segmentant le temps. Cette sécurité affective leur donnerait le sentiment d'avancer, ou encore de rompre avec l'individualisation de l'enseignement pour favoriser certaines pratiques qui allègent l'inquiétude des élèves lors de la mobilisation de leurs connaissances. DeBlois et Larivière (2012) observent certains contrats implicites que les élèves créent dans une classe de mathématiques. Ces contrats nous permettent d'identifier des règles et des habitudes développées par les élèves du 1er cycle du primaire pour expliquer leurs réactions d'évitement. Différentes catégories de règles ont été développées par les élèves que nous avons rencontrés. Par exemple, certaines sont liées à la recherche de conformité des élèves, d'autres à leur conception de la vérification en mathématiques, ou encore au rôle qu'ils croient devoir tenir. C'est ainsi que nous observons la façon dont les élèves qui évitent de participer à une tâche dans la classe régulière ont mis en place des habitudes qui réduisent leurs activités cognitives et, par conséquent, leur apprentissage. Certaines interventions semblent favoriser une conceptualisation des notions mathématiques chez des élèves qui manifestent des réactions d'évitement de la tâche. Par exemple, le fait de demander à l'élève d'expliquer ses procédures, de les refaire, ou encore un questionnement ouvert offriraient des occasions de conceptualisation. Dans cet ouvrage, Lessard pose l'hypothèse selon laquelle le fait de taire leurs idées permettrait aux élèves qui éprouvent des difficultés d'apprentissage de préserver la dimension affective impliquée dans leur apprentissage. C'est ainsi qu'elle attribue un facteur protecteur à la difficulté des élèves à faire avancer leurs idées, faisant ainsi intervenir une dimension affective. L'apprentissage des mathématiques offre donc un contexte pour étudier l'influence des phénomènes de rejet sur l'accès à la tâche, comme l'illustre le texte de Theis, May Huy et Martin dans cet ouvrage, et pour développer les habiletés sociales.

Enfin, le questionnement de Lemoyne et Gervais ajoute à notre réflexion. Le travail dans des classes d'accueil conduit à susciter non seulement l'apprentissage des mathématiques, mais aussi celui de la langue et plus particulièrement de la langue scolaire. Dans plusieurs provinces canadiennes, un ensemble d'initiatives sont actuellement mises en place pour faciliter l'apprentissage de la langue française aux nouveaux arrivants, de l'équipe pluriethnique au sac à histoires en différentes langues en passant par la trousse de bienvenue. C'est ainsi que des programmes d'accueil et de soutien sont mis en place pour les nouveaux arrivants[1]. Lemoyne et Gervais

---

1.   Ces informations proviennent d'une table ronde intitulée « Research Round Table on Minority Language Education », qui s'est tenue lors du *4e Carrefour de la recherche sur l'éducation dans la langue de la minorité*, organisée par Patrimoine canadien, la Fédération nationale des conseils scolaires francophones (FNCSF), la Quebec English School Boards Association (QESBA) et les ministères de l'Éducation des provinces et territoires, le 25 septembre 2013, à Regina (Saskatchewan). Étaient invités : Daniel Boucher (Manitoba), Mario Cyr (Colombie-Britannique), Denis Giguère (Ontario),

soulignent les défis des interactions entre les élèves au moment d'enseigner les mathématiques. Bien que ces auteures traitent ces défis essentiellement sous leur dimension cognitive, elles reconnaissent que ces situations favorisent un investissement de la part des élèves, faisant ainsi intervenir la dimension affective de l'apprentissage. La résolution de problèmes pourrait-elle être considérée comme une condition favorable au développement social des élèves (de la *lecture pour apprendre*) plutôt qu'à celui de l'*apprentissage de la lecture* ? De nouvelles questions se posent. Peut-on passer de l'apprentissage des mathématiques à d'autres apprentissages scolaires ? Comment ? Une prise de conscience de la dualité entre la dimension cognitive et la dimension affective impliquées dans les apprentissages des élèves contribue donc à l'exercice d'une vigilance didactique dans la classe. En effet, l'interprétation des réactions d'évitement des élèves se nourrit de l'étude des interactions entre les élèves ainsi qu'entre les caractéristiques des tâches et les connaissances des élèves.

2

Une deuxième tension : l'alternance entre l'aide à l'apprentissage et l'aide à l'élève

Le temps d'enseignement et le temps d'apprentissage ne coïncident pas. En effet, alors que le temps d'enseignement correspond à l'estimation de l'enseignant à l'égard du temps de réalisation des différentes situations (d'action, de formulation, de validation) à proposer aux élèves, le temps d'apprentissage est lié au temps d'appropriation « réel » des contenus mathématiques dans ces situations par les élèves. Il n'est pas rare d'entendre les enseignants expliquer qu'ils manquent de temps ou qu'une situation a pris plus de temps que prévu. Cette asymétrie est encore plus importante dans le contexte de l'intervention auprès d'élèves qui font des erreurs ou qui manifestent des difficultés dans l'apprentissage de certaines notions mathématiques. C'est ainsi que le temps d'apprentissage devient un critère non seulement pour distinguer l'erreur et la difficulté, mais également pour juger du type d'intervention à proposer. En effet, bien que l'erreur puisse

---

Sophie Leblanc (Québec) et Boniface Mukendo (Ontario), ont participé à une discussion sur des approches proposées par les intervenants quant aux défis et opportunités liés à la croissance de la diversité culturelle et linguistique. Pour plus de détails sur les initiatives, programmes ou associations dans ces provinces : < http:// www.sfm.mb.ca/communaute/ > ; < http://www.csf.bc.ca/files/ressources/Politique_H-800-1_culturelle_communautaire.pdf > ; < http://www.edu.gov.on.ca/fre/ document/policy/admissions.pdf > ; < http://ecole.district1.nbed.nb.ca/ecole-saint-henri/vie-pedagogique/francisation-et-eleves-immigrants/ > ; < http://webe-missions.cforp.on.ca/pana/media/transcription.pdf >.

contribuer au processus cognitif de l'élève, une erreur récurrente sur un temps long (une année scolaire, par exemple) contribue plutôt à la mise en place de véritables obstacles aux interactions des connaissances entre l'élève et les autres élèves de la classe. Il convient donc d'engager une réflexion sur l'aide à l'apprentissage et l'aide à l'élève.

L'aide à l'apprentissage vise la collectivité. C'est ainsi que lors de la préparation de son cours, l'enseignant se questionne sur la planification à réaliser, sur les exigences d'un ensemble de tâches ou sur le temps à accorder à l'une ou l'autre des situations proposées. Ce type de planification témoigne d'une aide à l'apprentissage. Un cadre de référence didactique vise, notamment, l'acculturation des élèves à une discipline. Dans ces conditions, proposer une aide à l'apprentissage sera considéré par l'enseignant comme une activité pédagogique normale.

Toutefois, proposer une aide devant une difficulté d'élève récurrente exigera un enseignement adapté. L'aide apportée à un élève est habituellement ponctuelle, individuelle et locale. Son but est le plus souvent le franchissement d'obstacles qui surgissent durant les processus cognitif et affectif de l'élève. En substituant au cadre de référence psychologique habituellement utilisé un cadre de référence didactique, l'aide consistera à jouer sur certaines variables de la situation (par exemple, changer la grandeur des nombres en jeu ou encore proposer des nombres naturels plutôt que des nombres décimaux). Ce jeu sur une variable didactique pourra favoriser l'appropriation d'une notion mathématique, notamment par un retour sur une notion familière, mais aussi par une comparaison entre la notion évoquée au préalable par l'élève et la notion nouvellement construite. Dans cet ouvrage, Mary et Squalli rappellent que certains phénomènes d'enseignement tendent à réduire l'activité de l'élève, notamment en rendant certains apprentissages semblables à un ensemble de procédures à réaliser.

L'arrivée des nouvelles technologies exige de revoir nos réflexions, tant pour le cas de l'aide à l'apprentissage que pour celui de l'aide à l'élève. Les travaux de l'équipe de Gauthier et Larouche montrent comment un dispositif de développement professionnel provoque un enrichissement des pratiques des enseignants. Selon notre interprétation, cette recherche a permis de repérer, chez les enseignants de cette étude, la manifestation de schèmes d'instrumentation[2] et d'instrumentalisation[3] (Rabardel, 1995), qui tous deux transforment la pratique enseignante, notamment au moment du retour réflexif sur leurs expérimentations avec la technologie. Ces deux schèmes seraient nécessaires dans le développement de l'outil technologique

---

2. L'enseignant s'adapte à l'outil.
3. L'enseignant transforme l'outil pour que celui-ci s'adapte à lui.

comme instrument d'enseignement et, par conséquent, comme aide à l'apprentissage. Il a été possible d'observer l'importance de ces schèmes chez des étudiantes et des étudiants en formation initiale en enseignement au secondaire. Invités à décrire l'apport d'un logiciel de géométrie dynamique, ils l'ont considéré comme un support explicatif, une aide à la construction, à la visualisation, à l'explicitation de leurs connaissances et à l'émergence de conjectures (DeBlois, 2011). L'analyse de ces différents rôles permet de constater qu'en considérant les technologies comme une aide à la construction, une aide à la visualisation et à l'explicitation de leurs connaissances, les futurs maîtres manifestent un schème d'instrumentation. Ils s'adaptent au logiciel Cabri Géomètre. Ce n'est qu'en voyant ce logiciel comme un outil favorisant l'émergence de conjectures que les futurs maîtres exploitent cet outil technologique au-delà d'une simple application, une manifestation du schème d'instrumentalisation. C'est ainsi qu'ils désactiveront certaines fonctions, comme la construction d'un polygone, afin que leurs élèves utilisent les propriétés d'un polygone pour le construire. Distinguer « aide à l'apprentissage » et « aide à l'élève » offre la possibilité de profiter de l'apparition d'une erreur pour enseigner tant dans les activités plus familières que dans celles qui font intervenir les technologies. De plus, cette distinction permet de reconnaître que pour offrir une aide à l'élève, le schème d'instrumentalisation devient fondamental.

3

Une troisième tension : la dualité entre institutionnalisation et enseignement explicite

Les questions d'institutionnalisation et d'enseignement explicite méritent tout notre intérêt. L'institutionnalisation en adaptation scolaire est un concept issu de la didactique, alors que l'enseignement explicite tire son origine de la psychologie cognitive. Si l'on détache ces deux concepts de la fonction qu'ils occupent dans leur théorie respective, le danger est grand de les confondre dans les pratiques de la classe.

Le concept d'institutionnalisation tire son origine de la théorie des situations didactiques de Brousseau, théorie qui s'inscrit dans une perspective de conceptualisation dans l'action. Brousseau (1986) distingue dès le départ les situations d'action des situations de formulation, de validation et d'institutionnalisation. Bien que, dans les pratiques de la classe, ces situations ne soient pas toujours séparées, elles contribuent au progrès de la conceptualisation des élèves. C'est ainsi que lors des situations d'institutionnalisation, l'enseignant oriente la rencontre des élèves avec les savoirs. C'est un moment privilégié qui lui permet, ainsi qu'à l'élève, de reconnaître et de légitimer l'« objet d'enseignement », même si tous deux le voient de façons différentes. Comme le soulignent Mary et Squalli dans cet ouvrage, les systèmes d'actions initiaux des élèves jouent un rôle déterminant. Ils sont le moteur de la conceptualisation puisqu'ils influencent la négociation de sens dans les interactions entre les élèves, négociation qui conduit à une institutionnalisation. Les débats de la classe conduisent peu à peu les élèves à se confronter aux limites de leurs procédures, à considérer les erreurs comme des manifestations de réflexions et à devoir convenir d'un mode de communication pour être compris, autant d'exemples de pas d'institutionnalisation.

L'institutionnalisation conduit à choisir une forme parfois verbale, d'autres fois symbolique ou graphique, qui facilite la communication. Elle donne ainsi accès aux élèves à différentes significations qui émergent des actions réalisées au préalable. L'institutionnalisation permet ensuite de faire émerger des connaissances à partir des actions pour décontextualiser ces connaissances et les exprimer sous des formes variées (verbale, symbolique ou graphique). Une fois décontextualisées, les connaissances peuvent devenir des référents pour des utilisations futures, ce qui permet de leur attribuer le statut de savoirs. Il s'agit donc, pour susciter une conceptualisation qui va au-delà de la réussite, de permettre aux élèves de construire, entre autres, le sens des formes verbale, symbolique ou graphique. Butlen et Masselot reconnaissent à ce sujet la difficulté pour les enseignants, notamment les débutants, à hiérarchiser les procédures des élèves et à réaliser une synthèse qui permet une institutionnalisation. Cette difficulté illustre les exigences d'une institutionnalisation.

L'enseignement explicite, quant à lui, tire son origine du postulat selon lequel la présentation d'une réflexion par un expert favorise l'apprentissage dans la mesure où le processus d'apprentissage est démystifié par le modèle présenté. Ce type d'enseignement *semble* faciliter la réussite des élèves sur la base de critères observables. Toutefois, réussite et conceptualisation (ou compréhension) ne sont pas synonymes. Déjà en 1977, Piaget distinguait la réussite de la compréhension.

> Comprendre consiste à dégager la raison des choses, tandis que réussir ne revient qu'à les utiliser avec succès, ce qui est certes une condition préalable de la compréhension, mais que celle-ci dépasse puisqu'elle en arrive à un savoir qui précède l'action et peut se passer d'elle (Piaget, 1977, p. 242).

En mathématiques, si la réussite peut maintenir un certain degré de motivation, elle n'est pas suffisante pour favoriser une compréhension qui suscitera une adaptation des savoirs en jeu pour un ensemble de tâches. Dans ces conditions, un apprentissage plus près de la reproduction d'un modèle ou d'une méthode de travail réalisée par un expert évite les erreurs et suscite la réussite… seulement.

De plus, l'enseignement explicite vise à présenter aux élèves une manière de faire reproductible. La contribution de l'erreur est ainsi déjouée. La conception de l'erreur relève davantage de la faute ou de la difficulté à reproduire le modèle proposé. Enfin, un enseignement explicite en mathématiques risque fort de ne présenter que des arguments d'autorité. Nous savons l'influence réductrice de ce type d'arguments sur le rapport au savoir développé par les élèves. L'équipe de Mary et Squalli montre, dans cet ouvrage, la complexité d'un processus d'appropriation qui part d'une formule. Elle reconnaît comment une formule, déconnectée d'un système d'actions, rend ardues sa compréhension et sa validation puisque sans la présence des actions, il est difficile de développer une validation qui va au-delà de cas particuliers ou d'exemples. La nature des mathématiques exige que les élèves développent des arguments pour convaincre et pour prouver. Un argument d'autorité ne convainc pas.

Une réflexion sur le développement de compétences permet aussi de faire une distinction entre performance et compétences. En effet, si la réussite est basée sur la mesure de la performance, celle-ci n'est pas un indicateur fiable du développement des compétences. En effet, cette mesure ne permet pas d'apprécier la profondeur de la compréhension développée et, par conséquent, la possibilité pour les élèves de faire intervenir leur compétence dans un nouveau contexte. La tension institutionnalisation/enseignement explicite rend ainsi explicite le rôle de l'erreur dans le processus d'apprentissage des élèves, qu'ils soient en difficulté ou non.

Une quatrième tension : l'arrimage des résultats de recherche aux besoins du milieu scolaire

Les demandes du milieu scolaire visent à répondre à des problèmes sociaux qui sont contextualisés dans les contraintes, notamment celles des programmes de formation. En outre, ces demandes exigent souvent des réponses rapides. Les résultats de recherche proviennent d'objets problématisés, c'est-à-dire situés dans les résultats d'autres recherches et dans des cadres théoriques qui permettent l'interprétation des observations. L'identification des résultats de recherche exige donc un temps long avant leur diffusion. En somme, les chercheurs visent à « voir comment ça marche », alors que les praticiens cherchent à « faire marcher ». Par exemple, dans cet ouvrage, Roiné a besoin de la théorie anthropologique pour intégrer les composantes sociales et cognitives dans l'analyse de ses données. Ses résultats de recherche conduisent à préciser les conditions d'apparition de phénomènes de manière à dégager des principes ou des régularités là où le praticien tente d'obtenir des modalités d'intervention.

Ainsi, malgré la volonté de mettre la recherche au service de la pratique, des tensions se développent. En outre, bien que ces deux domaines professionnels puissent porter leur regard sur le même « objet de recherche », par exemple sur les élèves et leur apprentissage, les besoins sont différents. La question des conditions sous lesquelles la recherche rend service au milieu se pose. Est-il possible de reprendre les expérimentations d'où sont issus les résultats de recherche ? Une autre question surgit, encore plus cruciale : La recherche peut-elle, doit-elle *nécessairement* contribuer à la prescription de la pratique ? Quelle est la fonction de la recherche en éducation ? Sous quelles conditions peut se réaliser un partenariat ? Comment est-il possible de participer à l'atteinte des objectifs fixés par le milieu scolaire ? Quelle est la responsabilité sociale des chercheurs et des enseignants ?

Les travaux de Gauthier et de son équipe, rapportés dans cet ouvrage, semblent faire intervenir ces critères par leur ancrage dans les préoccupations des enseignants, et ce, malgré leurs écarts avec ceux des chercheurs. Un des buts de cette recherche consiste à réaliser un arrimage possible entre les préoccupations des acteurs de cette recherche. À la différence de la recherche collaborative qui se développe à partir d'une cosituation, la recherche de Gauthier et Larouche se développe à partir des préoccupations des intervenants. Dans cet ouvrage, Lessard observe la façon dont une transformation des rapports au savoir et des habitus des élèves qui éprouvent des difficultés sert de tremplin à une modification des pratiques enseignantes. Il semble donc que la question de l'arrimage entre pratique et recherche doive se poser à partir de leurs préoccupations, par exemple à l'égard de leurs élèves plutôt qu'à partir du concept de fraction en jeu.

Ainsi, nous avons pu observer comment, sous l'influence de l'expérience d'un modèle coconstruit, les enseignantes et les enseignants ont développé une certaine vigilance par rapport aux multiples interprétations, attestant d'une prise de conscience par rapport à ce qu'ils appellent le « piège des interprétations » (DeBlois, 2009b). Cette expérience de recherche collaborative (DeBlois, 2009a) a nécessité des rencontres préparatoires avec l'ensemble des partenaires. Ces rencontres ont permis de déterminer une intersection entre les préoccupations des enseignants et des éléments de la problématique de la chercheuse. Cette étude a montré de plus l'importance de stabiliser le climat par des habitudes de travail et par l'organisation matérielle, le déplacement de la chercheuse dans les écoles et le soutien de l'administration scolaire. Le fait que les partenaires aient des buts différents a contribué à différencier les retombées des recherches. Le principal défi de ce type de méthodologie consiste à créer un climat qui favorise l'alternance entre les expertises des partenaires. Une session de discussion sur les méthodes de recherche émergentes, session réalisée durant les journées d'études du Groupe canadien d'étude en didactique des mathématiques (DeBlois et Sterenberg, 2010), a conduit à dégager l'importance de situer les rôles des acteurs et leur influence sur la question de recherche et celle du travail public du chercheur. À cette occasion, nous avons pu reconnaître à quel point l'engagement des partenaires est encouragé par leur rôle comme celui d'apporter leur matériel d'enseignants ou de participer à la coconstruction d'un modèle d'interprétation et d'intervention.

Enfin, certaines difficultés surgissent pour un chercheur en didactique des mathématiques (DeBlois et Sterenberg, 2010). C'est ainsi que les concepts de vérité/réalité, de subjectivité/objectivité, de corps de connaissances mathématiques par rapport à la recherche en sciences humaines rendent exigeante la construction de preuves pour les chercheuses, les enseignants et les parents. En effet, les mathématiques, comme science, permettent de travailler dans un monde idéal. Les sciences de l'éducation, en particulier l'enseignement des mathématiques, exigent une construction sociale à l'égard de la compréhension des phénomènes d'enseignement et d'apprentissage. Cette dernière suppose des relations interpersonnelles par lesquelles la question de l'analyse du travail réel, « idéal », exige de rendre la plus apparente possible la posture épistémologique des partenaires pour expliquer les choix réalisés et l'influence de ces choix. Le principal enjeu des méthodologies émergentes en didactique des mathématiques semble donc de rendre transparentes les postures épistémologiques pour identifier les conditions de construction de connaissances scientifiques de ce domaine. L'étude de ces tensions soulève donc des questions touchant l'épistémologie des recherches engagées dans la thématique des difficultés d'apprentissage en mathématiques.

Quelle épistémologie sous ces tensions ?

Étant donné la complexité de l'objet d'étude (difficultés d'enseignement et d'apprentissage des mathématiques), il semble nécessaire de convoquer plusieurs cadres de référence pour développer une épistémologie pertinente à une didactique des mathématiques qui réponde aux besoins d'un contexte d'adaptation scolaire. Certaines formes d'aide modifient le milieu ; il devient nécessaire d'y être sensible. Par exemple, nous avons pu observer comment une curiosité des enseignants à l'égard de la familiarité des élèves avec certaines caractéristiques de la tâche modifie le choix de leurs interventions. Par exemple, lorsque les enseignants posent l'hypothèse du manque d'attention ou de concentration d'un élève, ils choisissent d'intervenir en rappelant une explication déjà donnée en classe. Toutefois, lorsqu'ils délaissent cette hypothèse pour privilégier l'étude de la familiarité des élèves avec la tâche, ils proposent un contre-exemple à l'élève (DeBlois, 2009b). En outre, Butlen et Masselot montrent dans cet ouvrage comment un cadre théorique différent permet à des enseignants de milieux défavorisés d'atténuer des tensions entre paix sociale et enseignement des contenus.

Nous avons pu ainsi constater dans cet ouvrage que pour interpréter leurs données, les chercheurs font appel à plus d'un cadre théorique. Le recours à la didactique et à l'anthropologie pour Roiné, à l'ergonomie et à la didactique pour Butlen et Masselot, et à l'approche écologique et à la didactique pour Lessard, fait émerger une question de nature épistémologique. C'est ainsi que les analyses de Roiné révèlent comment certaines formes d'aide ont des effets nocifs, voire « toxiques » du fait de l'absence d'une prise en compte des propriétés didactiques des aides mises en place. Cette prise de position tire son origine de l'épistémologie de ce chercheur. Pour Roiné, apprendre correspond à entrer dans une histoire, dans une culture et, par conséquent, dans une histoire collective, plutôt qu'à acquérir des savoirs de façon individuelle. Dans ces conditions, il devient nécessaire de redonner aux élèves leur pouvoir d'action.

Selon les contextes d'enseignement, notamment les concepts mathématiques en jeu, le milieu socioéconomique impliqué, des défis particuliers sont identifiés (DeBlois, 2009c). À cet égard, Mary et Gattuso (2005) ont observé une meilleure compréhension des problèmes de moyenne lorsque ce concept est étudié dans le contexte du poids plutôt que dans celui des âges ou des notes. Dans les milieux défavorisés, Giroux (2005) observe peu de différences entre les connaissances des enfants sur la suite numérique selon leur milieu social, mais constate une différence dans leur utilisation au moment d'opérer sur des nombres ou de résoudre des problèmes. L'étude des données de PISA (2000[4]) réalisée par Power et DeBlois (2011) a révélé une corrélation entre la projection dans une profession future d'élèves de 15 ans et la réussite, dans ce cas, en lecture. Le milieu socioéconomique serait donc un facteur sur lequel il est possible d'intervenir. La projection de l'élève dans sa vie future aurait une influence indéniable. Kahn *et al.* (1998) invitent d'ailleurs à considérer les aspirations d'une communauté afin de susciter une conception de l'apprentissage comme un « changement de point de vue ».

En conclusion, les textes de cet ouvrage conduisent à reconnaître la spécificité de la didactique des mathématiques de même que son apport comme cadre de référence pour réfléchir aux phénomènes de la classe de

---

4. *Programme for International Student Assessment*, sous la direction de l'Organisation de coopération et de développement économiques (OCDE), < http://www.oecd. org/pisa/pisaenfranais.htm >.

mathématiques. En outre, le développement de notre réflexion met en lumière les contraintes politiques et sociales qui s'ajoutent aux exigences de la conceptualisation des notions mathématiques. Par exemple, dans le cadre du programme par compétence, les objectifs politique et institutionnel au regard de la réussite en mathématiques imposent des plans de réussite par école. Ces plans de réussite génèrent des demandes de plus en plus précises, notamment quant à la contribution des chercheurs à l'amélioration des résultats mathématiques. Ces pressions créent un contexte qui valorise la recherche en éducation pour en étudier les retombées dans les classes. Le risque est grand toutefois de réduire le développement de recherches qui prennent leur ancrage dans les défis posés par l'articulation des différents concepts théoriques développés.

BIBLIOGRAPHIE

ANDERSON, R.E. et H.J. BECKER (2001). *School Investments in Instructional Technology, Teaching, Learning, and Computing : 1998 National Survey*, rapport n° 8, Irvine, Center for Research on Information Technology and Organizations, University of California et University of Minnesota, juillet, < http://www.crito.uci.edu/tlc/findings/report_8/ startpage.htm >.

ANFOUSSE, G. (1978). *La chicane*, Montréal, La courte échelle.

ARMAND, F. (2011). *Synthèse des portraits de huit écoles primaires et secondaires des cinq commissions scolaires francophones de la région du Grand Montréal (2007)*, rapport de recherche sur le Programme d'accueil et de soutien à l'apprentissage du français (PASAF) dans la région du Grand Montréal, Montréal, Université de Montréal, mars, < http://www.ceetum.umontreal.ca/fr/actualites/pub-a-signaler/publication/article/synthese-des-portraits-de-huit-ecoles-primaires >.

ARTIGUE, M. (2008). « La didactique des mathématiques face aux défis de l'enseignement des mathématiques », *Actes du Séminaire national de didactique des mathématiques 2007*, Paris, Institut de recherche sur l'enseignement des mathématiques de Paris 7, Association pour la recherche en didactique des mathématiques (ARDM), p. 14-39.

ASSELIN, C. (1977). *Un petit nuage*, Saint-Lambert, Héritage.

ASSOCIATION DES ORTHOPÉDAGOGUES DU QUÉBEC – ADOQ (2003). *L'acte orthopédagogique dans le contexte actuel*, mémoire préparé par l'ADOQ.

ASTLEITNER, H. et J.M. KELLER (1995). « A model for motivationally adaptive computer-assisted instruction », *Journal of Research on Computing in Education*, 27(3), p. 270-280.

ASTOLFI, J.P. (1993). *L'école pour apprendre*, Paris, ESF, coll. « Pédagogies ».

BAILLARGEON, C. (2003a). *Savoirs essentiels en mathématique*, Montréal, Guérin, coll. « Au fil des jours avec ORPHÉE 3ᵉ année ».

BAILLARGEON, C. (2003b). *Savoirs essentiels en mathématique*, Montréal, Guérin, coll. « Au fil des jours avec ISIS 4ᵉ année ».

BAKKER, A. (2001). « Symbolizing data into a "bump" », dans M. Van den Heuvel-Panhuizen (dir.), *Proceedings of the 25th International Conference for the Psychology of Mathematics Education*, Utrecht (Pays-Bas), Utrecht University, p. 81-88.

BALACHEFF, N. (1988). *Une étude épistémologique du processus de preuve en mathématiques au collège*, thèse de doctorat, Grenoble, Université nationale polytechnique.

BALANSKAT, A., R. BLAMIRE et S. KEFALA (2006). *The ICT Impact Report : A Review of Studies of ICT Impact on Schools in Europe*, Bruxelles, European Schoolnet.

BANDURA, A. (2007). *Auto-efficacité*, Bruxelles, De Boeck.

BARDIN, L. (2007). *L'analyse de contenu*, Paris, Presses universitaires de France.

BARTH, B.M. (1987). *L'apprentissage de l'abstraction*, Paris, Retz, coll. « Actualité des sciences humaines ».

BARTH, B.M. (1993). *Le savoir en construction. Former à une pédagogie de la compréhension*, Paris, Retz.

BAUTIER, E. et R. GOIGOUX (2004). « Difficultés d'apprentissage, processus de secondarisation et pratiques enseignantes : une hypothèse relationnelle », *Revue française de pédagogie, 148*, p. 89-100.

BAUTIER, E. et J.Y. ROCHEX (2004). « Activité conjointe ne signifie pas significations partagées », dans C. Moro et R. Rickenmann (dir.), *Situation éducative et significations*, Bruxelles, De Boeck, p. 197-220.

BAUTIER-CASTAING, E. et A. ROBERT (1988). « Réflexions sur le rôle des représentations métacognitives dans l'apprentissage des mathématiques », *Revue française de pédagogie, 84*, p. 13-20.

BAXTER, J.A., J. WOODWARD et D. OLSON (2001). « Effects of reform-based mathematics instruction on low achievers in five third-grade classrooms », *The Elementary School Journal, 101*(5), p. 529-547.

BEDNARZ, N. (2002). « Pourquoi et pour qui enseigner les mathématiques ? Une mise en perspective historique de l'évolution des programmes au Québec au xxᵉ siècle », *Zentralblatt für Didaktik der Mathematik, 34*(4), p. 146-157.

BEDNARZ, N. (2009). « Analysis of a collaborative research project : A researcher and a teacher confronted to teaching mathematics to students presenting difficulties », *Mediterranean Journal for Research in Mathematics Education, 8*(1), p. 1-24.

BEDNARZ, N. et C. GARNIER (1989). *Construction des savoirs (obstacles et conflits)*, Montréal, Agence d'Arc.

BEDNARZ, N. et B. JANVIER (1996). « Algebra as a problem solving tool : Continuities and discontinuities with arithmetic », dans N. Bednarz, C. Kieran et L. Lee (dir.), *Approaches to Algebra : Perspectives for Research and Teaching*, Dordrecht (Pays-Bas), Kluwer, p. 115-136.

BEDNARZ, N. et M. SABOYA (2007). « Questions didactiques soulevées par l'enseignement de l'algèbre auprès d'une élève en difficulté au secondaire », dans J. Giroux *et al.* (dir.), *L'enseignement et l'apprentissage des mathématiques*, Montréal, Bande didactique, p. 139-166.

BERCH, D. et M.M. MAZZOCCO (2007). *Why Is Math So Hard for Some Children : The Nature and Origins of Mathematical Learning Difficulties and Disabilities*, Baltimore, Brookes.

BERGERON, J. et N. HERSCOVICS (1989). « Un modèle de la compréhension pour décrire la construction de schèmes conceptuels mathématiques », *Actes de la 41ᵉ rencontre de la Commission internationale pour l'étude et l'amélioration de l'enseignement des mathématiques*, Bruxelles.

BERNADOU, A. (1996). « Savoir théorique et savoirs pratiques », dans J.M. Barbier (dir.), *Savoirs théoriques et savoirs d'action*, Paris, Presses universitaires de France, p. 29-41.

BERNSTEIN, B., H.L. ELVIN et R.S. PETERS (1966). « Ritual in education », *Philosophical Transactions of the Royal Society of London, Series B, Biological Sciences, 251*(772), p. 429-436.

BESSOT, A. et M. EBERHART (1983). « Une approche didactique des problèmes de la mesure », *Recherches en didactique des mathématiques, 4*(3), p. 293-324.

BÉTRANCOURT, M. (2007). « Pour des usages des TIC au service de l'apprentissage », dans G. Puimatto (dir.), *TICE : l'usage en travaux*, Paris, Services, culture, éditions, ressources pour l'Éducation nationale – Centre national de documentation pédagogique (SCEREN-CNDP), coll. « Les dossiers de l'ingénierie éducative », hors série, p. 127-137.

BITTER, G. et M. PIERSON (2002). *Using Technology in the Classroom*, 5ᵉ éd., Boston, Allyn and Bacon.

BLANK, R.K. et N. DE LAS ALAS (2010). *Effects of Teacher Professional Development on Gains in Student Achievement : How Meta Analysis Provides Scientific Evidence Useful to Education Leaders*, Evanston (IL), Society for Research on Educational Effectiveness.

BLOCH, I. et M.H. SALIN (2004). « Contrats, milieux, représentations : étude des particularités de l'AIS. L'enseignement en SEGPA : questions et outils théoriques d'analyse », *Actes du Séminaire national de didactique des mathématiques*, Paris, Université de Paris VII.

BLOOM, B. (1956). *Taxonomy of Educational Objectives : The Classification of Educational Goals*, New York, Longmans Green.

BLOUIN, P. (1993). *Enseignement de la notion de fraction à des élèves de première secondaire en difficulté d'apprentissage*, thèse de doctorat, Montréal, Université de Montréal.

BOIMARE, S. (2004). *L'enfant et la peur d'apprendre*, Paris, Dunod.

BONNÉRY, S. (2007). *Comprendre l'échec scolaire : élèves en difficultés et dispositifs pédagogiques*, Paris, La Dispute.

BOURASSA, B., F. SERRE et D. ROSS (1999). *Apprendre de son expérience*, Québec, Presses de l'Université du Québec.

BOURDIEU, P. (1980). *Le sens pratique*, Paris, Minuit.

BOURDIEU, P. (1982). « Les rites comme actes d'institution », *Actes de la recherche en sciences sociales, 43*, p. 58-63.

BOURDIEU, P. et J.C. PASSERON (1964). *Les héritiers. Les étudiants et la culture*, Paris, Minuit.

BRASSAC, M. (2010). *J'ai enseigné l'anglais en SEGPA, vous enseignez l'anglais en SEGPA, please, turn over !*, Académie de Clermont-Ferrand, < http://www.ac-clermont.fr/disciplines/fileadmin/user_upload/Anglais/SEGPA/jai_enseigne_en_segpa_monia_brassac.pdf >.

BRIQUET-DUHAZÉ, S. et F. QUIBEL-PÉRINELLE (2007). *Les rituels à l'école maternelle*, Paris, Nathan.

BROUSSEAU, G. (1980). « L'échec et le contrat », *Recherches. La politique de l'ignorance, 41*, p. 177-182.

BROUSSEAU, G. (1981). *Monographie d'un enfant en difficulté : le cas Gaël,* <http://www. youscribe.com/catalogue/rapports-et-theses/savoirs/sciences-formelles/monographie-d-un-enfant-en-difficulte-l-enfant-gael-1523578>.

BROUSSEAU, G. (1986). « La relation didactique : le milieu », *Actes de la IVe École d'été de didactique des mathématiques,* Institut de recherche sur l'enseignement des mathématiques de Paris 7, p. 54-68.

BROUSSEAU, G. (1987). « Fondements et méthodes de la didactique des mathématiques », *Recherches en didactique des mathématiques, 7*(2), p. 33-116.

BROUSSEAU, G. (1990). « Le contrat didactique et le concept de milieu : dévolution 1990 », *Recherches en didactique des mathématiques, 9*(3), p. 309-336.

BROUSSEAU, G. (1996). « Fondements et méthodes de la didactique des mathématiques », dans J. Brun (dir.), *Didactique des mathématiques,* Lausanne, Delachaux et Niestlé, p. 45-143.

BROUSSEAU, G. (1997). « La théorie des situations didactiques », cours donné lors de l'attribution du titre de docteur *honoris causa* de l'Université de Montréal, <http:// guy-brousseau.com/1694/la-theorie-des-situations-didactiques-le-cours-de-montreal-1997/#_ftnref1 >.

BROUSSEAU, G. (1998). *Théorie des situations didactiques,* Grenoble, La pensée sauvage.

BROUSSEAU, G. (2008). « Epistemologia e formazione degli insegnanti », *La matematica e la sua didattica, 4,* p. 621-655.

BROUSSEAU, G. et N. BROUSSEAU (2005). « Les descripteurs des situations didactiques », *XIIIe École d'été de didactique des mathématiques,* document de travail, Atelier d'ingénierie et d'analyse des processus didactiques : rationnels et décimaux.

BROUSSEAU, N. (1987). *La mesure en CM1 : compte rendu d'activités,* Bordeaux, Institut de recherche sur l'enseignement des mathématiques de Bordeaux.

BROWN, J.S. et R. BURTON (1978). « Diagnostic models for procedural bugs in basic mathematic skills », *Cognitive Science, 2,* p. 155-168.

BROWN, J.S. et K. VAN LEHN (1980). « Repair theory : A generative theory of bugs in procedural skills », *Cognitive Science, 4,* p. 379-426.

BROWN, J.S. et K. VAN LEHN (1982). « Toward a generative theory of bugs in procedural skills », dans T. Carpenter *et al.* (dir.), *Addition and Substraction : A Cognitive Perspective,* Hillsdale, Lawrence Erlbaum Associates, p. 117-135.

BRUN, J. (1994). « Évolution des rapports entre la psychologie du développement cognitif et la didactique des mathématiques », dans M. Artigue *et al.* (dir.), *Vingt ans de didactique des mathématiques en France,* Grenoble, La pensée sauvage, p. 67-83.

BRUN, J., F. CONNE, G. LEMOYNE et J. PORTUGAIS (1994). « La notion de schème dans l'interprétation des erreurs des élèves à des algorithmes de calcul écrit », *Cahiers de la recherche en éducation, 1*(1), p. 117-132.

BRUNER, J.S. (1966). *Toward a Theory of Instruction,* New York, Norton.

BRUNER, J.S. (1983). *Le développement de l'enfant : savoir faire, savoir dire,* Paris, Presses universitaires de France.

BUTLEN, D. (2004). *Apprentissages mathématiques à l'école élémentaire. Des difficultés des élèves de milieux populaires aux stratégies de formation des professeurs des écoles, habilitation à diriger des recherches*, Paris, Institut de recherche sur l'enseignement des mathématiques de Paris 7.

BUTLEN, D. (2007). *Le calcul mental entre sens et technique. Recherches sur l'enseignement des mathématiques aux élèves en difficulté : du calcul mental à la résolution des problèmes numériques*, Besançon, Presses universitaires de Franche-Comté.

BUTLEN, D. et P. MASSELOT (2001). « Exemples de routines au CP : pratiques en mathématiques d'un professeur des écoles en première nomination », *Actes de la 11ᵉ École d'été de didactique des mathématiques*, Grenoble, La pensée sauvage.

BUTLEN, D., M.L. PELTIER et M. CHARLES-PÉZARD (2002). « Nommé(s) en REP, comment font-ils ? Pratiques de professeurs des écoles enseignant les mathématiques en ZEP : cohérence et contradictions », *Revue française de pédagogie, 140*, p. 41-52.

BUTLEN, D., M. PÉZARD et P. MASSELOT (2006). « Comment former à l'enseignement des mathématiques en ZEP ? L'accompagnement des nouveaux titulaires », *Cahiers pédagogiques, 445*, < www.cahiers-pedagogiques.com/Comment-former-a-l'enseignement-des-mathématiques-en-Zep-L-accompagnement-des-nouveaux-titulaires >.

CÈBE, S. et R. GOIGOUX (1999). « L'influence des pratiques d'enseignement sur les apprentissages des élèves en difficulté », *Cahiers Alfred Binet, 661*(4), p. 49-68.

CHARLES-PÉZARD, M., D. BUTLEN et P. MASSELOT (2012). *Professeurs des écoles débutants en ZEP : Quelles pratiques ? Quelle formation ?*, Grenoble, La pensée sauvage.

CHARLIER, B. (2010). « L'échange et le partage de pratiques d'enseignement au cœur du développement professionnel », *Éducation et formation, e-293*, p. 137-149.

CHARLIER, E. et B. CHARLIER (1998). *La formation au cœur de la pratique. Analyse d'une formation continuée d'enseignants*, Bruxelles, De Boeck.

CHEREL, C. (2005). *Deux élèves en difficulté s'intègrent à une classe ordinaire le temps… des mathématiques*, Montréal, Bande didactique.

CHEREL, C. et J. GIROUX (2002). « Intégration d'élèves en difficulté : une problématique didactique », *Instantanés mathématiques, 34*, p. 3748.

CHEVALLARD, Y. (1999). « L'analyse des pratiques enseignantes en théorie anthropologique du didactique », *Recherches en didactique des mathématiques, 19*(2), p. 221-266.

CHEVALLARD, Y. (2007). « Passé et présent de la théorie anthropologique du didactique », texte de la Conférence plénière du Premier Colloque international sur la théorie anthropologique du didactique, Baeza (Espagne), octobre, < http://yves.chevallard. free.fr/spip/spip/article.php3?id_article = 134 >.

CHNANE-DAVIN, F. et C. FÉLIX (2008). « Équité et efficacité dans les classes-dispositif pour élèves en difficulté linguistique », dans J.P. Cuq (dir.). *Actes du Colloque international Efficacité et équité en éducation*, Rennes, Université de Rennes 2, p. 22-32.

CHOPIN, M.P. (2011). *Le temps de l'enseignement. L'avancée du savoir et la gestion des hétérogénéités dans la classe*, Rennes, Presses universitaires de Rennes.

CLOT, Y. (1999). *La fonction psychologique du travail*, Paris, Presses universitaires de France.

CLOT, Y. et D. FAÏTA (2000). « Genres et styles en analyse du travail. Concepts et méthodes », *Travailler*, 4, p. 7-42.

COBB, P. (1999). « Individual and collective mathematical development : The case of statistical data analysis », *Mathematical Thinking and Learning*, 1(1), p. 5-43.

COE, R. et K. RUTHVEN (1994). « Proof practices and constructs of advanced mathematics students », *British Educational Research Journal*, 2, p. 41-53.

COMMISSION INTERNATIONALE POUR L'ÉTUDE ET L'AMÉLIORATION DE L'ENSEIGNE-MENT DES MATHÉMATIQUES – CIEAEM (1987). « Rôle de l'erreur dans l'apprentissage et l'enseignement de la mathématique », *Commission internationale pour l'étude et l'amélioration de l'enseignement des mathématiques (CIEAEM 39)*, Sherbrooke, Université de Sherbrooke.

CONNE, F. (1984). « Calculs numériques et relationnels dans la résolution de problèmes d'arithmétique », *Recherches en didactique des mathématiques*, 5(3), p. 269-341.

CONNE, F. (1992). « Savoir et connaissance dans la perspective de la transposition didactique », *Recherches en didactique des mathématiques*, 12(2), p. 221-270.

CONNE, F. (1999). « Faire des maths, faire faire des maths et regarder ce que ça donne », dans G. Lemoyne *et al.* (dir.), *Le cognitif en didactique des mathématiques*, Montréal, Presses de l'Université de Montréal, p. 31-69.

CONNE, F. (2003). « Interactions de connaissances et investissement de savoir dans l'enseignement des mathématiques en institutions et classes spécialisées », *Éducation et francophonie*, 31(2), p. 82-102.

CONNE, F. (2007). « Quelques pas esquissés dans l'univers des polyèdres. Suivi de situations de dessin en 4e année primaire de l'enseignement spécialisé », dans J. Giroux *et al.* (dir.), *Difficultés d'enseignement et d'apprentissage des mathématiques*, Montréal, Bande didactique, p. 219-258.

CORBEIL, T. (2008). *Jeu de tâches portant sur la représentation graphique du cube pour des élèves ayant des incapacités intellectuelles légères*, mémoire de maîtrise inédit, Montréal, Université du Québec à Montréal.

COUCHOURON, M., L. VIENNOT et J.M. COURDILLE (1996). « Les habitudes des enseignants et les intentions didactiques des nouveaux programmes d'électricité en classe de quatrième », *Didaskalia*, n° 8, p. 81-96.

COURTEBRAS, B. (2008). *Formes de rapports au calcul des probabilités. Étude sociologique et didactique*, Paris, Publibook université.

CRAMER, K.A, T.R. POST et R.C. DEL MAS (2002). « Initial fraction learning by fourth- and fifth-grade students : A comparison of the effects of using commercial curricula with the effects of using the rational number project curriculum », *Journal for Research in Mathematics Education*, 33(2), p. 111-144.

CUBAN, L. (1997). « High-tech schools and low-tech teaching », *Education Week on the Web*, 21, < http://www.edweek.org/ew/articles/1997/05/21/34cuban.h16.html >.

CUQ, J.P. (2008). « Culture d'enseignement, cultures d'apprentissage, observations comparées de l'action du professeur et des élèves dans les classes de français et mathématiques en CM2 et en sixième, dans des dispositifs d'intégration », *Actes du Colloque international Efficacité et équité en éducation*, Rennes, Université de Rennes 2.

DARLING-HAMMOND, L. (1996). « The quiet revolution : Rethinking teacher development », *Educational Leadership, 53*(6), p. 4-10.

DARLING-HAMMOND, L. (2009). « Recognizing and enhancing teacher effectiveness », *International Journal of Educational and Psychological Assessment, 3*, p. 1-24.

DeBLOIS, L. (1996). « Une analyse conceptuelle de la numération de position au primaire », *Recherches en didactique des mathématiques, 16*, p. 71-128.

DeBLOIS, L. (1999). « Le nombre, son écriture et son sens », *Instantanés mathématiques*, p. 4-10.

DeBLOIS, L. (2006). « Influence des interprétations des productions des élèves sur les stratégies d'intervention en classe de mathématiques », *Educational Studies in Mathematics, 62*(3), p. 307-329.

DeBLOIS, L. (2009a). « Les contextes et les besoins à l'origine de la recherche collaborative », *Annales de didactique et de sciences cognitives, 14*, p. 213-229.

DeBLOIS, L. (2009b). « La collaboration enseignant/chercheur et leur développement professionnel respectif », *Actes du congrès de la Commission internationale pour l'étude et l'amélioration de l'enseignement des mathématiques*, Montréal.

DeBLOIS, L. (2009c). « La didactique, un levier pour tenir compte des contextes ; les contextes, un levier pour théoriser le genre didactique », *Colloque du Groupe de didactique des mathématiques (GDM)*, Moncton.

DeBLOIS, L. (2011). *Enseigner les mathématiques. Des intentions à préciser pour planifier, guider et interpréter*, Québec, Presses de l'Université Laval.

DeBLOIS, L. et J. GIROUX (1998). *État d'avancement de la connaissance*, < http://www.adaptationscolaire.net/themes/fs_themes.htm > .

DeBLOIS, L. et A. LARIVIÈRE (2012). « Une analyse du contrat didactique pour interpréter les comportements des élèves au primaire », *Colloque Espace mathématique francophone 2012*, < http://www.emf2012.unige.ch > .

DeBLOIS, L. et G. STERENBERG (2010). « Des méthodologies de recherches actuelles et émergentes en didactique des mathématiques/Contemporary and emergent research methodologies in mathematics education », *Actes de la rencontre annuelle 2009 du Groupe canadien d'étude en didactique des mathématiques*, Toronto, York University.

DE CERTEAU, M. (1990). *L'invention du quotidien. Tome 1 : Arts de faire*, Paris, Gallimard, coll. « Folio essais ».

DE CHAMPLAIN, D., P. MATHIEU, P. PATENAUDE et H. TESSIER (1996). *Lexique mathématique, enseignement secondaire*, 2e éd., Montréal, Les Éditions du Triangle d'or.

DE PAOLA, T. (1981). *Olivier Bouton est une poule mouillée*, Paris, Centurion jeunesse.

DE ROSNAY, J. (1994). « Éducation, écologie et approche systémique », *Actes du Congrès de l'AGIEM*, Larochelle, < http://csiweb2.cite-sciences.fr/derosnay/articles/EduEco.htm > .

DELORY-MOMBERGER, C. (2005). « Espaces et figures de la ritualisation scolaire », *Hermès, 43*, p. 79-85.

DEL NOTARO, L. et R. FLORIS (2011). « Calculatrice et propriétés arithmétiques à l'école élémentaire », *Grand N, 87*, p. 17-49.

DENIS, C. (1997). *Une introduction de l'algèbre : généralisation et construction de formules*, mémoire de maîtrise en enseignement des mathématiques, Montréal, Université du Québec à Montréal.

DÉSAUTELS, J. et M. LAROCHELLE (1998). « About the epistemological posture of science teachers », dans A. Tiberghien, L. Jossem et J. Bajoras (dir.), *Connecting Research in Physics Education with Teacher Education*, International Commission on Physics Education, <http://pluslucis.univie.qc.at/Archiv/ICPE/D3.htm>.

DESGAGNÉ, S., N. BEDNARZ, P. LEBUIS, L. POIRIER et C. COUTURE (2001). « L'approche collaborative de recherche en éducation : un rapport nouveau à établir entre recherche et formation », *Revue des sciences de l'éducation, 27*(1), p. 33-64.

DEVELAY, M. (1992). *De l'apprentissage à l'enseignement*, Paris, ESF, coll. « Pédagogies ».

DIAS, T. (2008). *La dimension expérimentale des mathématiques : un levier pour l'enseignement et l'apprentissage*, thèse de doctorat, Lyon, Université de Lyon.

DIONNE, J. et D. VOYER (2009). « 50 ans d'enseignement des mathématiques au Québec », *Bulletin de l'AMQ, 49*(3), p. 6-26.

DOERR, H. et L. ENGLISH (2001). « A modeling perspective on students' learning through data analysis », dans M. Van den Heuvel-Panhuizen (dir.), *Proceedings of the 25th International Conference for the Psychology of Mathematics Education*, Utrecht (Pays-Bas), Utrecht University, p. 361-368.

DOLY, A.M. (2004). *Les rituels à l'école maternelle. Fondements et intérêt pédagogique, limites et conditions de fonctionnement*, Académie Aix-Marseille, <http://www.aubagne.ien.13.ac-aix-marseille.fr/aubagne/EspEns/docs/Ressources_Maternelle/lectures/Rituels_AM_DOLY.pdf>.

DÖRFLER, W. (1991). « Forms and means of generalization in mathematics », dans A.J. Bishop, S. Mellin-Olsen et J. Van Dormolen (dir.), *Mathematical Knowledge : Its Growth through Teaching*, Dordrecht (Pays-Bas), Kluwer Academic, p. 63-85.

DÖRFLER, W. (2000). « Means for meaning », dans P. Cobb, E. Yackell et K. McClain (dir.), *Symbolizing and Communicating in Mathematics Classrooms*, Hillsdale, Erlbaum, p. 199-132.

DOUADY, R. (1984). *Jeux de cadres et dialectique outil-objet dans l'enseignement des mathématiques. Une réalisation dans tout le cursus primaire*, thèse d'État, Paris, Université Paris 7.

DOUGLAS, M. (2004). *Comment pensent les institutions*, suivi de *La connaissance de soi* et *Il n'y a pas de don gratuit*, Paris, La Découverte.

DUDLEY-MARLING, C. (2004). « The social construction of learning disabilities », *Journal of Learning Disabilities, 37*(6), p. 482-489.

DUFOUR, R. et R. EAKER (1998). *Professional Learning Communities at Work : Best Practices for Enhancing Student Achievement*, Alexandria (VA), ASCD.

ELLIS, A.B. (2007). « Connections between generalizing and justifying : Students' reasoning with linear relationships », *Journal for Research in Mathematics Education, 38*(3), p. 194-229.

FAVRE, J.M. (1997). *L'échec, le temps, la multiplication : étude des effets de deux contraintes didactiques sur l'enseignement et l'apprentissage de la multiplication dans une classe spécialisée, par comparaison avec l'enseignement et l'apprentissage de la même opération dans une classe primaire*, mémoire de licence, Genève, Université de Genève.

FAVRE, J.M. (2003). « Étude des effets de deux contraintes didactiques sur l'enseignement de la multiplication dans une classe d'enseignement spécialisé », *Actes du Séminaire national de didactique des mathématiques*, Cahiers DIDIREM, p. 45-61.

FAVRE, J.M. (2006). « Intégrer des calculettes dans l'enseignement des mathématiques en classe spéciale : quelques idées de tâches, productions d'élèves et réflexions », *Pédagogie spécialisée, 2*, p. 20-27.

FAVRE, J.M. (2007). « Entre défectuosité et fonctionnalité : réflexions et perspectives pour appréhender la *genèse instrumentale* des calculettes », dans J. Giroux *et al.* (dir.), *Difficultés d'enseignement et d'apprentissage des mathématiques*, Montréal, Bande didactique, p. 65-92.

FAVRE, J.M. (2008). « Jeu de tâches : un mode d'interactions pour favoriser les explorations et les expériences mathématiques dans l'enseignement spécialisé », *Grand N, 82*, p. 9-30.

FISHER, J.P. (2009). « Six questions ou propositions pour cerner la notion de dyscalculie développementale », *Revue ANAE, 21*(102), p. 117-133.

FLUCKIGER, A. et M. BRUN (2005). « Conceptualisation et classes de problèmes dans le champ conceptuel de la mesure », *Recherches en didactique des mathématiques, 25*(3), p. 349-402.

FOCANT, J. (2003). « Impact des capacités d'autorégulation en résolution de problèmes chez les enfants de 10 ans », *Éducation et francophonie, 31*(2), p. 1-14.

FONTAINE, V. (2008). *Les représentations sociales des orthopédagogues du Québec en rapport avec l'intervention en mathématiques auprès des élèves à risque*, mémoire de maîtrise, Sherbrooke, Université de Sherbrooke.

FOUCAULT, M. (1969). *L'archéologie du savoir*, Paris, Gallimard, coll. « Tel ».

GARCION-VAUTOR, L. (2000). *Les conditions d'entrée dans le contrat didactique à l'école maternelle : étude du rôle du rituel dans la mise en place d'un milieu pour apprendre*, thèse de doctorat de sciences de l'éducation, Marseille, Université Aix-Marseille 1.

GARCION-VAUTOR, L. (2003). « L'entrée dans l'étude à l'école maternelle. Le rôle des rituels du matin », *Ethnologie française, 2*, p. 141-148.

GAUTHIER, C., S. BISSONNETTE et M. RICHARD (2007). « L'enseignement explicite », dans V. Dupriez et G. Chapelle (dir.), *Enseigner,* Paris, Presses universitaires de France, p. 107-116.

GAUTHIER, D. et J.R. POULIN (2006). « L'évolution des perceptions chez les enseignants qui intègrent des élèves ayant une déficience intellectuelle », dans C. Dionne et N. Rousseau, *Transformation des pratiques éducatives : la recherche sur l'inclusion scolaire*, Québec, Presses de l'Université du Québec, p. 33-61.

GEARY, D.C. (2005). « Difficultés d'apprentissage en arithmétique : le rôle de la mémoire de travail et des connaissances conceptuelles », dans M.P. Noël (dir.), *Approches neuropsychologique et de développement des difficultés d'apprentissage en mathématiques*, Bruxelles, Solal.

GEARY, D.C., M.K. HOARD et J. BYRD-CRAVEN (2004). « Strategy choices in simple and complex addition : Contributions of working memory and counting knowledge for children with mathematical disability », *Journal of Experimental Child Psychology*, *88*, p. 121-151.

GEERTZ, C. (1973). *The Interpretation of Cultures*, New York, Basic Books.

GENESTOUX, F. (2000). *Fonctionnement didactique du milieu culturel et familial dans la régulation des apprentissages scolaires en mathématiques*, thèse de doctorat inédite, Bordeaux, Université de Bordeaux 1.

GERSTEN, R., B. CLARKE et M.M. MAZZOCCO (2007). « Historical and contemporary perspectives on mathematical learning disabilities », dans D.B. Berch *et al.* (dir.), *Why Is Math So Hard for Some Children : The Nature and Origins of Mathematical Learning Difficulties and Disabilities*, Baltimore, Brookes, p. 7-27.

GILLIES, R. (1997). « Interactions of children in classroom-based workgroups », *Papers Presented at the Annual Meeting of the American Educational Research Association*, Chicago, p. 1-17.

GINSBURG, H.P. (1997). « Mathematics learning disabilities : A view from developmental psychology », *Journal of Learning Disabilities*, *30*(1), p. 20-33.

GIROUX, J. (2004). « Échanges langagiers et interactions de connaissances dans l'enseignement des mathématiques en classe d'adaptation scolaire », *Revue des sciences de l'éducation*, *30*(2), p. 303-328.

GIROUX, J. (2005). *Moi, je sais compter loin, loin…*, Trois-Rivières, Bande didactique, coll. « Mathèse ».

GIROUX, J. (2007). « Adapter l'enseignement en classe d'adaptation scolaire (la TSD à la rescousse des difficultés d'enseignement aux élèves en difficulté d'apprentissage). Entre didactique et politique : actualités de la théorie des situations didactiques à propos de quelques questions vives sur l'enseignement des mathématiques à l'école élémentaire », *Symposium Bordeaux 2*, mai.

GIROUX, J. (2008). « Conduites atypiques d'élèves du primaire en difficultés d'apprentissage », *Recherches en didactique des mathématiques*, *28*(1), p. 9-62.

GIROUX, J. (2011). « Pour une différenciation de la dyscalculie et des difficultés d'apprentissage en mathématiques », *Actes du colloque du Groupe de didacticiens des mathématiques*, Moncton, 10-12 juin.

GIROUX, J. et S. RENÉ DE COTRET (2001). « Le temps didactique en classe de doubleurs », dans G. Lemoyne *et al.* (dir.), *L'éducation au tournant du nouveau millénaire. Actes de l'AFDEC*, Montréal, Université de Montréal.

GIROUX, J. et A. STE-MARIE (2001). « The solution of compare problems among first-grade students », *European Journal of Psychology of Education, 16*(2), p. 141-161.

GIROUX, J. et A. STE-MARIE (2007). « Maillage de situations didactiques dans des classes d'adaptation scolaire », dans J. Giroux *et al.* (dir.), *L'enseignement et l'apprentissage des mathématiques*, Montréal, Bande didactique, p. 35-63.

GOFFMAN, E. (1974). *Les rites d'interaction*, Paris, Minuit.

GOUPIL, G. (1997). *Les élèves en difficulté d'adaptation et d'apprentissage*, Québec, Gaëtan Morin.

GRÉGOIRE, R. (1998). « Communautés d'apprentissage : attitudes fondamentales », <http://www.tact.fse.ulaval.ca/fr/html/prj-7.1/commune3.html>.

GRISVARD, C. et F. LÉONARD (1981). « Sur deux règles implicites utilisées dans la comparaison des nombres décimaux positifs », *Bulletin de l'APMEP*, p. 327.

HIRN, C. (1995). « Comment les enseignants de sciences physiques lisent-ils les intentions didactiques des nouveaux programmes d'optique en classe de quatrième ? », *Didaskalia, 6*, p. 39-54.

HORD, M.S. (2003). *Professional Learning Communities of Continuous Inquiry and Improvement*, nº RJ96006801, Austin, Southwest Educational Development Laboratory, Office of Educational Research and Improvement.

HOUDEBINE, J. et J. JULO (1988). « Les élèves en difficulté dans le 1er cycle de l'enseignement secondaire : pour une intervention didactique différenciée », *Revue française de pédagogie, 84*, p. 5-12.

HOULE, V. (2007). *La calculette comme outil pour enseigner et apprendre la numération de position dans une classe d'élèves en difficulté d'apprentissage*, mémoire de maîtrise inédit, Montréal, Université du Québec à Montréal.

HOULE, V. et J. KOUDOGBO (2010). « Recension de la revue de neuropsychologie du développement et des apprentissages. Approche neuropsychologique des apprentissages chez les enfants (ANAE) : la dyscalculie développementale », *Bulletin de l'AMQ, 50*(4), p. 66-72.

HOUSSART, J. (2002). « Simplification and repetition of mathematical tasks : A recipe for success or failure ? », *Journal of Mathematical Behavior, 21*(2), p. 191-202.

INSTITUT NATIONAL DE SANTÉ ET DE RECHERCHE MÉDICALE – INSERM (2007). *Expertise collective : dyslexie, dysorthographie, dyscalculie. Bilan des données scientifiques*, Paris, Éditions INSERM.

JONASSEN, D.H. (2003). « Using cognitive tools to represent problems », *Journal of Research on Technology in Education, 35*(3), p. 362-381.

JORDAN, N.C. et S.C. LEVINE (2009). « Socioeconomic variation, number competence, and mathematics learning difficulties in young children », *Developmental Disabilities Research Reviews, 15*, p. 60-68.

JULO, J. (1995). *Représentation des problèmes et réussite en mathématiques : un apport de la psychologie cognitive à l'enseignement*, Rennes, Presses universitaires de Rennes, coll. « Psychologies ».

KAHN, T.M., J.E.M. MITCHELL, K.E. BROWN et R.R. LEITCH (1998). « Situated learning using descriptive models », *International Journal of Human-Computer Studies, 49*, p. 771-796.

KARSENTI, T. (2002). « Défis de l'intégration des TIC dans la formation et le travail enseignant : perspectives et expériences nord-américaines et européennes », *Politiques d'éducation et de formation*, p. 231-246.

KARSENTI, T., S. GOYER, S. VILLENEUVE et C. RABY (2005). *L'impact des technologies de l'information et de la communication (TIC) sur la réussite éducative des garçons à risque de milieux défavorisés*, rapport de recherche subventionnée déposé auprès du Fonds de recherche du Québec – Société et culture, Montréal, Centre de recherche interuniversitaire sur la formation et la profession enseignante (CRIFPE).

KARSENTI, T., D. PERAYA et J. VIENS (2002). « Bilan et prospectives de la recherche sur la formation initiale et continue des maîtres à l'intégration pédagogique des TIC », *Revue des sciences de l'éducation*, 23(2), p. 459-470.

KARSENTI, T. et L. SAVOIE-ZAJC (2004). *La recherche en éducation : étapes et approches*, Sherbrooke, Éditions du CRP.

KEENGWE, J., G. ONCHWARI et P. WACHIRA (2008). « The use of computer tools to support meaningful learning », *AACE Journal*, 16(1), p. 77-92.

KIERAN, C. (1992). « The learning and teaching of school algebra », dans D.A. Grouws (dir.), *The Handbook of Research on Mathematics Teaching and Learning*, New York, MacMillan, p. 390-419.

KLEINE-KRACHT, P.A. (1993). « The principal in a community of learning », *Journal of School Leadership*, 3(4), p. 391-399.

KROESBERGEN, E.H. et J.E.H. VAN LUIT (2003). « Mathematics interventions for children with special educational needs : A meta-analysis », *Remedial and Special Education*, 24(97), p. 97-115.

LAFORTUNE, L. et D. MARTIN (2004). « L'accompagnement : processus de coconstruction et culture pédagogique », dans M. L'Hostie et L.P. Boucher (dir.), *L'accompagnement en éducation. Un soutien au renouvellement des pratiques*, Québec, Presses de l'Université du Québec, p. 47-62.

LAROSE, F., V. GRENON et S. LAFRANCE (2002). « Pratiques et profils d'utilisation des TICE chez les enseignants d'une université », dans R. Guir (dir.), *Pratiquer les TICE. Former les enseignants et les formateurs à de nouveaux usages*, Bruxelles, De Boeck, p. 23-47.

LECLERC, M. (2012). *Communauté d'apprentissage professionnelle. Guide à l'intention des leaders scolaires*, Québec, Presses de l'Université du Québec.

LEGENDRE, R. (2005). *Dictionnaire actuel de l'éducation*, 2ᵉ éd., Montréal, Guérin.

LEHRER, R. et L. ROMBERG (1996). « Exploring children's data modeling », *Cognition and Instruction*, 14(1), p. 69-108.

LEMOYNE, G. (1983). « Comportements mathématiques des jeunes enfants : produits d'un système de traitement d'information », *Revue des sciences de l'éducation*, 9(1), p. 85-105.

LEMOYNE, G. et N. BISAILLON (2007). « Conception et réalisation de recherches sur l'enseignement des mathématiques dans des classes intégrant des élèves en difficulté », dans J. Giroux *et al.* (dir.), *L'enseignement et l'apprentissage des mathématiques*, Montréal, Bande didactique, p. 9-34.

LEMOYNE, G. et G. LESSARD (2003). « Les rencontres singulières entre les élèves présentant des difficultés d'apprentissage en mathématiques et leurs enseignants », *Éducation et francophonie*, *31*(2), p. 13-44.

LEMOYNE, G., S. VINCENT, J. BRUN, F. CONNE et J. PORTUGAIS (1994). « Addition, addition répétée, multiplication : un trajet éclairé par les schèmes d'action », dans M. Artigue *et al.* (dir.), *Vingt ans de didactique des mathématiques en France*, Grenoble, La pensée sauvage, p. 236-242.

LESSARD, G. (2011). *Acculturation institutionnelle du chercheur, de l'enseignant et des élèves dans la conception et la gestion de situations d'enseignement des nombres rationnels auprès d'élèves de 1re secondaire présentant des difficultés d'apprentissage*, thèse de doctorat publiée, Montréal, Université de Montréal.

LIEURY, A. et F. FENOUILLET (2006). *Motivation et réussite scolaire*, Paris, Dunod.

LUSIGNAN, G. (2011). « Une formation continue en mathématique auprès du personnel enseignant en orthopédagogie des commissions scolaires francophones de l'île de Montréal », *Vie pédagogique*, *158*, < http://collections.banq.qc.ca/ark:/52327/bs2043482 >.

MALMGREN, K. (1998). « Cooperative learning as an academic intervention for students with mild disabilities », *Focus on Exceptional Children*, *31*(4), p. 1-9.

MARCHAND, P. et N. BEDNARZ (1999). « L'enseignement de l'algèbre au secondaire : une analyse des problèmes présentés aux élèves », *Bulletin de l'AMQ*, *39*(4), p. 30-42.

MARCHIVE, A. (2007). « Le rituel, la règle et les savoirs. Ethnographie de l'ordre scolaire à l'école primaire », *Ethnologie française*, *4*, p. 597-604.

MARGOLINAS, C. (1993). *De l'importance du vrai et du faux dans la classe de mathématiques*, Grenoble, La pensée sauvage.

MARI, I. (1970). *Les aventures d'une petite bulle rouge*, Paris, L'école des loisirs.

MARLOT, C. et M. TOULLEC-THÉRY (2011). « Caractérisation didactique des gestes de l'aide à l'école élémentaire : une étude comparative de deux cas didactiques limite en mathématiques », *Éducation et didactique*, *5*(2), < http://educationdidactique.revues.org/1081 >.

MARTIN, V. et L. THEIS (2011). « La résolution d'une situation-problème probabiliste en équipe hétérogène : le cas d'une élève à risque du primaire », *Nouveaux cahiers de la recherche en éducation*, *14*(1), p. 49-70.

MARY, C. (2003a). *Les hauts et les bas de la validation chez les futurs enseignants des mathématiques au secondaire*, Montréal, Bande didactique. Publication d'une thèse de doctorat intitulée à l'origine *Place et fonction de la validation chez les futurs enseignants des mathématiques au secondaire*, Université de Montréal, 1999.

MARY, C. (2003b). « Interventions orthopédagogiques sous l'angle du contrat didactique », *Éducation et francophonie*, *31*(2), p. 103-124.

MARY, C. et L. GATTUSO (2005). « Trois problèmes semblables de moyenne pas si semblables que ça ! L'influence de la structure d'un problème sur les réponses des élèves », *Statistics Education Research Journal*, *4*(2), p. 82-102, < http://iase-web.org/documents/SERJ/SERJ4(2)_mary_gattuso.pdf >.

MARY, C., H. SQUALLI et S. SCHMIDT (2008). « Mathématiques et élèves en difficulté grave d'apprentissage : contexte favorable à l'interaction et au raisonnement mathématique », dans J. Myre-Bisaillon et N. Rousseau (dir.), *Les contextes d'intervention favorables aux jeunes en grandes difficultés*, Québec, Presses de l'Université du Québec, p. 169-192.

MARY, C. et L. THEIS (2007). « Les élèves à risque dans des situations-problèmes statistiques : stratégies de résolution et obstacles cognitifs », *Revue des sciences de l'éducation*, *33*(3), p. 579-599.

MASSELOT, P. et A. ROBERT (2007). « Le rôle des organisateurs dans nos analyses didactiques de pratiques de professeurs enseignant les mathématiques », *Recherche et formation*, *56*, p. 15-32.

MATHERON, Y. et K. MILLION-FAURÉ (2008). « Du travail mémoriel en classes d'accueil, en mathématiques et français », dans J.P. Cuq (dir.), *Actes du Colloque international Efficacité et équité en éducation*, Rennes, Université de Rennes 2, p. 4-11.

MATHERON, Y. et M.H. SALIN (2002). « Les pratiques ostensives comme travail de construction d'une mémoire officielle de la classe dans l'action enseignante », *Revue française de pédagogie*, *141*, p. 57-66.

MAZZOCCO, M.M. (2007). « Defining and differentiating mathematical learning disabilities and difficulties », dans D.B. Berch *et al.* (dir.), *Why Is Math So Hard for Some Children : The Nature and Origins of Mathematical Learning Difficulties and Disabilities*, Baltimore, Brookes, p. 29-47.

MAZZOCCO, M.M. et K. DEVLIN (2008). « Parts and "holes" : Gaps in rational number sense among children with vs. without mathematical learning disabilities », *Developmental Science*, *11*(5), p. 681-691.

McCLAIN, K., P. COBB et K. GRAVEMEIJER (2000). « Supporting students' ways of reasoning about data », dans M.J. Burke et R.F. Curcio (dir.), *Learning Mathematics for a New Century, 2000 Yearbook*, Reston (VA), National Council of Teachers of Mathematics, p. 174-187.

McLAREN, P. (1999). *Schooling as a Ritual Performance*, Lanham (MD), Rowman and Littlefield.

McLAUGHLIN, M.W. et J.E. TALBERT (1993). *Contents That Matter for Teaching and Learning*, Stanford, Center for Research on the Content of Secondary Teaching, Stanford University.

MEIRIEU, P. (1987). *Apprendre, oui, mais comment ?*, Paris, ESF, coll. « Pédagogies ».

MINISTÈRE DE L'ÉDUCATION, DU LOISIR ET DU SPORT – MELS (2006). *Programme de formation de l'école québécoise. Enseignement secondaire, 1er cycle*, Québec, Gouvernement du Québec.

MINISTÈRE DE L'ÉDUCATION, DU LOISIR ET DU SPORT – MELS (2007). *Programme de formation de l'école québécoise. Enseignement secondaire, 2e cycle*, Québec, Gouvernement du Québec.

MINISTÈRE DE L'ÉDUCATION DU QUÉBEC – MEQ (1976). *Rapport du Comité provincial sur l'enfance exceptionnelle (COPEX)*, Québec, Gouvernement du Québec.

MINISTÈRE DE L'ÉDUCATION DU QUÉBEC – MEQ (1997). *La situation des jeunes non diplômés de l'école secondaire*, Québec, Gouvernement du Québec.

MINISTÈRE DE L'ÉDUCATION DU QUÉBEC – MEQ (2000a). *Une école adaptée à tous ses élèves. Politique de l'adaptation scolaire* (19-6509, 19-6509-A), Québec, Gouvernement du Québec.

MINISTÈRE DE L'ÉDUCATION DU QUÉBEC – MEQ (2000b). *Élèves handicapés ou élèves en difficulté d'adaptation ou d'apprentissage (EHDAA) : définitions*, Québec, Gouvernement du Québec.

MINISTÈRE DE L'ÉDUCATION DU QUÉBEC – MEQ (2001). *Programme de formation de l'école québécoise. Éducation préscolaire et enseignement primaire*, Québec, Gouvernement du Québec.

MINISTÈRE DE L'ÉDUCATION DU QUÉBEC – MEQ (2003). *Les difficultés d'apprentissage à l'école. Cadre de référence pour soutenir l'intervention* (03-00166), Québec, Gouvernement du Québec.

MINISTÈRE DE L'ÉDUCATION DU QUÉBEC – MEQ (2004). *Programme de formation de l'école québécoise. Enseignement secondaire, 1er cycle*, Québec, Gouvernement du Québec.

MINISTÈRE DE L'ÉDUCATION NATIONALE – MEN (2009). *Orientations pédagogiques pour les enseignements généraux et professionnels adaptés dans le second degré*, circulaire n° 2009-060, 24 avril.

MOSELEY, B. et Y. OKAMOTO (2008). « Identifying fourth graders' understanding of rational number representations : A mixed methods approach », *School Science and Mathematics, 108*(6), p. 238-250.

MOSS, J. et R. CASE (1999). « Developing children's understanding of the rational numbers : A new model and an experimental curriculum », *Journal for Research in Mathematics Education, 30*(2), p. 122-147.

MULRYAN, C.M. (1995). « Fifth and sixth graders' involvement and participation in cooperative small groups in mathematics », *The Elementary School Journal, 95*(4), p. 297-310.

NESHER, P., S. HERSHKOVITZ et J. NOVOTNA (2003). « Situation model, text base and what else ? Factors affecting problem solving », *Educational Studies in Mathematics, 52*(2), p. 151-176, < http://www.jstor.org/stable/3483174 >.

NEWELL, A. et H.A. SIMON (1972). *Human Problem Solving*, Englewood Cliffs (NJ), Erlbaum.

NEWMANN, F.M. et G.G. WEHLAGE (1995). *Successful School Restructuring*, Madison, Center on Organization and Restructuring of Schools of Education, University of Wisconsin.

NORMANDEAU, M.P. (2010). *Erreurs arithmétiques des élèves et interventions de l'enseignant débutant : une analyse didactique en termes de schèmes*, thèse de doctorat inédite, Montréal, Université de Montréal.

ORGANISATION DE COOPÉRATION ET DE DÉVELOPPEMENT ÉCONOMIQUES – OCDE (2004a). *Are Students Ready for a Technology-Rich World ? What PISA Studies Tell Us*, Paris, Éditions de l'OCDE, < http://www.oecd.org/dataoecd/28/4/35995145.pdf >.

ORGANISATION DE COOPÉRATION ET DE DÉVELOPPEMENT ÉCONOMIQUES – OCDE (2004b). *Learning for Tomorrow's World. First Results from PISA 2003*, Paris, Éditions de l'OCDE, <http://www.oecd.org/edu/school/programmeforinternationalstudentassessmentpisa/34002216.pdf>.

PAILLÉ, P. et A. MUCCHIELLI (2008). *L'analyse qualitative en sciences humaines et sociales*, Paris, Armand Colin.

PEIRCE, C.S. (1978). *Écrits sur le signe*, textes rassemblés, traduits et commentés par G. Deladalle, Paris, Seuil.

PELTIER, M.L. (dir.) (2004). *Dur, dur, dur d'enseigner en ZEP*, Grenoble, La pensée sauvage.

PÉPIN, R. et J. DIONNE (1997). « La compréhension de concepts mathématiques chez des élèves anglophones en immersion française au secondaire », *Éducation et francophonie*, *25*(1), <http://www.acelf.ca/c/revue/revuehtml/25-1/rxxv1-05.html>.

PERRIN-GLORIAN, M.J. (1993). « Questions didactiques soulevées à partir de l'enseignement des mathématiques dans des classes "faibles" », *Recherches en didactique des mathématiques*, *13*(1-2), p. 5-118.

PFANNKUCH, M. et A. RUBICK (2002). « An exploration of students' statistical thinking with given data », *Statistics Education Research Journal*, *1*(2), p. 4-21.

PIAGET, J. (1977). *Réussir et comprendre*, Paris, Presses universitaires de France.

PIAGET, J. et A. SZEMINSKA (1967). *La genèse du nombre chez l'enfant*, 4e éd., Paris, Delachaux et Niestlé.

PITTS-HILL, K., K. BARRY, L. KING et S. ZENHDER (1998). « A description of student problem solving using a heuristic in a cooperative group setting », *Proceedings of the West Australian Institute for Educational Research Forum*, <http://www.waier.org.au/forums/1998/pitts-hill.html>.

POIRIER, L. (1997). « Rôle accordé aux interactions entre pairs dans l'enseignement des mathématiques – une illustration en classe d'accueil », *Éducation et francophonie*, *25*(1), <http://www.acelf.ca/c/revue/revuehtml/25-1/rxxv1-06.html>.

PORTUGAIS, J. (1995). *Didactique des mathématiques et formation des enseignants*, Berne, Peter Lang.

POWER, G. et L. DeBLOIS (2011). « La résilience chez les élèves socio-économiquement défavorisé(e)s : une analyse par quantiles », *Éducation et francophonie*, *39*(1), p. 93-119.

PUIMATTO, G. (2007). « De l'outil à l'usage : un processus complexe, une réflexion à engager », dans *TICE, Les dossiers de l'ingénierie éducative*, hors série, Paris, Services, culture, éditions, ressources pour l'Éducation nationale – Centre national de documentation pédagogique (SCEREN-CNDP), p. 15-33.

RABARDEL, P. (1995). *Les hommes et les technologies : une approche cognitive des instruments contemporains*, Paris, Armand Colin.

RADFORD, L. (2004). « La généralisation mathématique comme processus sémiotique », dans G. Arrigo (dir.), *Atti del Convegno di didattica della matematica 2004*, Locarno (Suisse), Alta Scuola Pedagogica, p. 11-27.

RAYNAL, F. et A. RIEUNIER (1997). *Pédagogie : dictionnaire des concepts clés. Apprentissages, formation, psychologie cognitive*, 2ᵉ éd. rev. et aug., Paris, ESF, coll. « Pédagogies/Outils ».

REBOUL, O. (1980). *Langage et idéologie*, Paris, Presses universitaires de France.

REDFIELD, R., R. LINTON et M.J. HERSKOVITS (1936). « Memorandum for the study of acculturation », *American Anthropologist, 38*, p. 149-152.

RENÉ DE COTRET, S. et J. GIROUX (2003). « Le temps didactique dans trois classes de secondaire I (doubleurs, ordinaires, forts). La spécificité de l'enseignement des mathématiques en adaptation scolaire », *Éducation et francophonie, 31*(2), p. 155-176.

REY, A. (dir.) (1998). *Le Robert. Dictionnaire historique de la langue française*, Paris, Dictionnaires Le Robert.

ROBERT, A. (1998). « Outils d'analyse des contenus mathématiques à enseigner au lycée et à l'université », *Recherches en didactique des mathématiques, 18*(2), p. 139-190.

ROBERT, A. (2008). « La double approche didactique et ergonomique pour l'analyse des pratiques d'enseignants de mathématiques », dans F. Vandebrouck (dir.), *La classe de mathématiques : activités des élèves et pratiques des enseignants*, Toulouse, Octarès, p. 45-68.

ROBERT, A. et J. ROGALSKI (2002). « Le système complexe et cohérent des pratiques des enseignants de mathématiques : une double approche », *La revue canadienne de l'enseignement des sciences, des mathématiques et des technologies, 2*(4), p. 505-528.

RODITI, E. (2005). *Les pratiques enseignantes en mathématiques ; entre contraintes et liberté pédagogique*, Paris, L'Harmattan.

ROINÉ, C. (2007). « La psychologisation de l'échec scolaire : une affaire d'État », *Congrès international AREF (Actualités de la recherche en éducation)*, Strasbourg, < http://www.congresintaref.org/actes_pdf/AREF2007_Christophe_ROINE_117.pdf >.

ROINÉ, C. (2009). *Cécité didactique et discours noosphériens dans les pratiques d'enseignement en SEGPA. Une contribution à l'étude des inégalités*, thèse de doctorat, Bordeaux, Université Victor Segalen Bordeaux 2.

ROINÉ, C. (2011). « Caractérisation des difficultés en mathématiques des élèves de SEGPA », *La nouvelle revue de l'adaptation et de la scolarisation, 52*, p. 73-87.

ROUSSEAU, J.N. (2011). *Du « devenir » élève en Maternelle au « re-devenir » élève en SEGPA*, mémoire professionnel du CAPA-SH, option F, Nantes, Université de Nantes – IUFM des Pays de la Loire.

ROY, P. et S.M. HORD (2006). « It's everywhere, but what is it ? Professional learning communities », *Journal of School Leadership, 16*, p. 490-501.

RUSSELL, T.L. (1999). *The No Significant Difference Phenomenon*, Raleigh, Office of Instructional Telecommunications, North Carolina State University.

SALIN, M.H. (1999). « Pratiques ostensives des enseignants et contraintes de la relation didactique », dans G. Lemoyne et F. Conne (dir.), *Le cognitif en didactique des mathématiques*, Montréal, Les Presses de l'Université de Montréal, p. 327-352.

SALIN, M.H. (2007). « À la recherche de milieux adaptés à l'enseignement des mathématiques pour des élèves en grande difficulté scolaire », dans J. Giroux *et al.* (dir.), *Difficultés d'enseignement et d'apprentissage des mathématiques*, Montréal, Bande didactique, p. 195-218.

SARRAZY, B. (2002). « Les hétérogénéités dans l'enseignement des mathématiques », *Educational Studies in Mathematics, 49*(1), p. 89-117.

SARRAZY, B. (2007). « Fondements épistémologiques et ancrages théoriques d'une approche anthropo-didactique des phénomènes d'enseignement des mathématiques », *Actes du Séminaire national de didactique des mathématiques*, Paris, Jussieu.

SCHLEICHER, A. (2007). *How the World's Best-Performing Systems Come Out on Top*, Toronto, McKinsey.

SCHMIDT, S., O. TESSIER, G. DRAPEAU, J. LACHANCE, J.C. KALUBI et L. FORTIN (2003). *Recension des écrits sur le concept d'« élèves à risque » et les interventions éducatives efficaces*, vol. 1, rapport déposé au ministère de l'Éducation, du Loisir et du Sport en 2004.

SCHOENFELD, A.H. (2004). « The math wars », *Educational Policy, 18*(1), p. 253-286.

SCHOENFELD, A.H. (2006). « What doesn't work : The challenge and failure of the What Works Clearinghouse to conduct meaningful reviews of studies of mathematics curricula », *Educational Researcher, 35*(2), p. 13-21.

SCHÖN, D.A. (1996). « À la recherche d'une nouvelle épistémologie de la pratique et de ce qu'elle implique pour l'éducation des adultes », dans J.M. Barbier, *Savoirs théoriques et savoirs d'action*, Paris, Presses universitaires de France, p. 201-222.

SEARLE, J.-R. (1985). *L'intentionnalité. Essai de philosophie des états mentaux*, trad. C. Pichevin, Paris, Minuit.

SENNEPIN, P. (2010). *Enseigner en SEGPA*, Académie de Clermont-Ferrand, < https://www.ac-clermont.fr/disciplines/fileadmin/user_upload/Anglais/SEGPA/2010_SEGPA_Sennepin.pdf >.

SENSEVY, G. (1998). *Institutions didactiques. Étude et autonomie à l'école élémentaire*, Paris, Presses universitaires de France.

SIEGLER, R.S. et M. ROBINSON (1982). « The development of numerical understandings », *Advances in Child Development and Behavior, 16*, p. 241-313.

SIMON, H. (1969). *The Sciences of the Artificial*, 1re éd., Cambridge (MA), The MIT Press.

SIVIN-KACHALA, J. et E. BIALO (2000). *2000 Research Report on the Effectiveness of Technology in Schools*, 7e éd., Washington, Software and Information Industry Association.

SQUALLI, H., C. MARY et L. THEIS (2011). « Faire vivre aux élèves de véritables activités de mathématiques ou l'enjeu de l'enseignement des mathématiques », *Vie pédagogique, 158*, < http://collections.banq.qc.ca/ark :/52327/bs2043482 >.

SQUALLI, H., L. THEIS, A. DUCHARMES-RIVARD et G. COTNOIR (2007). « Finalités et approches d'enseignement-apprentissage de l'algèbre dans les manuels du premier cycle du secondaire au Québec », cédérom des *Actes du colloque International Organization of Science and Technology Education : Critical Analysis of Science Texbooks*.

STEFFE, L.P. (1991). « Stades d'apprentissage dans la construction de la suite des nombres », dans J. Bideaud *et al.* (dir.), *Les chemins du nombre*, Lille, Presses universitaires de Lille, p. 113-132.

STEGEN, P. et S. DARO (2007). *L'enseignement des rationnels à la liaison primaire-secondaire*, < http://www.hypothese.be/Documents/LPS/LenseignementdesRationnels.pdf >.

THEIS, L. et V. MARTIN (2009). « Les élèves à risque au cœur d'une activité de résolution : l'exemple des probabilités », *Actes du colloque Espace mathématique francophone (EMF) 2009*, Dakar.

TOULLEC-THÉRY, M. et I. NÉDÉLEC-TROHEL (2005). « Comment aide-t-on les élèves en mathématiques à l'école élémentaire ? », *La nouvelle revue de l'adaptation et de l'intégration scolaire*, *32*, Éditions du CNEFEI, p. 155-165.

VERGNAUD, G. (1981). *L'enfant, la mathématique et la réalité*, Berne, Peter Lang.

VERGNAUD, G. (1990). « La théorie des champs conceptuels », *Recherches en didactique des mathématiques*, *10*(2-3), p. 133-170.

VIAU, R. (2004). « La motivation des élèves en difficulté d'apprentissage. Une problématique particulière pour des modes d'intervention adaptés », Cycle de conférences *Difficulté d'apprendre, difficulté d'enseigner*, Luxembourg.

VIAU, R. (2005). *La motivation en contexte scolaire*, Bruxelles, De Boeck.

VIENNE, P. (2003). *Comprendre les violences à l'école*, Bruxelles, De Boeck et Larcier.

VYGOTSKI, L.S. (1985). *Pensée et langage*, Paris, Éditions sociales.

WENGER, E. (2005). *La théorie des communautés de pratique. Apprentissage, sens et identité*, Québec, Les Presses de l'Université Laval.

WINNICOTT, D.W. (1975). *Jeu et réalité. L'espace potentiel*, Paris, Gallimard.

WOODWARD, J. (2004). « Mathematics education in the United States : Past to present », *Journal of Learning Disabilities*, *37*(1), p. 16-31.

WOODWARD, J. et M. MONTAGUE (2002). « Meeting the challenge of mathematics reform for students with LD », *The Journal of Special Education*, *136*(2), p. 89-101.

WULF, C. (2005). « Introduction. Rituels, performativité et dynamique des pratiques sociales », *Hermès*, *43*, p. 9-20.

YOSHIDA, T. (1985). *La querelle*, Paris, L'école des loisirs.

NOTICES BIOGRAPHIQUES

Denis Butlen est professeur à l'Université Cergy-Pontoise (France) et membre du Laboratoire de didactique André Revuz, Équipe d'accueil de recherche en didactique des mathématiques et des sciences expérimentales.

Lucie DeBlois est professeure titulaire de didactique des mathématiques au Département d'études sur l'enseignement et l'apprentissage de l'Université Laval (Québec) et membre du Centre de recherche et d'intervention sur la réussite scolaire.

Diane Gauthier est professeure titulaire de didactique des mathématiques et des sciences et technologies au secondaire à l'Université du Québec à Chicoutimi (Québec).

Flore Gervais est professeure titulaire retraitée de didactique du français au Département de didactique de l'Université de Montréal (Québec). Elle est coresponsable du Groupe de recherche interdépartemental sur les conditions d'enseignement et d'apprentissage (GRICEA).

Jacinthe Giroux est professeure titulaire de didactique des mathématiques au Département d'éducation et formation spécialisées de l'Université du Québec à Montréal (UQAM), chercheuse responsable du Groupe d'études sur l'enseignement et l'apprentissage des mathématiques en adaptation scolaire (GEMAS) à l'UQAM (Québec) et chercheuse au Laboratoire Cultures – Éducation – Sociétés (LACES), équipe Anthropologie et diffusion de savoirs (ADS), à l'Université de Bordeaux (France).

Sandra Larouche est directrice de l'école secondaire Pavillon Wilbrod-Dufour d'Alma à la Commission scolaire du Lac-Saint-Jean (Québec).

Gisèle Lemoyne est professeure titulaire retraitée de didactique des mathématiques au Département de didactique de l'Université de Montréal (Québec). Elle est coresponsable du Groupe de recherche interdépartemental sur les conditions d'enseignement et d'apprentissage (GRICEA).

Geneviève Lessard est professeure de didactique des mathématiques au Département des sciences de l'éducation de l'Université du Québec en Outaouais (Québec). Elle est membre de l'Équipe de recherche sur la diversité scolaire et l'éducation citoyenne (DiSEC).

Khoi Mai Huy est doctorant en didactique des mathématiques à l'Université de Sherbrooke (Québec). Son projet doctoral porte sur le développement de la pensée critique dans un contexte d'enseignement de la statistique chez des élèves de la fin du primaire et du début du secondaire. Il intervient dans la formation des enseignants du primaire. Il est membre étudiant du Centre de recherche sur l'enseignement et l'apprentissage des sciences.

Vincent Martin détient un doctorat en didactique des mathématiques et il est formateur au Département d'études sur l'adaptation scolaire et sociale de l'Université de Sherbrooke.

Claudine Mary est professeure de didactique des mathématiques au Département d'études sur l'adaptation scolaire et sociale de l'Université de Sherbrooke (Québec) Elle est membre du Centre de recherche sur l'enseignement et l'apprentissage des sciences.

Pascale Masselot est maître de conférences à l'Université Cergy-Pontoise (France) et membre du Laboratoire de didactique André Revuz, Équipe d'accueil de recherche en didactique des mathématiques et des sciences expérimentales.

Maryvonne Merri est professeure au Département de psychologie de l'Université du Québec à Montréal (UQAM ; Québec). Elle dirige le laboratoire Apprentissage et développement dans l'éducation scolaire et professionnelle (ADESP) et est membre de l'équipe PARcours (Pratiques d'accompagnement du raccrochage scolaire des 16-20 ans, Réseau de recherche-action, École de travail social de l'UQAM).

Christophe Roiné est maître de conférences à l'Université de Bordeaux (France) et membre de l'équipe Anthropologie et diffusion des savoirs du Laboratoire Cultures – Éducation – Sociétés (LACES).

Hassane Squalli est professeur titulaire de didactique des mathématiques au Département de pédagogie de l'Université de Sherbrooke (Québec).

Laurent Theis est professeur de didactique des mathématiques au Département d'enseignement au préscolaire et au primaire de l'Université de Sherbrooke (Québec). Il est membre du Centre de recherche sur l'enseignement et l'apprentissage des sciences.

Marie-Paule Vannier est maître de conférences en sciences de l'éducation à l'École supérieure du professorat et de l'éducation (ESPE) de l'Université de Nantes (France). Elle est membre du Centre de recherche en éducation de Nantes (CREN).